梦山书系 "新时代课堂教学深化改革"丛书 丛书主编◎余文森 陈国文

核心素养的教学目标：
怎么写与怎么用

莆田市教师进修学院附属小学◎编写

海峡出版发行集团｜福建教育出版社

丛书编委会

主　　　任：彭鲤芳　余文森
副　主　任：曾国顺　柯健俊
委　　　员：陈国文　刘家访　章勤琼　李功连　龙安邦
　　　　　　刘洪祥　方元山　胡　科　杨来恩　郑智勇
　　　　　　李政林　蔡旭群　丁革民　白　倩　程明喜
　　　　　　陈国平　魏为燚
总　主　编：余文森　陈国文
副 总 主 编：刘洪祥　胡　科　杨来恩　李政林　郑智勇
总主编助理：陈国平　魏为燚

本书编写人员

主　　编：欧争青　潘文尾　朱春烟　刘洪祥
参与人员：陈立珊　林赛棋　黄淑琴　游礼琴　欧东彬
　　　　　温　颖　谢亚娇

总　序

余文森

2022年3月，教育部印发了国家义务教育阶段新的课程方案和16门课程标准。福建省莆田市教育局为了落实新课标，推进基础教育高质量发展，决定与福建师范大学联合开展新课标样本学校和领头雁培育项目研究，在全市遴选20所学校和100名教师作为样本，在福建师范大学专家团队的引领下开展新课标实施研究，打造一批落实新课标的示范学校，造就一支落实新教学理念的名优教师队伍。

我荣幸地担任福建师范大学专家团队的负责人，每个月带领团队成员分赴20所样本校开展调研与指导。我曾从2014年开始全程参与了普通高中和义务教育阶段的新课标修订，对新课标新理念新精神新追求充满了憧憬和期待，现在正好借着这个项目来变理想为现实、变理论为实践、变蓝图为成果。这个过程同样是充满挑战的过程，是课程改革更为重要的阶段。目前这个项目就成为我当下的主要科研工作了。

作为一个项目，它一定有其任务和目标的指向性。具体来说，就是如何有效指导样本校的改革，让新课标真实、深刻地在学校发生，使之尽快地出经验出成果出品牌，尽早地成长为实施新课标的样本和典范，从而发挥示范和引领作用并带动其他学校发展。

如同我们大学教授带研究生一样，我们认为做好这个项目最关键的环节是帮助各个学校确立自己的研究方向和主题。这些研究方向和主题从哪里来呢？毋庸置疑，它们来自新课标——是新课标教学改革的重点、难点和支点。我们从中梳理了以下问题：如何确立和编写核心素养教学目标？如何基于核心素养教学目标开展教学？如何推进从以教为主走向以学为主、建立新型的学习中心课堂？如何构建适应学生差异的个性化教学体系？如何实现育人方式从"坐而论道"转向"学科实践"、构建基于学科实践的课堂新样态？如何实现教学内容的统整化、实现基于大概念的大单元教学？如何有效推进跨学科主题学习？如何构建全学科整本书阅读体系？等等。显然这些问题是新课标深化改革的"关键环节和重点领域"。

我们在深入各校调研的基础上，结合学校已有的改革经验和优势，围绕上述问题，指导学校从中确立自己的研究方向和主题。比如莆田实验小学确立了"以大概念为本的大单元教学实践探索"、莆田第二实验小学确立了"基于学科实践的课堂教学新样态"、莆田市教师进修学院附属小学确立了"核心素养教学目标的确立、编写与使用"、莆田梅峰小学确立了"跨学科主题学习的实践探索"、莆田市城厢区第一实验小学确立了"基于读思达的学习中心课堂建设"、莆田市荔城区黄石中心小学确立了"全学科整本书阅读体系构建的实践探索"等等。确立研究方向和主题之后，我们基于理论和实践的有机结合引领学校进行了全方位和全过程的探索，并指导学校对探索的成果进行及时的提炼和归纳，在多次反反复复的讨论和修改之后，完成了书稿。

应该说，这只是完成了研究工作的初始目标，接下来我们要指导和推进学校的改革逐步走向细化、深化，提炼和总结更出彩的案例、课例和文章，使改革成为学校的特点、品牌，并向外进行传播和辐射，带动越来越多的学校和地区真正走进新课标。

前　言

　　学校教学是一种"基于目标"的教育行动，"有效教学始于准确地知道需要达到的教学目标是什么"。没有目标的教学就像在黑暗中摸索，往往劳而无功。教学目标是教学的方向、归宿，是教学的指南针，确立和编写教学目标是教师设计教学方案的根本要务和组织开展教学活动的根本依据。那么，在新课标之下，我们的教学要达成和实现的究竟是什么样的目标？余文森教授告诉我们，新课标呼唤新教学，而新教学的内核和实质就是目标新，目标如果不新，教学其他要素的新就失去依据和方向。那么目标新在哪里呢？新在核心素养上！从目标的视角说，我们的课程改革经历了从双基到三维目标，再到核心素养的三个阶段，我们对双基和三维目标比较熟悉，编写基于双基和三维的教学目标都比较得心应手。新课标要求教师确立和编写基于核心素养的教学目标，这是我们实施新课标面临的第一挑战和必须跨过的第一道坎。余教授鼓励我们接受挑战，选择这个教改项目作为研究和实践的主攻方向。

　　教改项目确立之后的一年半时间里，余教授带领团队成员前后共计13次进校现场指导。正是在跟专家面对面的对话中，我们逐渐地熟悉了这个教改项目的任务并确立了信心。刚刚开始的时候，我们对核心素养的教学目标，也是云里雾里、不知所云，是余教授一直耐心地引导我们：研制（叙写）基于核心素养的单元教学目标，首先要把核心素养是什么弄清楚。为此，研读新课标是第一要务，新课标不仅阐明了本学科核心素养的内涵、维度，而且列出了本学科核心素养在不同学段的不同要求，特别是在各个学习任务和学习主题的具体表现。正是在一次次的课标研读之中，我们确立了核心素养的意识，丰富和深化了对核心素养的理解和掌握，研制（叙写）基于核心素养的单元教学目标才慢慢进入了自觉的状态。我们的教改项目围绕着"核心素养的教学目标是什么""核心素养的教学目标怎么制定""核心素养的单元教学目标怎么用"这三个问题进行。本书正是对这些问题持续思考和实践之后，通过不断记录、反思和总结而形成的。值得一提的是，新课标强调以单元为教学单位。为此，强调确立基于核心素养的单元教学目标是高质量实施单元教学的前提和基础。我们的研究和实践就是通过单元教学目标，确保单元教学真实、完整、深刻地在课堂发生，教学目标的研制和使用将成为我们教学改革的特色、亮点和品牌。

全书的主要内容包括：

第一章，主要讲"核心素养的教学目标是什么"。首先，厘清了核心素养是什么的相关理论内容，包括核心素养有什么特征、核心素养与知识的关系等问题。其次，阐述了核心素养的教学目标是什么的问题，明确了它在新课标引领下的学科单元整体性教学设计与实施的领航地位。

第二章，主要讲"核心素养的教学目标怎么写"。首先明确核心素养目标确立的依据，指出课标、教材、学情分别是核心素养的单元教学目标确立的方向性依据、载体性依据、基础性依据。其次，探讨了核心素养的教学目标编写（叙写）的模型问题，在认识教学目标编写常见的形态、问题以及目前常见的几种编写模式的基础上，给出了我校单元教学设计与实践所运用的目标编写模型，并相应发展出语文、数学、英语、美术等各学科核心素养目标编写（叙写）的学科变式，为学科单元教学设计与实施奠定基础。

第三章，主要讲"核心素养的教学目标怎么用"。首先，摆正核心素养的教学目标在单元教学的定位和作用，细化教学目标与单元教学内容、活动、评价各部分之间的密切关系。进而明确核心素养目标在各学科单元教学设计中的展示、落实与评价等基本内容。

第四章，主要讲"核心素养的学科单元教学设计实用案例"。为了更好地呈现基于核心素养目标的单元教学模式，我们在本书选取了语文、数学、英语等多个学科的典型案例进行剖析。这些案例涵盖了不同学科、不同年级的教学内容，旨在向读者展示如何在具体的教学实践中运用基于核心素养目标的单元教学模式及其具体实施情况。

本书旨在分享我们在实践核心素养目标的单元教学探索过程中的认识、思考和经验。由于，我们实践探索的时间不长，经验积累还不够丰富，思考还不够深入，书中难免存在缺漏、不当乃至错误之处，恳请各位读者和专家批评指正。同时，书中参考了众多专家和同行的研究成果，在此深表谢意。

目 录

第一章　核心素养的教学目标是什么 ………………………………… 1
　　第一节　核心素养是什么 ……………………………………………… 1
　　第二节　核心素养与知识的关系 ……………………………………… 9
　　第三节　核心素养的教学目标是什么 ………………………………… 14

第二章　核心素养的教学目标怎么写 ………………………………… 20
　　第一节　基于核心素养的教学目标确立的依据 ……………………… 20
　　第二节　核心素养目标编写的模型 …………………………………… 29
　　第三节　核心素养导向的教学目标的制定 …………………………… 39

第三章　核心素养的教学目标怎么用 ………………………………… 68
　　第一节　核心素养的教学目标的地位与作用 ………………………… 68
　　第二节　核心素养的教学目标的展示、落实与评价 ………………… 75

第四章　核心素养的学科单元教学设计实用案例 …………………… 86
　　第一节　小学语文单元教学设计案例 ………………………………… 86
　　　　校园里的"新鲜味"主题展
　　　　　　——统编小学语文三年级上册第一单元教学设计 ………… 86
　　　　制作童年"手帐本"
　　　　　　——统编小学语文三年级下册第六单元教学设计 ………… 98

谁是幽默小达人

  ——统编小学语文五年级下册第八单元教学设计 ·················· *117*

探究童话的奇妙，新编美好的故事

  ——统编小学语文四年级下册第八单元教学设计 ·················· *132*

身边的他（她）

  ——统编小学语文五年级下册第五单元教学设计 ·················· *145*

第二节 小学数学单元教学设计案例 ···························· *154*

百分数（一）

  ——人教版小学数学六年级上册第六单元教学设计 ················ *154*

长方形和正方形

  ——人教版小学数学三年级上册第七单元教学设计 ················ *172*

多边形的面积

  ——人教版小学数学五年级上册第六单元教学设计 ················ *189*

第三节 小学英语单元教学设计案例 ···························· *206*

Tall Buildings

  ——闽教版英语五年级下册第七单元整体教学设计 ················ *206*

Weather

  ——闽教版英语四年级下册第六单元整体教学设计 ················ *218*

第四节 小学艺体单元教学设计案例 ···························· *229*

彩墨校园

  ——人教版美术五年级"彩墨校园"单元教学设计 ················· *229*

田径训练

  ——统编小学体育三年级下册田径单元教学设计 ·················· *244*

第一章　核心素养的教学目标是什么

如果说教材是一艘船，那么核心素养就是航向，而培根铸魂、启智增慧则是我们的目的地。在教材的单元教学实践中，我们始终以核心素养为指导，重构单元学习内容，确保教学内容与教学目标紧密匹配。我们不仅关注知识和技能的传授，还关注学生的道德、社会、情感和文化素养，促进学生的全面发展。

第一节　核心素养是什么

一、素养是什么

素养是一个多义词，其含义可以根据上下文和不同领域而有所不同。从语言学和文化背景的角度来看，可以这样解释：

素养的字面意思："素"指的是基本、简单、未经处理的状态；"养"意味着培养、抚养、养成。因此，从字面意义上来看，素养可以理解为培养和保持一个人在某方面的基本品质或状态。

自然学角度上的素养：在自然学或生态学领域，素养可以指一个人对自然环境的理解、尊重和保护能力，包括具有生态系统的知识、环保意识，以及可持续发展的观念。一个具有高素养的个体通常会更关心环境问题，采取行动减少对生态系统的破坏。

日常生活中的素养：在日常生活中，素养通常用来描述一个人在道德、文化、社交和礼仪方面的素质和修养，包括尊重他人、有礼貌、懂得分辨善恶、文化修养高、有道德标准等品质。例如，当说某个人的素养很好时，意味着他或她表现出良好的品格、礼仪、教养和社交技能。这种人可能会尊重他人的观点，遵守社会规则，以及对社会有积极的贡献。

综上，可以看出，素养是一个多层次的概念，其具体含义取决于上下文和使用领域。在不同情境下，素养可能指的是不同方面的品质和修养，但通常都与个体的文化、道德、社交和环境有关。

从教育学的角度来看，素养是一个重要的教育目标和概念，涉及培养学生的全面发展。它要求不仅关注知识和技能的传授，还要关注学生的道德、社会、情感和文化素养。

学科素养（Academic Literacy）：学科素养指的是学生在特定学科领域内的知识、技能和理解能力。它包括了对学科知识的深刻理解、问题解决能力、批判性思维、创造性思维以及学科特定的沟通和表达能力。教育的目标之一就是培养学生在各个学科领域具有高度的学科素养。

社会素养（Social Literacy）：社会素养关注学生在社交、合作和公民责任方面的表现。它包括了尊重他人、解决冲突的能力、合作和团队合作、参与社区活动、理解社会问题以及承担公民责任等方面的素养。社会素养有助于培养学生成为有责任感和积极参与社会活动的公民。

文化素养（Cultural Literacy）：文化素养指的是学生对不同文化、价值观和信仰的理解和尊重。它包括了多元文化教育、国际理解、宗教和文化包容性等方面的素养。文化素养有助于培养学生的跨文化交流和理解能力，使他们能够在多元文化社会中更好地融入和交往。

环境素养（Environmental Literacy）：环境素养强调学生对环境问题的认识和环保意识的培养。它包括了对自然生态系统的理解、可持续发展的观念、资源管理和环境保护等方面的素养。教育可以帮助学生认识到他们的行为对环境的影响，并激发他们积极参与环保活动的热情。

总的来说，教育学强调培养学生的综合素养，包括学科素养、社会素养、文化素养和环境素养等多个方面。这有助于学生在知识、技能和价值观上得到全面发展,成为有创造力、有社会责任感的公民。素养教育旨在帮助学生不仅具备所需的学科知识和技能,还具备全面的文化、社会和环境意识,以更好地适应和参与社会生活。

二、核心是什么

核心素养的核心是涵盖多个领域的关键能力和品质,旨在全面助力学生的个人成长和发展。主要包括以下几个方面:

第一,人格发展。核心素养强调了个体的人格构成和发展,包括志向、兴趣、能力、理想、世界观、信念等方面。这意味着教育不仅仅关注知识和技能,还要培养学生的价值观、道德品质和情感智力。

第二,学力发展。核心素养认为学生需要在知识、技能、熟练和习惯等方面取得发展,强调了学生的综合学习能力和自主学习能力。

第三,自主学习和活动参与。核心素养将学生视为学习的主体,认为其具备自我学习的设计和管理能力,可以积极参与学习活动,反思自己的理解过程,并与其他学生进行相互监督,强调了学生的自主性和积极性。

第四,分享和合作。核心素养倡导资源的分享和合作,班级成员应该共享资源,认识到相互之间的差异,从多样的发展方向和机会中受益,这促进了学生之间的互助和团队合作。

第五,对话和交流。核心素养认为学生应通过对话和交流来分享知识和理解,使课堂成为思考和交流的场所。

第六,脉络化、情境化地学习。核心素养鼓励学生明确活动目的,在行动中思考,反复参与尝试,以及展开应答性评价,强调了实际经验和应用性学习。

综合来看,核心素养的核心是全面发展学生的个体,培养他们的认知、情感、社交和自主学习能力,使他们成为具备正确价值观和良好道德品质的社会成员,能够适应未来的挑战,能够抓住机遇。这种教育理念强调教育不仅仅关注学科知识,还要关注学生的整体成长和发展。

三、核心素养是什么

根据北师大林崇德教授带领的研究团队的界定,中国学生发展核心素养是指 21 世纪中国学生应具备的、能够适应终身发展和社会发展需要的必备品格和关键能力。核心素养体系以培养全面发展的人为核心，以科学性、时代性和民族性为基本原则，分为三个领域：

第一，文化基础。包括人文底蕴和科学精神，强调能掌握和运用人类优秀智慧成果，涵养内在精神，追求真善美的统一。

第二，自主发展。包括学会学习和健康生活，强调能有效管理自己的学习和生活，认识和发现自我价值。

第三，社会参与。包括责任担当与实践创新，强调能处理好自我与社会的关系，增强社会责任感，提升创新精神和实践能力。

他们还把核心素养进一步细化为十八个基本要点，三个领域之间相互联系、相互补充、相互促进，在不同情境中发挥作用。[①]

总的来说，中国学生发展核心素养的目标是培养具备综合素质和关键能力的学生，这些素养涵盖了文化基础、自主发展和社会参与三个领域，强调了知识、能力和态度的综合发展，以适应现代社会的需求。这一概念为教育提供了更全面的目标，强调了学生的全面发展和社会责任感。

钟启泉教授认为，核心素养是学生在面对未来个人终身发展和社会发展的挑战时所需的必备品德和关键能力。它强调学生的真实性学力，具有以下几个重要方面。

第一，真实性学力。核心素养强调学生不仅要习得知识，还要能够运用知识解决真实问题、创造新知识，具备思考力、判断力和表达力等能力。

第二，学习者中心的教学。核心素养倡导学生积极参与自己的学习过程，决定如何学习和学习什么，将学习变成自主计划型学习。

第三，真实性的问题解决。核心素养要求学校教育关注现实问题的探究和解决，不仅关注知识的传递，还注重学生在面对真实问题时的学习体验。

第四，协同式问题解决。核心素养鼓励学生团结协作、共同解决问题，形成学习共同体，锻炼个体的思维和表达能力、协作能力。

第五，自主学习、对话学习和深度学习。核心素养要求学生具备自主学

---

① 核心素养研究课题组. 中国学生发展核心素养 [J]. 中国教育学刊, 2016, (10): 1-3.

习的能力,通过对话学习和协作学习来深入理解和解决问题。

第六,真实性评价。核心素养的教学需要真实性评价来支持,评价要注重学生在真实情境中的表现,观察学生的知识、思维和表达能力,为教学提供反馈和改进方向。①

他认为,核心素养不仅包括学科知识,还包括学习方法、问题解决能力、创新能力、社交能力和终身学习的动力。它强调学生的全面发展,使他们能够应对未来的挑战,成为有思考力、判断力和创造力的终身学习者。

余文森教授认为,核心素养包括以下三个关键要素:(1)价值观,核心素养的第一要素是价值观,它是一个人心灵的风向标。它涵盖了对什么是有价值的、有意义的、好的和对的等方面的认知和判断。拥有正确的基本认知和判断是人的根本,学校教育需要在这方面对学生进行培养,以确保学生有正确的道德和伦理观念。(2)思维方式,核心素养的第二要素是思维方式,它是一个人脑力劳动的武器。它包括思维方向、思维品质、思维方法和思维能力等多个方面。科学的思维方式会对一个人的认知水平和质量产生重要影响,因此学校教育需要引导和启发学生学会正确的思维方式。(3)品格,核心素养的第三要素是品格,它涉及一个人的行为表现和为人形象。品格是一个人素养的直接反映,它包括了个人的言谈举止、礼节、涵养和教养等方面。拥有良好的品格对于一个人的整体素养至关重要。

余文森教授强调核心素养包括了正确的价值观、科学的思维方式和优秀的品格,这三个要素共同构成了学生整体素养的基础,因此在学校教育中需要重视培养和发展这些要素,以确保学生的综合发展。②

崔允漷教授则强调了核心素养的多义性,他认为核心素养不是一个固定的概念,而是一个类概念或族词,包括了多种相关的概念,如 competence、literacy、ability、skill、capability、accomplishment、attainment、quality 等。他指出,不同的学者和文献在描述核心素养时可能会使用不同的词汇,但这些词汇实质上都在回答同一个问题,即如何从学生学习结果的角度来定

---

① 钟启泉. 从"知识本位"转向"素养本位"——课程改革的挑战性课题[J]. 基础教育课程,2021,(11):5-20.

② 余文森. 核心素养的教学意义及其培育[J]. 今日教育,2016,(03):11-14.

义未来社会需要的人才素质。崔允漷教授还强调了解决核心素养的问题应该关注其背后的问题解决逻辑，包括核心素养的界定逻辑、清晰描述核心素养的方法以便进行课程与评价的设计与实施，以及如何从学习结果出发与理想的素养目标建立联系。[1]

新课标中的核心素养可以总结如下：（1）核心素养是新课程的统摄性概念，反映了教育目标的重心转变，从强调知识传授和基本技能获取转向关注学生学习结果以应对未来社会需求。（2）核心素养的价值定位在于从学习结果的角度界定未来社会所需要的人才，强调培养学生的正确价值观、必备品格和关键能力。（3）在新课程的语境下，每门课程所培育的核心素养是学科育人价值的具体体现，包括了正确价值观、必备品格和关键能力。（4）"关键能力"是核心素养的认知层面，指向学生能够在面对未来复杂情境时综合运用所学知识、观念、方法解决问题。（5）"必备品格"和"正确价值观"则是核心素养的非认知层面的理解，强调学生在解决问题过程中养成的道德习惯和持续性解决问题的品行。

新课标中的核心素养涵盖了知识、价值观、品格和能力等多个方面，旨在培养适应未来社会需求的全面发展的新一代人才。这些素养不仅关注学科领域的育人价值，还强调了学生在解决复杂问题和应对不确定情境时所需的综合素质。

综上，林崇德、钟启泉、余文森、崔允漷以及新课标对核心素养的观点存在一些共同的指向观点：

第一，以学生学习结果为中心。它们都强调核心素养是与学生的学习结果和发展相关的，都关注培养学生的品格、能力、知识和价值观，以使他们适应未来社会和终身发展的需求。

第二，社会需求导向。它们都强调核心素养的培养是为了满足社会的需要，以培养能够在复杂多变的未来社会中学会学习、获得个人成功、促进社会进步的新一代人才。

第三，多元性和多维度。它们都认识到核心素养是一个多元的、多维度的概念，不仅包括认知层面的能力和知识，还包括非认知层面的品格、态度

---

[1] 崔允漷. 追问"核心素养"[J]. 全球教育展望，2016，45（05）：3-10+20.

和价值观。

第四，超越传统教育。它们都反映了对传统教育方式的反思，强调核心素养的培养不仅仅关注知识传授，还包括培养学生的综合能力，养成优秀的做人品格。

第五，背景和文化差异。它们承认核心素养的具体内容和形式可能因不同国家、文化和语境而异，但都强调核心素养的重要性和普适性。

四、核心素养有什么特征

(一) 整体性

核心素养的整体性特征强调了它是学生在成长过程中综合获得的知识、技能、情感、思想、品格的集中体现。这一理念反映在核心素养构成要素的三个方面：正确价值观、必备品格和关键能力，这三者融为一体，共同构成学生发展的整体。

正确价值观（Correct Values）：正确的价值观是核心素养整体性的基础，涉及学生对道德、伦理、社会责任等方面的认知和态度。这部分强调学生应该具备正确的价值观，以引导其行为、决策和社会交往。

必备品格（Essential Character）：必备品格体现了学生在发展过程中所具备的品德、态度和行为特质。包括责任心、团队合作精神、自律性等品质，是核心素养整体性的重要组成部分。

关键能力（Key Competencies）：关键能力强调学生在学习学科知识和技能的基础上，培养创新、批判性思维及沟通、解决问题等能力。这部分反映了学生在应对各种挑战时所需的综合能力，强调整体性的素养。

整体性特征还表现在核心素养不是简单的具体素养成分的叠加，而是这些素养成分有机地融合为一个整体。只有当各种具体素养成分协同合作、相互贯通，学生才能真正形成和表达出自己的核心素养。这强调了理解核心素养需要整体性视角，而非简单地看待其构成要素。因此，核心素养的整体性特征强调了在教育过程中要综合考虑学生的品德、认知、技能等方面，促使学生形成全面发展。

(二) 综合性

核心素养的综合性特征体现在学生在真实情境中解决问题的能力，无论是生活情境还是社会情境。

解决问题的综合性：核心素养要求学生具备在复杂的、真实的情境中解决问题的能力。这并非仅依赖于某一学科的知识，而是需要学生能够综合运用各种学科知识、技能以及跨学科的能力，形成全面地解决问题的视角。

方法、价值观和个人品质的整合：核心素养强调的不仅仅是知识和技能的整合，更是关于正确的方法、价值观以及良好的个人品质的整合。在解决问题的过程中，学生需要不断地思考正确的方法和价值观，并在实际行动中体现出良好的个人品质。

综合性的学科和跨学科：核心素养不是分门别类的，而是综合性的。在学科教育中，它要求学科之间打破界限，形成相互融合的态势。学生需要在解决问题的过程中跨多个学科领域，综合运用不同学科的知识和技能。

跨领域的统整实现：核心素养要求多学科、多领域的统整实现。这意味着学校教育需要提供跨学科的整体育人理念，使学生在不同领域中形成全面的素养。此次义务教育课程标准的修订中，明确了跨学科主题学习的课时安排，强调项目式教学等方法，以促进学生的综合性发展。[1]

总体而言，核心素养的综合性特征强调了学生在解决问题的过程中需要全面发展的能力，不仅包括学科知识和技能的整合，更涉及正确方法、价值观和良好品质的有机结合。这一理念在学校教育中要求跨学科、跨领域的统整，以促进学生更好地应对现实生活和未来社会的复杂挑战。

（三）连续性

核心素养的连续性特征表现为在学生身心发展的过程中，根据不同年龄段学生的发展规律，明确各个阶段的培养要求。连续性的特点涉及学生从小学到初中再到高中的不同学段和发展阶段，以及对其身心发展规律的理解。

身心发展规律的理解：核心素养的连续性特征首先体现在对学生身心发展规律的深刻理解。以发展心理学的认知发展和阶段发展任务为指导，有助于教育者更好地了解学生在不同阶段的认知、情感、社交等方面的特征和需求。

---

[1] 杨兰，周增为. 义务教育阶段学生核心素养培育及教师应对[J]. 基础教育课程，2022，(19)：4-11.

分学段描述的实现：针对学生不同学段的发展需求，义务教育课程标准进行了一体化设计，对核心素养进行了分学段的详细描述。这意味着在不同学段，学生需要发展不同层面的核心素养，以适应其当前身心发展水平。

跨学段和跨年段的衔接：连续性特征要求教育体系能够实现跨学段和跨年段的衔接。在课程设计中，需要确保学生在学段转换时能够平稳过渡，保持核心素养发展的连贯性，使之成为一个逐步积累的过程。

核心素养的连续性特征体现在一体化设计和分阶段描述上。这意味着整个教育过程中，学生应逐步发展各个方面的核心素养，这种发展是根据他们身心发展规律的连续性和阶段性。通过理解和应用发展心理学的原理，教育体系可以更好地理解学生在不同阶段的发展需求，有针对性地设计教育内容和方法，以促使学生在整个学习旅程中获得连贯而系统的核心素养。这有助于建立一个教育体系，使学生能够在不同阶段实现全面、持续的素养发展。

第二节 核心素养与知识的关系

一、知识是什么

在教育学范畴内，我们可以追溯知识的发展历史，了解不同历史时期对知识的理解及教育方法的演变，以便更好地回答"知识是什么"这个问题。

在古希腊，教育的重点是哲学和人文主义。知识被认为是智慧和道德的基础，教育的目标是培养公民和领袖，强调对思辨能力、伦理观念和美德的培养。中世纪的教育主要以宗教为中心，教育的内容和方法受到基督教的影响，传授的知识主要是神学和宗教文化。文艺复兴时期的教育强调人文主义，重视古典文化和艺术。学习知识被重新认为是广泛学习人类文化和历史的机会。18至19世纪，工业革命引领了现代教育的兴起。教育开始注重实用性，强调科学、技术和职业教育，知识与工作技能的联系更为紧密。20世纪，教育领域发生了巨大变革，出现了综合性教育的概念。知识不仅包括学科知识，还包括社会技能、批判性思维和跨学科能力。随着信息时代的到来，知识的获取变得更加广泛和多样化，教育强调对信息素养、自主学习和批判性思维的培养，以应对信息爆炸的挑战。

根据这些历史追踪，可以总结出在教育学范畴内对"知识是什么"的理解：知识是一种动态的概念，它随着时间和社会变革而演变。从古代哲学和人文主义的观点到现代综合性教育和信息时代的观点，知识的定义和重要性在不同历史时期有所不同。今天，知识不仅包括学科知识，还包括综合能力、信息素养和跨学科理解，是以满足现代社会和工作的需求为导向的。因此，教育的目标是帮助学生获得广泛的知识和丰富的技能，使他们能够适应不断变化的世界。

二、知识的特征

知识具有多个特征，这些特征反映了知识的本质、结构和功能。以下是一些知识的主要特征：

客观性（Objectivity）：知识是基于客观事实的，具有真实性的，不受主观情感或个人偏见的影响的。它是独立于个体意愿和观点的客观存在。

系统性（Systematicness）：知识是有组织、有系统的，不是零散的事实或信息。它们之间存在内在的关系和组织结构，构成一个有序的体系。

可验证性（Verifiability）：知识能够被验证和检验，能够通过科学方法、实验证据或逻辑推理来支持。这有助于确保知识的可靠性和可信度。

普遍性（Universality）：知识应该具有广泛的适用性，不仅仅适用于特定的时间和地点，而且具有更普遍的适用性和通用性。

动态性（Dynamicity）：知识是不断发展和演变的，随着科学研究和社会进步而更新。新的信息和观点可以不断丰富、修改或扩展已有的知识。

复杂性（Complexity）：知识在某些领域可能非常复杂，涉及多个层面、多个维度的因素。理解和掌握知识可能需要深入地研究和学习。

相对性（Relativity）：某些知识可能在特定的背景下才有意义，它们的解释和理解可能受到文化、社会、历史等多种因素的影响。

实用性（Applicability）：知识应该具有实际应用的价值，能够帮助解决问题、促进创新和提高生活质量。

文化性（Culturality）：知识与文化密切相关，它反映了人类在不同文化环境中对世界的理解和经验。

这些特征相互交织，共同构成了知识的复杂网络。不同学科和领域中的知识可能突出其中的某些特征。教育学中的知识特征反映了教育过程中知识的本质和作用，这些特征共同构成了教育学中知识的特质，反映了知识在教育过程中所扮演的重要角色以及它与学生学习、发展、社会互动的密切关系。以下是一些教育学中知识的主要特征：

目的性（Purposiveness）：教育中的知识具有明确的目的，旨在帮助学生发展各种能力、技能和理解，以便更好地应对现实生活和未来挑战。

传递性（Transitivity）：教育者可以通过教学和学习的过程，将知识传递给学生，使他们能够掌握和理解知识。

综合性（Comprehensiveness）：教育中的知识是综合性的，涉及各种学科、领域和主题。它不仅包括基础学科知识，还包括跨学科内容和实际应用。

发展性（Expansibility）：知识在教育中是与学生的发展相联系的，它应该与学生的年龄、认知水平和经验相匹配，促使学生逐步发展。

社会性（Sociality）：教育中的知识不仅仅关乎个体，还与社会、文化、历史等因素密切相关。它反映了社会共识、文化传统和社会变革。

个体差异考虑（Individual Differences）：教育中的知识应该考虑到学生的个体差异，包括学习风格、兴趣、能力水平等因素，以形成个性化的学习过程。

实践性（Practicality）：教育中的知识应该具有实际应用的价值，能够帮助学生解决现实问题，提高他们在实际生活中的适应能力。

变革性（Transformative）：知识在教育中有可能引发个体的认知变革，推动学生的个人成长、自我发展，提高社会参与程度。

评估和反馈（Assessment and Feedback）：教育中的知识应该能够通过评估和反馈来衡量学生的理解程度和应用能力，以便为教育者调整教学方法提供更有针对性的支持。

三、知识的分类

从教育学的角度来划分的话，内容性知识、方法性知识和价值性知识是知识分类中的三个重要概念，它们分别涉及不同层面和类型的知识。

内容性知识是具体学科领域内关于事实和概念的知识，是关于"是什么"的知识。这些知识是构成学生学科素养的基础，也是未来应用核心素养解决实际问题的载体。以科学课程为例，可以通过设计基于真实问题的探究实验来培养学生的核心素养。首先，教师提出一个具有现实意义和科学价值的问题，如"如何减少城市空气污染"。其次，由学生分组进行探究实验，收集数据、分析原因并提出解决方案。在这个过程中，学生不仅学习了相关的科学知识（内容性知识），还培养了批判性思维、创新能力、沟通能力和团队协作能力等核心素养。

方法性知识是关于如何做某事的知识，它涉及一系列的技能和步骤，强调实际的执行和操作。基于核心素养的教学目标中，方法性知识的作用即培养学生的实际操作能力和问题解决能力。例如，在小学语文教学中，方法性知识包括阅读策略、写作技巧等，这些知识能够帮助学生有效地运用语言进行表达和交流，直接关联到学生的语言运用能力、思维能力和审美创造能力。

价值性知识是由价值观念构成的知识系统[①]，是关于"有什么用""怎么用"的知识，是发展核心素养的关键。每个学科都有其独特的价值性知识，这些知识反映了学科的本质和核心思想。通过学习价值性知识，学生可以更深入地理解学科的意义，认识到学科对于人类社会的贡献和价值。同时，对学科意义的理解为学习者提供了精神动力和价值导向，帮助他们明确学习的目标和意义，并能够将所学知识应用于实际生活中。

总的来说，内容性知识、方法性知识和价值性知识在培养学生的核心素养中都发挥着重要作用。内容性知识提供基础和背景信息，方法性知识培养实际操作和问题解决能力，而价值性知识则关注学生能用学会的知识去干什么，是悟中学、思中学。这三者相互支持、相互影响，共同促进学生核心素

---

① 丁宏喜. 古诗中不同类型知识的教学策略[J]. 小学教学（语文版），2022，(04)：70-72.

养的全面发展。

四、知识和素养的关系

学科知识是构建核心素养的基础，同时核心素养可以提升学科知识的深度和广度。核心素养不仅包括知识性目标，还包括能力性目标和情感性目标。通过培养核心素养，学生可以更好地理解、应用和评价学科知识，同时也能够发展更广泛的思维和社会技能，从而能够更好地适应现代社会的发展需求。

（一）学科知识作为核心素养的基础

学科知识是核心素养的重要组成部分。学科知识为学生提供了学科的基础，是核心素养的基石。学科知识提供了学科的基本概念、原理和技能，为学习者提供了在特定领域中思考、解决问题和创新的基础。核心素养是在学科知识的基础上发展的，它包括综合能力、批判性思维、跨学科思考等方面的素养，这些都需要建立在深厚的学科知识基础之上。

核心素养扩展了学科知识的应用范围，使学习者能够更全面地理解、运用和扩展他们在特定领域中所学到的知识。核心素养帮助学生发展更广泛的认知和技能，使他们能够更好地适应多样化的学习场景与工作环境。

（二）核心素养促进学科知识的深化

学科知识与核心素养之间存在密切的联系。学科知识是特定领域的事实性信息、概念和原理，而核心素养则包括了对学科知识的理解、应用以及批判性思考能力、对学科思想方法和价值观念的认识等。核心素养可以被视为是学科知识更广泛更深刻的表现，它不仅强调了学科知识的获取，还强调了学生在特定学科领域中思考和行动的重要性。

以数学领域为例，假设教学目标是让学生理解圆周率（π）的概念。传统的教学方法可能会简单地告诉学生"π是圆的周长与直径之比"，然后让他们记住这个定义。这种方法强调了内容性知识的传授，但没有涉及核心素养的培养。如果采用核心素养的教学方法，教师需要设计一系列活动来引导学生深入思考圆周率的含义。首先，通过数学实验，让学生自己测量圆的周长和直径，让学生自行发现这两个值之间的关系。这个过程培养了学生的观察、实验和数据分析能力，同时也激发了学生的好奇心和探究欲望。接下来，教师可以引导学生进行数据思辨，让他们尝试解释为什么不同圆的周长和直径之比会产生不一致的结果。这个过程是通过让学生质疑传统定义的表面意义的方式来培养学生的批判性思维。最后，通过回望历史，教师可以向学生介绍圆周率的发现和探索历程，包括古代中国数学家、希腊数学家、近代数学家等对圆周率的研究。这样的历史背景可以帮助学生更加深入地理解圆周率的复杂性和重要性。

通过这种核心素养的教学方法，学生不仅理解了圆周率的定义，还培养了观察、实验、分析、批判性思考和历史意识等多个核心素养。这些核心素养不仅有助于学生更深入地理解圆周率，还有助于他们在未来的数学学习中更灵活地应用和拓展数学知识。因此，核心素养不仅促进了学生对学科知识的内化，还提高了学生的学习能力和学科素养。

（三）学科知识与核心素养相互补充

学科知识和核心素养相互补充，互为支撑。学科知识为培养核心素养提供了内容和基础，而核心素养则为学科知识的掌握和运用提供了方法和途径。核心素养不仅包括知识和能力，还包括价值观念。通过培养核心素养，学生对学科的理解更为深刻，对学科的态度也更为积极。

第三节 核心素养的教学目标是什么

核心素养是学生通过课程学习逐步形成的正确价值观、必备品格和关键能力，是课程育人价值的集中体现。从"双基"到"三维"再到"核心素养"，可以看出聚焦核心素养，是整个课标的重点和核心。而教学目标是课堂教学的灵魂，是教与学一切行为的"航标"，教与学的每一步、每一环，都应沿着教学目标的实施和最终有效达成前行，沿着这样的一条主线贯穿教与学的行为，教学活动就能保持正确的"航向"。

一、核心素养的教学目标的基本特征

教学目标是教学活动实施的共同方向和一致的预期达成的结果，是一切

教与学活动的出发点和归宿。它既与教育目标、课程目标相联系，但又不同于教育目标和课程目标，它是国家的教育目标、国家的课程目标，乃至教师的教学目标的具体化。以核心素养为导向的教学目标不是一种类似传统"知识、技能与方法"等的固化性目标，核心素养嵌入目标是抽象的、动态的，不能直接通过将某种技法或者学法融入目标就能达成，而是必须将其具化为某一学科素养，通过循序渐进的长期转化才能真正实现。基于核心素养的教学目标具有"全面性""一致性""关联性""互成性"等特性，是一个有机的整体，涵盖了核心素养聚焦于学科素养，学科素养转化为教学目标，教学目标具化为单元目标的全过程。

一是全面性。教学目标的设定要全面看到课程中所蕴含的核心素养，围绕核心素养，全面考量这些素养与价值指向学生核心素养生成的逻辑与路径，使教学目标全面覆盖课程蕴含的核心素养。

二是一致性。素养不但是调动个体的知识、技能与态度，全面支撑个体的有效行动与成功生活，更加重要的是，这些知识、技能、态度具有内在的一致性，共同指向个体的某种行动意向。核心素养的教学目标，要注重教学目标的内在一致性，即教学目标对知识、能力与品格的共同指向，内在一致地支撑素养形成。

三是关联性。核心素养不仅是知识、能力与品格的一致性，其在更深的层次上还存在关联性，核心素养的知识、能力与品格等可以相互阐释和解释。教学目标要体现核心素养的这种关联性，要考虑教学目标之间的解释关系和解释方式。

四是互成性。素养是"自洽的主体意义支持下的行动体系"，其内在的知识、能力与品格之间还存在互构互成的动态关系。核心素养的教学目标，要利用核心素养的互成性，统筹处理相关教学目标，实现教学目标的系统效应。

二、核心素养与"双基""三维"的关系

在教学目标上，新中国成立以来，经历了从"双基"到"三维"再到"核心素养"的三次变革。核心素养目标、双基目标和三维目标都是教育领域中的目标体系，它们各自强调不同的教育方向和培养重点。核心素养是对

"双基"和"三维"的继承与超越，不仅涵盖了"双基"和"三维"的基本要求，还在此基础上进行了拓展和深化。

1. 双基目标。双基目标着重培养学生的基础知识和基本技能，即语文数学两个基础学科的知识和运用能力。这是中国教育体系中的一个主要目标，强调学科知识和基础技能的掌握。双基目标主要侧重于语文和数学这两门基础学科，通过提高学生在这两个领域的水平来确保他们的基本素养。

2. 三维目标。三维目标强调学生的多层次发展，包括学科知识、学科能力和学科方法三个维度。这种目标设计旨在培养学生全面的学科素养，注重学科知识与能力的统一。三维目标中的学科方法指学科的思维方式、解决问题的方法，强调学科的独立性和特定性。

相对于双基目标，三维目标确立了更加全面的教学目标，更加接近人的全面发展的涵义。但从逻辑上说，知识与技能、过程与方法、情感态度与价值观之间并不处于同一个逻辑层面，这使得三维目标在教学实践上难以进行合理、有效的拟合与把握，整合性成为三维目标难以逾越的一个障碍。

3. 核心素养目标。核心素养目标强调学生的全面发展，包括知识、技能、情感、品德等多个方面。这种目标体系关注学生的整体素养，旨在培养学生适应复杂社会和未来职业的能力。核心素养目标注重各种能力的综合培养，如跨学科能力、批判性思维、创新能力、社会责任感等。

核心素养对"双基"的继承体现在对学生掌握基础知识和基本技能的重视。在教育过程中，学生需要掌握一定的学科知识和技能，这是他们未来学习和发展的基石。核心素养强调学生在掌握这些基础知识和技能的基础上，能够灵活运用它们解决实际问题，培养创新思维和实践能力。核心素养对"三维"的继承体现在对学生全面发展的关注。三维目标强调学生在知识与技能、过程与方法、情感态度与价值观等方面的全面培养。核心素养在此基础上进一步拓展，强调学生在道德品质、身心健康、社会交往等方面的全面发展，培养他们成为具有社会责任感和公民意识的全面发展的人才。

核心素养对"双基"和"三维"的继承与超越体现了教育领域对学生全面发展的关注和追求。核心素养强调学生在掌握基础知识和技能的基础上，能够将所学知识与现实生活相结合，形成跨学科的综合能力。核心素养还强调学生在道德品质、身心健康、社会交往等方面的全面发展，培养他们成为具有社会责任感和公民意识的全面发展的人才。

核心素养作为此次义务教育课程修订的统领，在新目标、新教学，新评价等方面均有体现这三方面构成了课程育人的完整逻辑，将"核心素养"确立为教学目标，意味着我国教育教学真正转到"人的发展"的轨道上来。核心素养目标超越三维目标，一方面是它从"人"的角度界定教学目标，另一方面是它正确处理了核心素养的要素与整体之间的关系，使教学目标更好地描述人的发展形象。下面，以统编教材小学语文三年级下册《荷花》的教学目标制定为例说明。

双基背景下的教学目标为：①认识生字，读准多音字、儿化词和轻声词，会写本课生字；②有感情地朗读课文，理解这一池荷花是"一大幅活的画"这句话的意思；③背诵第二自然段，仿写一种植物。

三维背景下的教学目标为：①认识生字，读准多音字、儿化词和轻声词，会写本课生字；②有感情地朗读课文，边读课文边想象画面，体会优美生动的语句，理解这一池荷花是"一大幅活的画"这句话的意思；③背诵第二自然段，能仿照课文第二自然段描写荷花不同样子的句子，写一种自己喜欢的植物。

核心素养背景下的教学目标为：串联单元主题和语文要素，利用课后的助学系统，搭设"美丽的大自然"单元主题下的品味语言、积累语言到运用语言的学习课堂，把教学目标定为想象画面，品味积累文中生动优美的语言，迁移仿写习得作者的表达方法。①在单元情境下认识生字，读准多音字、儿化词和轻声词，会写本课生字；②有感情地朗读课文，运用想象画面、联系上文、换词比对等方法品读优美生动的语句，了解荷花的特点，体会荷花的美，提高欣赏美、感受美的能力；③背诵第二自然段，能仿照课文第二自然段描写荷花不同样子的句子，写一种自己喜欢的植物。

从以上例子可以看出，以核心素养为导向的教学目标是根据教学情境、学生需要而设计的，满足了解决教学问题、教学任务等的现实需要，也满足了个体知识建构、能力发展、思维深化的多元需求。同时，基于核心素养的教学目标并不是一成不变的标准，其随着教学情境的变化、教学的推进、学生的发展而不断调整，核心素养目标化具有情境性、整合性与生成性。

三、核心素养与学科核心素养的关系

核心素养与学科核心素养之间有着紧密的联系和相互促进的关系。核心素养是指学生在全面发展过程中所应具备的基本品质和关键能力，而学科核心素养则是针对特定学科领域的专业素养。学科素养作为在特定学科或某一领域的知识学习过程中形成的、体现的学科思维特征及态度，是学生在接受特定学科教育过程中形成的知识与技能、过程与方法、情感态度价值观等方面的综合，是核心素养在特定学科中的具体化、操作化表述。核心素养与学科素养存在紧密的关系，学科素养的形成过程也是核心素养的生发过程，核心素养的培育融合在各个学科的学习与教学过程之中。

首先，核心素养是学科核心素养的基础。一个学生在全面发展的过程中，需要具备良好的道德品质、思维能力、创新能力等基本素养，这些素养是学习任何学科的前提条件。只有具备了这些基本素养，学生才能够更好地理解和掌握学科知识，形成学科核心素养。教学目标是细化学科素养的重要载体，教学目标描述的是某一学科学习完成后预期达到的目标，即学生在经历一段时间的学科教育后，在知识技能适应未来社会等方面应该或必须达到的基本能力水平和程度要求，将学科素养融入教学目标之中，能够将教学方向指向培育学生的核心素养。

其次，学科核心素养是对核心素养的具体化和深化。每个学科都有其独特的研究对象、方法和思维方式，学生在学习过程中需要逐渐形成对该学科的专业素养。这种学科核心素养不仅包括对学科知识的掌握，还包括运用学科知识解决实际问题的能力、创新思维能力等。因此，学科核心素养是在核心素养的基础上，进一步培养学生在特定学科领域的专业能力和素质。学科素养转化为某一学科的教学目标后，需进一步将教学目标具化为单元目标。单元目标是素养目标达成的重要单位，把具有素养导向的教学目标细化为单元目标，能够明确单元学习对学生素养发展的意义与价值，奠定单元学习的导向。各学科的课程标准，需要通过转化为一个个学科课程目标，一个个学年、学期、单元、课时教学目标，落实到课堂教学中。

最后，核心素养与学科核心素养相互促进，共同推动学生的全面发展。学生在培养核心素养的过程中，会逐渐形成对各个学科的兴趣和热爱，从而更加积极地投入学科学习中，提高学科核心素养。同时，学科核心素养的提高也会反过来促进学生的核心素养发展，使学生在全面发展的道路上更加稳健地前行。核心素养具有整合性，包括了文化基础、自主探究、社会参与和人际互动等多个维度。核心素养的整合性意味着无法将指向核心素养的教育目的直接与具体的教学目标结合，需要先将基于核心素养的教育目的聚焦于课程目标，再将其具化为包括人文、艺术、科学、劳动等多种课程中内蕴的学科素养，融合于科学、人文、艺术等多种学科的学习过程中。

第二章　核心素养的教学目标怎么写

确立了核心素养目标的重要性，随之而来的就是"怎么写"的问题了。本章围绕"核心素养的教学目标怎么写"，首先介绍了课标、教材、学情对核心素养目标确立的重要性，从原理上确认教学目标编写的依据；然后介绍了几种典型的目标编写的模式和模型，树立起了教学目标编写的框架；最后给出了具体的学科变式，用具体例子说明不同学科的教学目标怎么写，并给出了详细的分析。

第一节　基于核心素养的教学目标确立的依据

在基于核心素养的单元教学中，学习目标的质量与教师教学质量、学生学习效果、教学结果评价等息息相关，是教学的出发点和归宿。制定出能将学科的知识结构、能力结构、逻辑结构、价值意义结构融合为一体的单元学习目标是教师进行单元教学的前提和基础，也是检验单元教学活动是否有效的关键。单元学习活动的开展、评价任务的实施以及教学后的反思都需要学习目标来引导。那么，怎样的单元学习目标是有效且可实施的呢？首先要对基于核心素养的教学目标设计的依据加以明确。

一、课标是各科核心素养目标确立的方向性依据

课标是教育行政部门制定和颁布的纲领性文件，是学校教育教学工作的

指导性文件，是教育教学工作的方向和目标。课标体现着国家对不同阶段学生课程核心素养的基本要求，是对学生学习后应知道什么和能做什么的界定性表述，对教材编订、教学和评价具有重要指导意义，是教材编订、教学和评价的出发点与归宿。

课标对核心素养目标确立具有重要意义。首先，课标确立了各学科的核心素养目标，包括学生应具备的必备品格和关键能力，以及学科间的综合素养。这些核心素养目标为编写教学目标提供了方向和依据。其次，课标规定了各学段、各年级的教学内容和教学要求。编写教学目标时需要根据课标要求，针对具体教学内容和学生实际情况，制定合适的教学目标。再者，课标统筹了教育理念和育人目标。课标体现了国家对教育的基本要求，体现了以学生为中心的教育理念和培养全面发展的人的育人目标。因此，课标对核心素养目标确立的重要性不言而喻，课标能够引导教师遵循课标所体现的教育理念和育人目标，更好地理解学科特点和学生发展需求，从而确立核心素养目标。2022年版新编订的学科课程标准所建立的学科育人目标体系，以学科核心素养为导向，规定了各门课程的性质、理念、目标、内容框架、学业质量，提出了针对教材编写、课堂教学、考试评价、教师培训等方面的建议。其中，与核心素养目标的确立与编写息息相关的内容包含学科核心素养、课程目标、课程内容与学业质量这几个部分。这几个部分对确定学科单元核心素养目标具有指导性、决定性、规范性、启发性作用。教师需要依据这几个部分制定具体的单元教学目标，并不断调整和完善教学计划，以提高教学质量和效果，提升学生核心素养。

如《义务教育语文课程标准（2022年版）》指出："义务教育语文课程培养的核心素养是学生在积极的语文实践活动中积累、建构并在真实的语言运用情境中表现出来的，是文化自信和语言运用、思维能力、审美创造的综合体现。"[1] 也就是说，教师在制定教学目标时，应充分考虑文化自信、语言运用、思维能力和审美创造这"一体四面"的学科核心素养与这个单元学习的内容有哪些直接相关或间接相关。这是一个系统、连续的过程，它涉及对课

---

[1] 中华人民共和国教育部制定. 义务教育语文课程标准（2022年版）[M]. 北京：北京师范大学出版社，2022.

程标准的深入理解、精准定位。教师需要深入理解课程目标、课程内容、学业质量，分析其与核心素养的关系，将其转化为具体的学科核心素养目标，确保目标的可操作性和可评估性，并持续反思和调整。如此方能确保核心素养目标制定符合课标总体要求，可以实现教育教学的总体目标，从而提高学生的综合素养。

其中，课程目标集中体现了国家对该学科提出的育人要求，是对核心素养的拓展描述。作为上位目标，课程目标指导着学段目标、单元目标、课时目标，每一个上级目标指导着各下级目标，每一个下级目标直接服务于上一级目标。课程内容是对实现核心素养的学习内容的具体描述，是达成最终育人目的所需的具体学科知识。课程内容模块分主题给出了"内容要求"，每一主题都有相关的建议，是"学科核心素养与课程目标"的具体解说，是连接课程目标与教学目标的桥梁，是课程目标过渡到教学目标的阶梯。学业质量标准的内涵结合课标所规定的课程内容，对学生完成本学科课程学习后的学业成就的具体表现特征进行了总体刻画，具体指向"学生学得怎么样"，即学生学了多少（量），学得好不好（质）。就一个单元来说，它是对学生在某一主题下应该展现的素养和能力的具体描述，不仅描述了学生应该掌握的知识和技能，明确了学生应该做什么与能够做什么，还描述了学生在哪些方面已经达到一定的水平。这种描述方式使得评价目标的确立更加明确和具体。

以统编小学语文三年级上册第一单元为例，本单元的语文要素有两个：一是阅读时，关注有新鲜感的词语和句子；二是体会习作的乐趣。将这两个要素与课标对应研读，可提取出以下内容——

总目标第 4 条：主动积累、梳理基本的语言材料和语言经验，逐步形成良好的语感，初步领悟语言文字运用规律。

学段要求：

【阅读与鉴赏】第 6 条：积累课文中的优美词语、精彩句段，以及在课外阅读和生活中获得的语言材料；

【梳理与探究】第 1 条：尝试分类整理学过的字词；

【表达与交流】第 1 条：乐于用口头、书面的方式与人交流沟通，愿意与他人分享，增强表达的自信心。第 4 条：观察周围世界，能不拘形式地写下自己的见闻、感受和想象，注意把自己觉得新奇有趣或印象最深、最受感动的内容写清楚。尝试在习作中运用自己平时积累的语言材料，特别是有新鲜感的词句。

再对应新课标第二学段学业质量描述——乐于交流与表达，观察周围世界，能把自己觉得有趣或印象深刻、受到感动的内容表达清楚。能分类梳理日常生活中学到的词句，愿意用自己喜欢的方式整理学习成果，参加集体展示活动。能发现作品中的优美词语、精彩句段，并根据需要进行摘录。乐于与他人分享阅读所得，关注有新鲜感的词句，并有意识地在口头和书面表达中运用。能用表现事物特征的词语描摹形象，用积累的语言材料，特别是有新鲜感的词句描述想象的事物或画面。

结合以上本单元语文要素与课程目标、课程内容与学业质量相对应的内容，可知新鲜感的词句属于"表达与交流"的内容，尤其在表达时"用积累的语言材料，特别是有新鲜感的词句描述想象的事物或画面"。在学生关注、积累"新鲜感"词句这一语言运用的过程中会用到"比较、分析、提炼、概括"等思维能力，感受"新鲜感"的词句可以想象成画面，也是一种审美体验，"新鲜感"的词句涉及文化背景时，则是对"文化的传承和理解"。

总之，上述内容强调了课标是确立学科核心素养目标的方向性依据，教师在制定单元教学目标之前应该充分研读课程标准，明确课程目标和核心素养培养的要求，研读对应学段的目标，通过对课程标准的分析，弄清楚该单元对应的"内容要求"是哪些，单元目标与课时目标对应实施的参考标准是什么，将育人要求、学科知识进行有机结合，从而达成学习目标对单元学习过程的高位引领。

二、教材是核心素养目标确立的载体性依据

教材在教育中的重要地位不言而喻，而基于核心素养的教学目标的确立更是离不开教材。首先，教材是培育学生核心素养的重要文本载体。核心素养的培养需要依赖于系统的学科知识和教育内容，而教材肩负的正是这一功能。教材是根据教育目的和学生身心发展规律，专门研制和编写的、适合相应阶段学生学习的文本。通过教材这一载体，教师可以系统地传递知识、技

能和价值观，引导学生形成必备品格和关键能力，为核心素养的培养奠定基础。其次，教材体现了学科知识的结构和逻辑框架，有利于帮助学生构建完整的知识体系。学科知识之间的联系非常密切，形成整体意识对于解决综合性问题至关重要。教材在呈现知识时，通常会注重知识的内在逻辑和结构，帮助学生快速建立知识网络，使学生能够更好地理解和应用所学内容。这样，学生不仅能够掌握单个知识点，而且能够形成对知识体系的认识，为核心素养的培养提供全面的知识基础。最后，教材有利于培养学生的思维能力和创新能力。教材不仅是知识的传递者，更是思维的引导者。教材通过引导学生对知识进行深入思考、分析，帮助学生形成科学思维、批判性思维和创造性思维。这些能力是核心素养的重要组成部分，对于学生的终身学习和个人发展具有重要意义。

综上所述，课标是教学的方向标，教材则是教学的内容载体。教材是课标的具象化，是教师教学、学生学习的对象，是确定教学目标最主要的辅助学习材料，也是师生交互的重要媒介。在确定学习目标时，教材是重要的支撑性依据。一个单元的丰富内容，不仅包括概念、规律、结论等显性知识，还包括思维过程、情感体验、科学态度与社会责任等隐性知识。学生掌握不同教学内容时，对应的思维活动和行为表现有所不同，即对应不同的目标描述。因此，单元教学目标设计之前，需要研读该单元内容的性质、特点、在整个教材中的地位以及它在学科中的前后左右关系，甚至是学科间的关联性分析都要充分考虑进去，从而保证单元教学目标设置的合理性。还是以统编小学语文三年级上册第一单元为例，我们可以从学习内容、年级纵向进阶、单元横向关联几个方面来研读教材。

从学习内容上看，这个单元围绕"校园生活"这一人文主题，编排了三篇课文、一次口语交际、一次习作以及语文园地部分。《大青树下的小学》写现实中的学校，用生动形象富有画面感的语言展现了一所边疆小学里小朋友上下课时欢乐祥和的画面，体现我国各民族儿童的友爱团结。《花的学校》写想象中的学校，作者从儿童的视角出发，用诗意的语言描绘了一群活泼天真、渴望自由的花孩子。通过丰富新鲜的想象，把孩子和妈妈之间的感情表达得自然深厚，边读边想象，字字句句都能引你走进一个奇妙的世界。《不懂就要问》是小学阶段第一篇略读课文，讲述少年孙中山勤学好问的故事，语言通俗却蕴含深刻的道理，具有一定的时代特色。口语交际部分的《我的暑假生活》是在交流暑假里的新鲜事。习作《猜猜他是谁》是小学阶段第一篇习作，写同学的特别之处，更关注习作的乐趣，以游戏的形式增加习作的趣味性。《语文园地》中的"交流平台"围绕阅读要素展开交流；"词句段运用"设计了积累含有身体部位的成语、通过朗读表达情感、给兴趣小组起一个有创意的名字三项内容；"日积月累"展示了清代袁枚的《所见》，描绘了小牧童唱歌、捕蝉时活泼可爱的形象。

从年级纵向进阶上看，"阅读时，关注有新鲜感的词语和句子"指向阅读维度的语文要素，旨在引导学生关注课文中有特色的、自己感兴趣的词句，主动理解积累这些词句，交流阅读感受并主动积累。这条要素指向了学生自三年级（甚至更早）就要养成主动积累语言经验的习惯，尤其是积累有新鲜感的句子。与三年级上册第七单元"感受课文生动的语言，积累喜欢的语句"以及四年级上册第三单元"体会文章准确生动的表达，感受作者连续细致的观察"可谓是一脉相承。

从单元横向关联上看，在同一个单元中，有新鲜感的词句在不同的文本类型中都能被找到，有的是令学生感到陌生的有关人、事、景物的词句，有的是与学生原有认知发生冲突的词句，有的是表达方法上有特色的词句，有的是与学生现有境遇距离遥远的词句，有的是必须放在具体历史境遇中去理解的词句……经过梳理，我们不难发现，富有"新鲜感"的词句主要体现在内容新鲜、语言新鲜和情感新鲜这三个方面，指让学生感觉比较陌生的词语、新奇的表达、独特的感情等，不一定是我们通常所理解的优美的、精彩的语言，但一定是激发了他们强烈好奇心的内容，能使其产生新奇体验和感受的内容。如：陌生的词语（陌生的名称、陌生的事物、陌生的声音）、新奇的表达（新奇的句式、充满奇特想象的句子）、独特的感情或是深刻道理等等。

再对单元课文的助读系统作进一步解读，又会发现，围绕这一要素，教材在三篇课文以及《语文园地》中按照不同的任务做了有层次、有梯度的安排，在方法和路径上给予一定的提示：既有比较开放的提示，如《大青树下的小学》课后第一题中的"在文中画出有新鲜感的词句和同学交流"也有具体的指向，如在《花的学校》课后第二题中的引导学生关注把事物当作人来描写的表达特色。又如《不懂就要问》一课的课前学习提示中，鼓励学生要自主学习并积累有新鲜感的词句，更提倡在相互交流中提升对这些词句的认识。此外，《语文园地》中的"交流平台"和"词句段运用"不仅重视课内阅读的积累，还关注了学生在课外阅读中可能积累的词句。

经以上研读可以看出，教材中的内容不仅涉及了文化自信、语言运用、思维能力、审美创造这些基本核心素养的各个方面，还通过教材中练习和活动的设计，更好地培养了学生的核心素养。研读教材，对确立核心素养目标的影响主要体现在以下几个方面——

1. 教学目标的系统性和连贯性。单元间的关联决定了教学目标必须具备一定的系统性和连贯性。教师在确立教学目标时，需要考虑到不同单元之间的联系，确保教学目标能够逐步推进，形成有机的整体。

2. 教学内容的逻辑性和整合性。教材中的单元是按照一定的逻辑顺序进行排列的，这决定了教学内容的逻辑性和整合性。教师需要根据单元间的关联，合理安排教学内容，确保教学目标的顺利实现。

3. 教学目标的针对性和可操作性。单元间的关联要求教学目标必须具有针对性和可操作性。教师需要根据不同单元的特点和学生的实际情况，制定具体、可行的目标，使教学目标更具针对性和可操作性。

4. 教学评价的有效性和科学性。单元间的关联还影响到教学评价的有效性和科学性。教师需要综合考虑不同单元的教学目标，制定科学、合理的评价标准和方法，确保教学评价的有效性和科学性。

三、学情是核心素养目标确立的基础性依据

学生是教学的终点，也是教学的起点，核心素养发生的主体一定是学生。我们要培养学生的核心素养，就要站在学生的立场上，如果不研究学生，那么培养核心素养不过只是教师的一厢情愿。学情分析是确定学习目标必不可少的参照依据，单元教学作为倡导核心素养的教育背景下的教学方式，其目标的设计需要充分反映育人的理念。

学情可以帮助教育者了解学生的学习基础。学生的学习基础是核心素养

目标确立的重要依据。如果学生的学习基础较差，教育者就需要在确立核心素养目标时适当降低难度，注重基础知识的掌握和基本能力的培养；如果学生的学习基础较好，教育者则可以在核心素养目标中注重高阶思维能力和创新能力的培养。

学情可以帮助教育者了解学生的学习兴趣和习惯。学生的学习兴趣和习惯对于教学效果具有重要影响。如果学生对某个主题感兴趣，他们在学习时会更加积极，因此，在确立核心素养目标时，教育者可以充分考虑学生的兴趣和习惯，制定更加符合学生需求的教学目标和内容。

学情可以帮助教育者了解学生的学习能力。学生的学习能力是核心素养目标确立的关键因素之一。如果学生的学习能力较强，教育者可以制定更具挑战性的核心素养目标，以激发学生的潜力；如果学生的学习能力较弱，教育者则需要注重基础能力的培养，逐步提高学生的能力水平。

学情分析在教学设计和实施中扮演着至关重要的角色，它是确保教学目标合理性和针对性的准绳。特别是在单元教学中，目标的设计不仅关乎知识的传授，更体现了主张学生全面发展的育人理念。因此，深入、系统地分析学情尤为重要。学情涉及的内容非常广泛，学生各方面的情况都有可能影响学生的学习。学生现有的知识结构，学生的兴趣点，学生的思维情况，学生的认知状态和发展规律，学生生理心理状况，学生个性及其发展状态，学生的学习动机、学习兴趣、学习方式、学习时间、学习能力，学生的生活环境，学生的最近发展区，学生的感受，学生的成就感等都是学情分析需要关注的点。在确立核心素养目标前，学情分析主要聚焦于学习起点与核心素养的关联。这包括对学生学习需要的分析，以及他们现有的基础性经验的梳理。了解学生的学习需要有助于教师设定恰当的教学目标，而对学生基础性经验的把握则能帮助教师找到教学的切入点，确保教学内容与学生的实际水平相衔接。

如在统编小学语文三年级上册第一单元教学前，我们作如下学情分析——

已有的学习基础：这是从低年级进入中年级的第一个单元，对学生来说有不少新鲜美好的地方，如第一次看到单元导读页，第一次碰到略读课文，第一次经历习作等等。就课文内容来说，也都是新鲜美好的。

当前的学习阶段：三年级正是孩子由浪漫逐渐向理性思维过渡的阶段，他们对生活了两年的校园，对自己的学校生活有了新的认识与看法。学生在一、二年级有口头积累语言经验的习惯。进入三年级后，出于好奇心和求知欲，他们乐于探索新鲜事物、接受新的知识，而因生活背景、阅读经验等不同，不同学生之间的感受存在着差异，所以"新鲜感"对于每个孩子而言，他的感受是不同的，新鲜感的词句也是不尽相同的。三年级习作部分开始作为独立板块出现，《猜猜他是谁》是第二学段写人的习作教学任务，与第一学段的"感知样子"比较，写人的习作要求体现的是概括能力——用几句话或一段话写出谜面之前，就要围绕着被猜之人的特征，先概括出他的表象特征特点，尤其是外貌或习惯性衣着的特点，把谜底的要素写清楚，以成为猜的依据。

可能存在的困难：还没有养成关注"有新鲜感词句"的意识和习惯，可能找到的仅是传统意识里的好词好句。对新鲜感的感受停留在表面陌生的事物上，而不是新奇的表达或独特的理解上。学生已有知识基础与认知水平等表明"学生缺少什么"，学生的困惑点、兴趣点与学习需要等告知"学生想要什么"。对于单元教学目标设计而言，教师需从学生原有知识背景出发，观照学生已有的知识经验，关注学生已知，着眼于学生未知，致力于学生新知，明确学生的最近发展区，确定符合学生实际的、可操作性强的教学目标，增强目标设计的科学性。

基于上述三个依据的分析可知，不研读课程标准设置的目标将不利于学生长远的发展，不研究教材设置的目标将泛泛而谈，无具体可言，不依据学情需要设置的目标将缺乏现实意义，只有综合课程标准的研读、教材的解读和学情的分析得出的单元教学目标，才能既体现立足学生的育人目标，又体现其实践意义。每个老师在考虑学习目标的撰写时，心中必须有一条基准线，即确定学习目标的三依据——课程标准、教材、学情。因此，基于核心素养的教学目标与课标、教材、学情三个依据之间呈"齿轮联动"式关系。

三依据关系图

从图中可见，指向学科核心素养的教学目标居于中心齿轮位置，课标、教材、学情作为三依据位于周边三个联动齿轮，中心齿轮和三个联动齿轮形成了紧密的关系。每一个联动齿轮的运转都为中心齿轮的运转提供力量，三个联动齿轮和谐发力从而使中心齿轮的运转达到最高最优效能。因此，要想制定基于核心素养的教学目标，就要充分研析课标、教材、学情三个依据，从而达到教学目标最优的效果。

第二节　核心素养目标编写的模型

一、教学目标编写常见的形态和问题

在教育教学领域，教学目标的设定对于指导教学活动和评价教学效果具有至关重要的作用。从双基目标到三维目标，再到如今的核心素养导向，教学目标的演进反映了教育理念和教育方法的不断更新。双基目标即基础知识和基本技能，它强调学生应该掌握的学科的基本知识和基本技能，为后续学习和生活打下基础，注重教师的主导作用，强调知识和技能的传授，教师可以通过测试、考试等方式来评估学生对双基的掌握情况。这种目标设定方式虽然在一定程度上保证了教学的系统性，但过于强调对基础知识的记忆和掌握，可能导致教学过度注重知识灌输而忽视了学生的主体地位和主动性，忽视学生个体差异，有机械化和应试化倾向，不利于培养学生的创新能力和实践能力，不利于情感态度和价值观的培养。

随着教育理念的发展，三维目标应运而生。这一目标体系在双基目标的基础上增加了"过程与方法"和"情感态度与价值观"两个维度，使得教学目标更加全面和深入，脱离单一知识传授的教学局限性。在三维目标中，过程与方法是一个重要的维度。它强调了教育者应该关注学生的学习过程和学习方法，而不仅仅是学习结果。这有助于培养学生的自主学习能力和解决问题的能力。三维目标中的情感态度与价值观维度强调了教育的人文关怀和情感培养。这有助于培养学生的积极情感、良好品格和正确的价值观，促进学生的健康成长。

然而，三维目标中的"过程与方法""情感态度与价值观"等维度难以进行量化和客观评估。这导致教育者在实际教学中难以准确判断学生的达成情况，增加了评估的难度和不确定性。在实际操作中，一些教师对于三维目标的理解和应用仍然存在偏差。例如，有的教师将三个维度简单地割裂开来，没有实现真正的有机融合；有的教师则过于追求形式上的完整，而忽略了目标的实际指导作用，导致教学目标的泛化等等。

到了核心素养时代，在核心素养要求下的教学目标编写中，存在几种常见的误区。首先，一些教师在确定目标时往往缺乏整体性思考，导致单元目标零散罗列。他们往往直接照搬或略加改造教师教学用书中的"（单元）教学要点和课时安排"，而没有根据自己的教学实际和学生的实际情况进行有针对性的调整。这种做法忽视了"素养是知识、技能、情意构成的多维结构，具有整体性和综合性，不能分开单独培养"的特点，是不可取的。因此，教师在设计单元目标时，应该将学习结果指向综合的素养发展，而不是零散的知识增长和技能提升。其次，有些教师可能直接将课标中的核心素养要求作为教学目标，这种做法看似直接体现了核心素养的培育要求。然而，这样的写法过于笼统且常有雷同，课时目标与单元目标的关联对应不足，导致学生在学习过程中难以将所学知识进行有效地整合和应用，也无法形成完整的知识体系。单元目标和课时目标应该构成一个有逻辑且可行的目标层级结构。再者，目标表述不清晰也是一个普遍存在的问题。很多教师在制定目标时使用过于笼统或模糊的语言，使得目标难以被准确理解和评价。这导致在教学过程中教师难以判断学生是否达到了预设的学习目标，也无法进行有效的教学调整和优化，缺乏对学生在核心素养方面的变化的考量，没有体现出其综合性和高阶性。

总之，教学目标的编写是一项严谨的工作。教师在制定教学目标时，需要全面理解教育目标和课程目标的内涵和要求，从整体出发，明确其与单元目标之间的层级关系，确保课时目标的实现从而促进单元目标的实现。这有助于学生在学习过程中将所学知识进行有效地整合和应用，培养学生的核心素养。同时，目标应该具有可操作性和可评估性，需要使用简洁明了的语言，确保目标能够被准确理解和评价，以便在教学过程中判断学生是否达到了预设的学习目标，编写出真正符合当前"新课程"所倡导的教学理念和要求的教学目标。

二、目前常见的几种叙写模式分析

（一）布鲁姆教学目标分类法

布鲁姆（Benjamin Bloom）教学目标分类法是一种经典的教学设计理论，它为教师制定教学目标提供了明确、具体的指导。这种方法不仅有助于教师全面考虑学生的发展需求，还能帮助教师选择适合的教学方法并评估教学效果。

首先，布鲁姆教学目标分类法将教学目标划分为认知、情感和动作技能三大领域，每个领域都有明确的层次划分。这使得教师在制定教学目标时能够明确目标所属的领域和层次，从而更有针对性地进行教学设计。

其次，该分类法强调全面考虑学生的发展需求。教师不仅要关注学生的知识掌握，还要关注他们的情感态度和动作技能的发展。这种全面的考虑有助于教师制定更为完整和合理的教学目标，促进学生的全面发展。

此外，布鲁姆教学目标分类法要求教师制定的目标尽量具体、明确，最好用可供观察、测量的外显行为来表示。这种具体明确的目标有助于教师将教学目标转化为可操作、可评估的任务，从而更好地指导和评估学生的学习过程和成果。教师需要根据教学目标制定评估标准和方法，判断学生是否达到教学目标。这种评估不仅有助于教师了解自己的教学效果，还能帮助他们及时调整教学方法和策略，提高教学质量。

总的来说，布鲁姆教学目标分类法为教师制定教学目标提供了有力的指导。它帮助教师明确目标领域和层次、全面考虑学生的发展需求、制定具体明确的目标、选用合适的教学方法和评估教学效果。对于教师来说，掌握这种方法并应用到实际教学中将有助于提高他们的教学水平，从而更好地促进学生的全面发展。

（二）马杰目标表述法

马杰（Robert Mager）目标表述法是一种在教育和培训领域广泛使用的目标设定方法。该方法强调目标的具体性、可观察性和可衡量性，以确保教育者和学习者对学习目标有清晰、共同的理解。马杰目标表述法包含了四要素：行为主体、行为动词、行为条件、行为程度，具有如下特点：

1. 行为主体明确

学习者为中心：马杰目标表述法强调目标的行为主体是学习者，即目标描述的是学习者应该达到的行为或能力，而非针对教育者或培训内容。

2. 行为动词具体

明确行为动作：使用具体、明确的行为动词来描述学习者应该做什么，避免使用模糊或笼统的动词。

可观察性：行为动词的选择应是便于观察和评估学习者行为的。

3. 条件清晰

环境描述：明确学习者完成目标行为所需的环境或条件，包括时间、地点、工具、辅助材料等。

限制条件：如果目标行为有特定的限制条件（如时间限制、次数限制等），也应在目标中明确说明。

4. 标准可衡量

量化标准：尽可能使用量化标准来描述学习者应达到的行为水平或成果质量，以便进行准确评估。

质性描述：如果无法量化，应使用清晰、具体的质性描述来定义学习成果的标准。

5. 目标现实可行

可实现性：目标应基于学习者的现有能力和教学资源的可用性，确保目标是现实可行的。

挑战性：目标也应具有一定的挑战性，以激发学习者的学习动力从而提升其能力。

6. 目标与整体目标一致

对齐性：目标应与课程或培训的整体目标保持一致，确保每个具体目标都是为实现整体目标服务的。

7. 目标之间的逻辑联系

层次性和连贯性：多个目标之间应具有一定的层次性和连贯性，形成一个逻辑清晰的目标体系。

以"学生能够独立阅读一篇简单的寓言故事，并在10分钟内提取故事的主要情节，用自己的话复述故事，理解并能够解释故事中的寓意"这个目标的表述为例，我们可以作如下分析——

行为主体明确：目标的行为主体是"学生"，即学习者本身。

行为动词具体：使用"阅读""提取""复述""理解"和"解释"这些具体的行为动词来描述学习者需要完成的任务。

行为条件清晰：目标中明确了"独立阅读一篇简单的寓言故事"和"在10分钟内"这两个条件，以及"用自己的话复述故事"的具体要求。

标准可衡量：目标中设定了"提取故事的主要情节"和"理解并解释故事中的寓意"这两个量化标准，使得学习成果可以被准确评估。

目标现实可行：这个目标基于学习者的现有能力（已经掌握基本的阅读和理解能力）和教学资源的可用性（有寓言故事供学习者阅读），因此是现实可行的。

目标与整体目标一致：这个目标与小学语文教学的总目标相符，即与提高学习者的阅读理解能力、故事叙述能力和寓意理解能力的目标相符。

目标之间的逻辑联系：这个目标与之前学习的阅读技巧和之后学习的更复杂的文本分析技能相关联，共同构成了一个渐进的阅读理解技能提升体系。

（三）三问法

三问法目标表述的方法是一种有效的教学设计工具，它帮助学生和教师明确学习目标，确保教学活动和评估都聚焦于学生的实际表现和预期的学习成果。这种方法通过问"双基"（基础知识与技能）、问"问题"（真实情境问题或任务）、问"成果"（预期的学习成果与表现）三个连续的关键问题来构建清晰、具体的学习目标。

具体表述方法为：运用……（双基）解决……（真实情境问题或任务）的……（成果与表现）。强调"运用双基来做事"的"成果（目标是预期的学生学习结果）"，撰写公式为：能＋通过什么方法做什么事＋达到什么程度。

问"双基"（基础知识与技能）：这一步骤关注的是学生需要掌握的核心知识和技能。明确双基是构建有效学习目标的基础，因为它确定了学生解决问题的起点。在目标表述中，双基通常作为学习者能力或技能的体现，是完成任务或解决问题的前提条件。

问"问题"（真实情境问题或任务）：这一步骤关注的是学生将面临的实际问题或任务，这些问题或任务应该反映真实世界的挑战和场景。问题的设置对于激发学习兴趣和动力至关重要，它能够引导学生将所学知识应用于实际，对知识进行迁移和转化。

问"成果"（预期的学习成果与表现）：这一步骤关注的是学生预期达到的学习成果或表现水平，这是学习目标的核心和归宿。成果的描述应该具体、可衡量，以便能够评估学生的学习效果和进步情况。同时，它也应该与双基和问题紧密相关，确保学习者通过运用双基来解决问题、实现预期目标。

示例：

学生能通过运用所学的数学公式和计算技巧，解决给定的实际应用问题，如计算物品的折扣价格，并准确表达出计算结果。

在这个示例中，"能"指的是学生具备的数学公式和计算技巧；"通过什么方法"指的是学生运用这些数学知识和技能来解决实际应用问题，如计算折扣价格;"达到什么程度"指的是学生能够准确表达出计算结果。通过"三问法"的表述方式,将"三问法"的三个要素融合在一起,形成了一个清晰、简洁的目标表述结构,教师和学生可以清晰地了解学习目标,确保教学活动和评估都聚焦于学生的实际表现和预期的学习成果。

综上所述,"三问法"为教师确定教学目标提供了一种结构化、系统性的方法。这种方法有助于确保教学目标具有明确性、可操作性和可评价性,从而推动以核心素养为导向的课程实施和基于课程标准的教学。

(四) KUD 目标叙写模式

KUD 目标叙写模式强调对学生知识(Know)、理解(Understand)和应用(Do)三个层次的能力进行明确描述。这种模式有助于教师清晰地设定教学目标,并为学生提供明确的学习方向。

1. KUD 模式的构成

知识(Know):这一层次要求学生掌握和记忆基本的事实、概念、原理和术语。它是学习的基础,为后续的理解和应用提供了必要的背景知识。

理解(Understand):这一层次要求学生不仅知道知识是什么,还要能够理解其含义、意义、关联和重要性。学生需要能够解释概念,阐述原理,并将所学知识联系起来,形成完整的知识体系。

应用(Do):这一层次强调学生将所学知识应用于实际情境中,解决真实问题,展示其技能和能力。学生需要能够运用所学知识进行实践操作、分析、评价和创造。

2. KUD 模式的特性

全面性与针对性:KUD 模式确保了教学目标的全面性,覆盖了知识、理解和应用三个层次。然而,这种模式有时可能过于宽泛,不够具体且针对性不强。因此,在使用 KUD 模式时,教师需要确保目标的具体性和针对性,以便更好地指导学生的学习。

可操作性与可评估性:KUD 模式的目标叙写方式有助于确保目标的可操作性和可评估性。每个层次的目标都可以通过具体的方式来评估和测量。然而,为了确保评估的有效性,教师需要设计合适的评价任务和方法,以便准确评估学生在各个层次上的表现。

学生中心：KUD 模式强调以学生为中心，关注学生的学习过程和成果。在实际教学中，教师需要关注学生的个体差异和学习需求，以便更好地调整教学目标和教学方法，满足学生的不同需求。

与课程标准的对接：使用 KUD 模式时，教师需要确保教学目标与课程标准紧密对接。这有助于确保教学的有效性和一致性。同时，教师还需要关注课程标准的更新和变化，及时调整教学目标和教学方法。

3. KUD 模式的应用建议

结合学科特点：不同学科的 KUD 目标可能有所不同，教育者应根据学科特点调整和完善目标叙写。

关注个体差异：在制定 KUD 目标时，教育者需要考虑到学生的个体差异，确保目标既符合学生的实际水平又具有一定的挑战性。

动态调整：随着教学进程的推进和学生学习情况的变化，教育者应及时调整 KUD 目标，确保教学活动的针对性和有效性。

KUD 目标叙写模式为教育者提供了一个清晰、实用的框架，有助于他们设定明确、可操作的教学目标。这种模式关注知识的掌握、理解的深度和应用的能力，关注学生的全面发展，有较好的教学效果。在实际应用中，教育者需要根据具体情况灵活运用该模式，结合其他教学方法和手段，更好地促进学生的全面发展。

（五）"内容标准＋实现指标"模式

"内容标准＋实现指标"这一目标叙写模式，由蒋永贵在《课程·教材·教法》2023 年第 5 期中提出，在教学目标设定方面提供了一种结构化且可操作的方法。该模式强调目标的明确性、可操作性和可评估性，旨在帮助教育者更明确地设定教学目标，并通过具体的实现指标来衡量学生的学习成果。这一模式对于提高教学效果和促进学生的全面发展具有重要意义，具体如下：

1. 三步定目标的逻辑结构

第一步：定内容要点。这一步关注的是"学什么"，即教学内容的核心要点。内容要点应该明确、具体，能够反映出学科的基本概念和关键知识。

第二步：定学业要求。这一步关注的是"学到什么程度"，即学生需要达到的学业水平。学业要求应该具有层次性，能够体现出学生知识掌握和技能发展的不同阶段。

第三步：定实现指标。这一步关注的是"如何实现目标"，即学生需要通过什么样的学习过程来达到预期的学业要求。实现指标应该是具体、可操作的，能够指导教师教学和学生学习的。

2. 该模式的借鉴价值

"内容标准＋实现指标"目标模式首先确定了内容要点和学业要求，这使得教学目标更加明确和具体。教师和学生都能够清楚地了解每个教学单元或主题的学习目标和预期成果，从而有针对性地开展教学活动。这种明确性有助于减少教学中的模糊和歧义，增强教学效果。

增强教学过程的可操作性和可控性："内容标准＋实现指标"目标模式为教学过程提供了方向指南。实现指标通常包括学习过程和预期结果，这有助于教师设计有针对性的教学活动并监控学生的学习进度和效果。同时，实现指标的可评估性也使得教师能够及时调整教学策略，确保教学过程的可控性和有效性。

鼓励学生的积极参与，促进深度学习："内容标准＋实现指标"目标模式注重学生的主体性和参与性。通过设定具有挑战性和启发性的实现指标，可以激发学生的学习兴趣和提升其积极性，引导学生主动参与学习过程。此外，该模式还强调对学生高阶思维能力和情感态度的培养，这有助于促进学生的深度学习。

提供有效的评估工具和反馈机制："内容标准＋实现指标"目标模式为教学评估提供了有效的工具和机制。通过对比学生的实际表现与预设的实现指标，教师可以准确地评估学生的学习效果和进步程度。同时，这种评估还可以为教师提供及时的反馈信息，帮助教师了解学生的学习需求与学生遇到的问题，从而有针对性地调整教学策略和方法。

由此可见，"内容标准＋实现指标"这种目标模式通过明确内容标准、设定实现指标以及提供评估工具和反馈机制等方式，能够对教学效果产生积极的影响。

综上所述，这五种目标模式在教育教学中都具有重要的借鉴价值。因此，在实际教学中，教育者需要根据学科特点、自己的教学需求和学生的实际情况选择合适的目标模式进行应用和调整,把握"学科核心素养""教学内容""学习过程"和"课程评价"四个维度,确立核心素养目标,以提高教学效果和促进学生的全面发展。

三、我校基于核心素养的单元教学目标编写模型

以发展学科核心素养为导向的单元教学日益受到诸多老师的关注。确立和编写基于核心素养的单元学习目标是中观层面上的教学目标,是落实课程目标的基本单位,是单元教学过程中落实核心素养的关键。"研·联·述"模型作为我们学校初步实践探索出的各学科通用范式,包括研析"三依据"、思考建联、表述叙写目标3个步骤,即在研析课程标准、教材、学情的基础上,结合内容性知识、方法性知识、价值性知识,思考"学什么——怎么学——学得怎么样"三个问题,明晰该单元对于培育学生核心素养的价值和功能,找寻单元内容与学科核心素养的对应关系以及单元内容与学业质量标准和核心素养发展水平等之间的联系,最后以"内容+表现"的表述方式对"学生学习这个单元后有哪些与之年级水平相匹配的达成目标的具体学习结果"作出回答,确立叙写单元目标,分解课时目标。

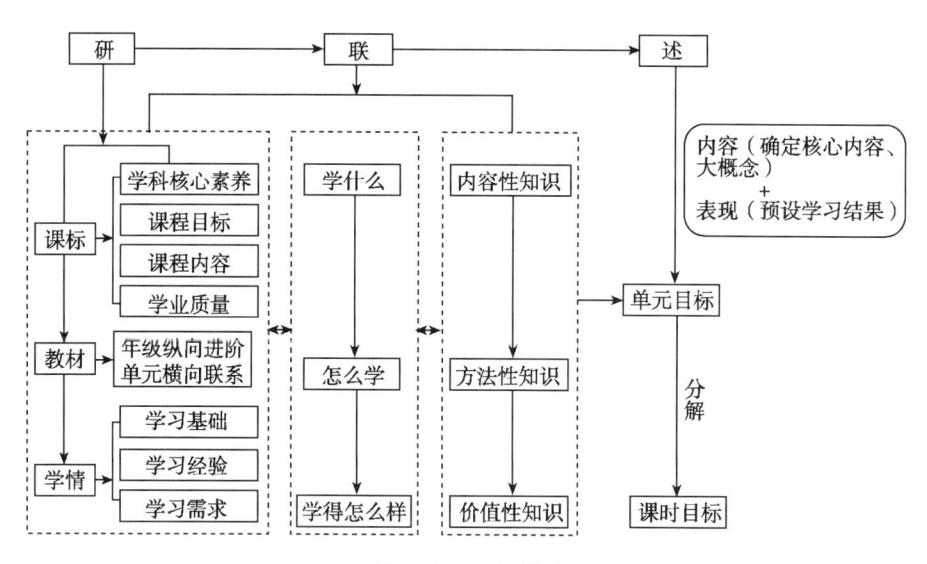

"研·联·述"模型

第三节　核心素养导向的教学目标的制定

一、语文核心素养导向的教学目标的制定

（一）编写依据

"让核心素养落地"是本次课程标准修订的工作重点。语文课程着重培养学生的核心素养，这些素养是在学生的各种语文实践活动中积累、建构，并在真实的语境中运用的这一过程中得以体现的。语文核心素养涵盖了文化自信、语言运用、思维能力和审美创造四个维度，它们是一个有机整体，相互交织，共同构成了语文教学目标的"一体四面"。当我们设计教学目标时，需要确保这四个方面是紧密结合的，而不是简单罗列的。因此，编写时我们要回答几个关键问题：为什么要学（培育核心素养）、学什么（语文学科知识）、怎么学（语文学习实践）、学到什么程度才算学会（实践评价反思）。

KUD目标叙写模式为教学目标的设定提供了清晰、具体的框架。它将教学目标分为"知道"（Know）、"理解"（Understand）和"应用"（Do）三个维度，强调学生在学习过程中的认知过程和方法培养，有助于教师更全面地考虑学生的学习需求和成果。通过KUD目标，教师可以明确学生应该掌握的知识、应该形成的理解和能够完成的任务，从而有针对性地组织教学内容和设计教学活动。

大概念则是学科或领域中的核心思想和基本原理，具有高度概括性、抽象性和普遍适用性。大概念可以帮助教师把握学科的整体框架和关键内容，有助于明确小学语文单元目标的核心和主旨，连接不同知识点和概念，形成完整的知识体系，培养学生的核心素养、教学的深度和广度。教师可以通过提取大概念，从而设定相应的KUD目标。

马杰的行为规则为教学目标的陈述提供了有益的框架，包括行为主体、行为动词、行为条件和目标达成表现程度四个要素，具体如下："行为主体"明确指出学习者是谁，即谁需要完成什么样的学习行为。"行为动词"指向学

生所需要完成的可观察、可检测的具体行为。认知、理解、运用水平不同，行为动词的表述也会不同。"行为条件"描述了学生在完成学习行为时所处的环境或情境条件，主要有辅助手段和工具、提供信息或提示、时间的限制、完成行为的情景，有时也可以指学习的过程和方法。常用"在……中，能找出……""通过……，能……""借助……，能……"来表述。"行为表现程度"描述了学生完成学习行为后所表现出来的外部行为或学生学习的成果，它可以是具体的物品、成果，也可以是抽象的思维过程、情感态度等。表述时会在行为动词前加上体现表现程度的状语，如"能准确地说出……""能详细地写出……"等以便检测。

(二) 编写模式

统编教材是以"人文主题"和"语文要素"双线来组织单元结构的，且每个单元的选文和助学系统内容会聚焦到语文要素上。确立语文单元目标前，要运用单元设计的"望远镜"思维和"放大镜"思维，研读课标，深入理解学段目标、课程内容及学业质量的要求，研读教材内容，寻找课程内容的关联点，确定内容对应关系，厘清各单元在培育学生核心素养上所具有的价值和功能，分析学生学情与需求，明晰核心素养发展水平。在梳理"依据链"后，循着"单元整体解读—归属学习任务群—提取大概念—预设关键表现"的路径，对教学目标做出系统化、层次化且可测可评的表述。以统编小学语文四年级上册第三单元为例，阐述确立单元目标的实操流程。

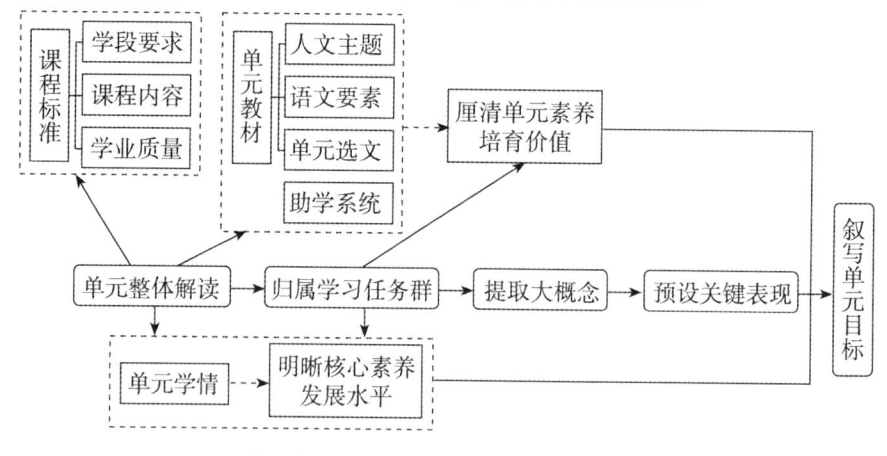

核心素养导向的语文单元目标制定模式

1. 单元整体解读

(1) 对应关联读课标

统编小学语文四年级上册第三单元的两个语文要素是：体会文章准确生动的表达，感受作者连续细致的观察；进行连续观察，学写观察日记。这两个语文要素都指向"观察"，由"学"向"写"进阶。从阅读与鉴赏方面来看，学生需要通过诵读优秀诗文来体会情感、展开想象，并领悟诗文的大意，这与本单元要求体会文章准确生动的表达相呼应。在表达与交流方面，本单元要求学生能够进行连续观察，并学写观察日记，这与课程标准中提到的"观察周围世界，能不拘形式地写下自己的见闻、感受和想象"紧密相关。

观察单元学生要参与"连续一两周观察同一种植物的生长变化，并每天做观察记录"的活动，较好地对应了课标的总目标、第二学段要求和学业质量要求。首先，这样的活动使学生能够根据要求，用书面语言具体明确、文从字顺地表达自己的见闻、体验和想法。这与课标的总目标相一致，即培养学生的语言表达能力，使他们能够清晰地传达自己的思想和感受。其次，在此过程中学生需要积极观察、感知生活，特别关注植物生长的新奇有趣之处，发展联想和想象，这与课标中第二学段的"鼓励观察周围世界，不拘形式地写下自己的见闻、感受和想象"的要求相契合。此外，观察单元还注重培养学生的形象思维能力。通过观察活动，学生可以锻炼自己对事物的形象感知和描述能力，提高形象思维水平。这与课标中提到的"提高形象思维能力"的目标相呼应，共同致力于培养学生的创造力和想象力。最后，学业质量方面要求学生乐于书面表达，能把自己觉得有趣或印象深刻、受到感动的内容写清楚。观察单元正是通过激发学生的观察兴趣，引导他们发现生活中的有趣之处和感人之处，进而促使他们乐于将这些内容用文字表达出来。这不仅有助于提升学生的书面表达能力，还能增强他们对生活的感悟能力和欣赏能力。

因此，这个单元在培育学生的文化自信、语言运用、思维能力和审美创造等核心素养方面具有重要的价值与功能。通过这一单元的学习和实践活动，学生可以全面提升自己的语文素养和综合能力，为未来的学习和生活打下坚实的基础。

（2）横勾纵连读教材

横向研读：统编小学语文四年级上册第三单元围绕"连续观察"这一主题进行了精心编排。整个单元旨在引导学生通过细致连续的观察，借助准确生动的表达，来深入感受和理解周围的世界。

单元篇章页清楚地提出单元语文要素"感受细致连续观察"，并明确学习路径"准确生动地表达"。单元中的三篇课文《古诗三首》《爬山虎的脚》《蟋蟀的住宅》分别从景色、植物和动物三个不同角度，展现了作者们连续细致的观察成果。这些课文不仅为学生提供了优秀的观察范例，还通过各自独特的表达方法，帮助学生体会并学习如何进行连续细致的观察。课后还编排了与主题相关的"资料袋"和"阅读链接"，这些内容帮助学生了解观察日记的写法和记录形式，引导他们养成边观察边记录的习惯。这样的设计不仅有助于学生积累观察经验，还为单元习作"要求学生整理观察记录，学写日记，并分享观察的乐趣"打下了基础。将单元语文要素转化为实际的语文实践，让学生在实践中深化对连续细致观察方法的理解和运用。此外，"语文园地"的交流平台总结了有效的观察方法，并鼓励学生在实际生活中进行迁移运用。口语交际部分以"爱护眼睛，保护视力"为主题，引导学生养成正确的用眼习惯，保护好自己的视力。整个单元的各个组成部分相互衔接，共同构成一个以观察要素达成为中心的完整体系。因此，在教学过程中，我们应把握好单元内部各板块之间的关联性，做到前后勾连，层层深入，确保学生在阅读、观察、练写的各个环节中得到全面的提升和发展。

纵向研读：在统编教材中，对于观察能力的培养呈现出一条清晰且逐步深入的路径。从三年级上册开始，学生被要求留心并仔细观察周围的事物，尝试将观察所得写下来。随着学习的推进，到了三年级下册，要求进一步提升，学生需要努力将观察到的事物写得更加清楚。进入四年级上册，教材在之前的基础上继续深化对观察能力的培养。本单元特别强调了连续观察的重要性，并要求学生使用准确生动的语言来记录他们的观察发现。学生最初只是被要求留心周围的事物，注意事物细节和特征，而随着学习的深入，他们开始需要学会调动多种感官来参与观察，不仅用眼睛看，还有用耳朵听、用手摸等，以获取更全面的信息。紧接着，学生需要学会关注事物的变化，观察它们在不同时间、不同条件下的状态和表现，并最终习得连续细致观察的能力，即长时间、系统地追踪和记录事物的变化过程。这样不仅巩固了学生在三年级学到的观察技能，还向他们提出了新的挑战，即如何保持观察的连续性，并用富有表现力的语言来描述自己的发现。

统编教材在编写时特别注重语文能力螺旋式上升的培养，这一点在习作能力的提升上体现得尤为明显。从三年级的"初步观察记录"，到四年级的"连续细致观察，并要求使用生动准确的语言"，在这一过程中，学生的观察能力在逐步加强，习作水平也在不断提高。最初，他们被要求简单地将观察所得写下来，记录所见所闻，而随着写作能力的提升，学生开始学习如何更清楚地用语言描述观察结果，如何用准确的词汇和生动的语言来描述细节和特征，接着写出事物的变化过程，展现事物在不同阶段的状态和特征，最后在写作中融入自己的发现、想法和心情，使作品更具个性和深度。

总之，学生的学习在"观察"和"表达"两个方面相互促进、共同发展。不断的观察实践提升了他们的观察能力和表达能力，而反复的写作训练，则进一步巩固了观察成果，帮助他们更好地运用语言来记录和分享自己的观察所得。因此，教师在备课时需要充分认识到这一点，既要考虑到每个单元内部的横向联系，也要看到不同年级、不同单元之间的纵向序列性、系统性和发展性。只有这样，才能在教学实践中更好地把握和落实语文要素的培养，逐步提升学生的观察能力和习作水平。

（3）全面把握读学情

进入四年级上册，学生已经具备了一定的语文基础知识和学习能力。在之前的学习中，他们已经接触过观察类的课文和习作并初步掌握了观察的方法和技巧，能够主动地去观察周围的事物，并尝试用语言进行描述。

本单元的语文要素是"体会文章准确生动的表达，感受作者连续细致的观察"。这要求学生不仅要能够观察事物，还要能够用准确生动的语言来表达自己的观察所得。同时，本单元还特别强调了连续观察的重要性，要求学生能够进行持续、细致的观察，并记录观察的变化和过程。这对于学生来说是一个新的挑战，需要他们在已有的观察基础上进一步提升自己的观察能力和表达能力。

在进行连续观察时，学生可能会遇到一些困难。比如保持观察的连续性需要学生有足够的耐心和毅力，因为一些变化可能需要长时间地观察才能发现。再比如用准确生动的语言来表达观察所得也需要学生具备一定的语言表达能力，这对于一些学生来说可能是一个挑战。此外，学生在观察过程中还可能会受到一些外部因素的干扰，如天气变化、环境变化、个人兴趣转移等，这些都可能影响观察的效果和质量。

2. 归属学习任务群

本单元的学习内容主要围绕"实用性阅读与交流"学习任务群展开，特别符合第二学段的相关要求。从阅读与鉴赏方面来看，学生需要"通过诵读优秀诗文来体验情感、展开想象，并领悟诗文的大意"，这与本单元要求体会文章准确生动的表达相呼应。在表达与交流方面，本单元要求学生能够"进行连续观察，并学写观察日记"，这与课程标准中提到的"观察周围世界，能不拘形式地写下自己的见闻、感受和想象"紧密相关。所以，这一学习单元被归属为"实用性阅读与交流"任务群。在这个任务群中，学生将通过学习如何使用日记、观察手记等形式，来记录和展示他们观察自然、探索科学世界的成果和收获。

归属学习任务群后，我们需要明确其内容与目标是如何培养学生的语文学科核心素养的，即厘清单元素养培育价值。连续观察作为本单元的一个重点，强调学生在持续的观察过程中积累知识、发现规律。这种观察不是一时的行为，而是一个长期、系统的过程，要求学生耐心、细心，并能够在观察中不断有新的发现。学生通过观察活动，学习如何有序、细致地进行观察，如何运用语言准确描述自己的观察结果，提升语言表达能力。在进行观察表达时，结合审美鉴赏与创造素养，鼓励学生用生动、形象的语言描述自己的观察结果，并尝试创造新的表达方式，关注观察对象背后的文化内涵和价值，这些都指向语文学科核心素养的全面发展。因此，根据学习任务群的定位和要求，我们可以创设一个真实的学习情境，以"学做小小观察员"为主题，引导学生通过具体的学习活动感受作者是如何进行连续细致的观察的。这种以大概念为核心、以素养为导向的单元教学理念也有助于提高教学的系统性和连贯性，使学生的学习更加高效和深入。

3. 提取大概念

学科大概念是实现语文课程内容结构化的有力抓手，是连接学科核心素养与单元教学目标的桥梁。语文学科大概念是指蕴含在语文学科事实中的核心概念，包括培育语文核心素养的关键知识、本质思想与方法，是载体，也是路径。统编教材在编写过程中已经蕴含大概念的教学理念，单元要素与大概念之间是密切关联的，语文学科的大概念是从单元语文要素中提炼概括出来的。

例如，在这个单元，学生将学习如何细致、准确地观察事物，并用语言描述自己的观察结果。也就是说，这一单元的核心概念是"观察"，在"观察"这个大概念下，我们可以进一步分析出不同层级的概念。例如，"观察的对象"这一层级涉及学生需要观察的具体事物，如动物、植物、自然现象等；"观察的方法"这一层级教学生如何进行观察，包括使用感官（如视觉、听觉、触觉等）以及记录观察结果的方法；"观察的表达"这一层级要求学生将观察结果用语言进行准确、生动的描述等等。由此，我们提取本单元的大概念为"准确生动的表达源于作者连续细致的观察，连续细致的观察有助于准确生动的表达"。

以大概念为核心、以素养为导向的教学设计和课程构建理念强调了对学科知识的整体把握和对学生核心素养的培养。通过构建清晰的概念体系和对应关系，教师可以更有效地组织教学内容、设计教学活动和评价学生的学习成果，从而促进学生全面深入的发展。

4. 预设关键表现

提取单元大概念后，要确定大概念的学习要求，即学生在理解与运用大概念上，作出什么表现能证明目标达成。以此作为切入口，具化核心名词，精准化行为动词，叙写3—5条具体的、可操作的、可检测的单元核心学习目标。本单元目标有以下几个：

①借助"跟着作者去观察"系列任务，阅读反映作者观察发现所得的诗（行为条件）

文，知道作者是从哪些方面细致观察的，找出能看出作者连续细致观察的
　▲（行为动词）　　　　　　　　　▲（行为动词）

段落、词句，体会准确生动的表达，能结合阅读和写作体验，交流连续、
　　　　　　▲(行为动词)　　　　　　　　　　　　　　　　　　▲(行为动词)
细致观察的好处，在梳理中发现准确生动的表达源于连续细致的观察，作
者的文字中藏着"我"的心情、想法、感情。
　　　　　(行为表现程度)

（目标1指向语文核心素养的文化自信、语言运用、审美创造三个方面）

②从体现时间先后的词句和事物变化的描写中，知道作者的观察是连续
　　　　　　(行为条件)　　　　　　　　　　　▲(行为动词)
细致的，并能将这样的观察方法迁移到自己的观察中来。选定观察记录的对
象，学习做好观察记录，逐步养成留心周围事物、连续细致观察的习惯，享
　　　(行为表现程度)
受观察发现的乐趣。

（目标2指向语文核心素养的语言运用、思维能力两个方面）

③一段时间内连续记录观察的过程，包括写下观察到的变化及当时的想
　　　　　　　▲(行为动词)
法、心情，并能 尝试整理成一篇或一个系列的观察文章，在小组内分享并进
　　　　　　　　　　　　　　　(行为表现程度)
行评价。

（目标3指向语文核心素养的语言运用、思维能力、审美创造三个方面）

单元教学目标的确定是单元教学规划的关键。研制基于核心素养的单元学习目标，一直是课程改革进程中的重要研究课题。探索核心素养目标确立和编写的依据与模式，一方面旨在突出学科素养价值取向，另一方面为教学操作和评价的依据做出示范和引导。

上述目标的陈述是在对课程标准和教材的解读和分析确认行为动词与行为条件等基础上，依据学情设计出每个点的学习结果（行为表现程度）后，对这"四个要素"按一定的语法结构（行为主体＋行为动词、行为条件＋行为主体＋行为动词、行为主体＋行为动词＋行为表现程度、行为条件＋行为主体＋行为动词＋行为表现程度）进行表述，从而清晰地呈现我们所要有的整合性、具体化、可落实、可评价特性的学习目标。这样的教学目标不仅能够指导教师的教学行为，还能够帮助学生明确学习方向，提升学习效果。

```
┌─────────────┐    ┌──────────────────────────────────────────┐
│ 语文核心素养 │───▶│ 文化自信、语言运用、思维能力、审美创造      │
└─────────────┘    └──────────────────────────────────────────┘
                                      │
┌─────────────┐    ┌──────────────────────────────────────────┐
│  目标结构   │───▶│            内容+表现                      │
└─────────────┘    │ 在什么样的语文学习实践中，学到了哪些知识， │
                   │ 能否运用所学知识解决问题，在问题解决中获得 │
                   │ 什么样的体验和感悟                        │
                   └──────────────────────────────────────────┘

┌─────────────┐   ┌──────┐  ┌────────┐  ┌────────┐  ┌──────────┐
│  目标要素   │──▶│行为主体│ │行为动词│ │行为条件│ │行为表现程度│
└─────────────┘   └──────┘  └────────┘  └────────┘  └──────────┘

┌─────────────┐   ┌──────┐  ┌────────┐  ┌────────┐  ┌──────────┐
│  要素内涵   │──▶│ 学生 │  │可观察、│  │辅助手段│  │预期结果  │
└─────────────┘   └──────┘  │测量的具│  │和工具，│  │评价标准  │
                            │体行为  │  │提供信息│  └──────────┘
                            └────────┘  │或提示、│
                                        │时间的限│
                                        │制，完成│
                                        │行为的情│
                                        │景等    │
                                        └────────┘

┌─────────────┐   ┌─────────────────────────────────────────────┐
│  陈述公式   │──▶│ 围绕目标要素，用"能"字句陈述：              │
└─────────────┘   │ 1.（行为主体）+行为动词                      │
                  │ 2.行为条件+（行为主体）+行为动词             │
                  │ 3.（行为主体）+行为动词+行为表现程度         │
                  │ 4.行为条件+（行为主体）+行为动词+行为表现程度│
                  └─────────────────────────────────────────────┘
```

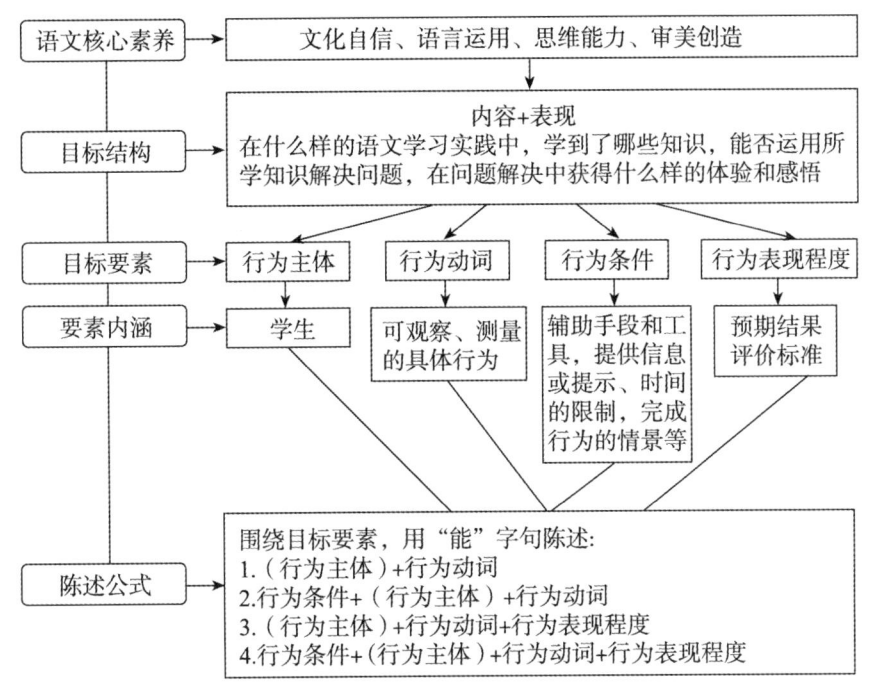

基于语文核心素养的教学目标陈述公式

二、数学核心素养导向的教学目标的制定

（一）编写依据

1. 教学目标的要素

当下比较热门的目标叙写，如马杰的行为目标四要素陈述法——行为主体、行为条件、行为动词、表现程度。马杰的行为目标描述法在一定程度上为教学目标的书写奠定了一种范式，而且避免了传统目标表述的模糊性；再如，艾思提出的表现性目标——ABCD法即对象、行为、条件、标准。这种目标要求明确规定学生应参加的活动，老师期望学生的学习结果，但不精确规定每个学生应从这些活动中习得什么。虽然目标叙写没有公认的、统一的标准，但是它必须符合一些要求。撰写单元教学目标要包含课堂教学目标要素，也就是行为主体、行为、行为条件、行为表现。目标指向的是学生通过学习之后的预期的结果，因此行为主体必须是学生，它是目标表述句中的主语。课堂学习行为的主体是学生，而教师是课堂的组织者、引导者和合作者。

在撰写目标时不要使用"使学生……""培养学生……"等表述，这样的表述行为主体是教师而不是学生。"行为"要表明学生通过学习之后能够达到什么，是目标表述句中的谓语和宾语，在课堂教学中的任务设计以及活动设计都要注意体现学生的主体地位。"行为条件"即在什么样的环境、在什么样的条件下展开学习，是目标表述句中的状语。比如借助学具、通过动手操作等。"行为表现"即行为动词加核心概念，它是明确上述行为的标准，指教学目标设计中学生应当达到的最低表现水平，用来评价学生课堂学习结果的达成度，因此行为动词尽可能要清晰、可把握，而不能含糊其词，否则无法规定教学的正确方向。

2. 教学目标的制定

（1）单元目标

义务教育数学课程培养的核心素养，是以三会为统领，涵盖四基、四能及情感态度价值观。单元目标应该体现核心素养的综合性，核心素养的各个方面是相互联系、有机统一的。在制定目标时，要突破单纯罗列知识目标的做法，尽可能涵盖核心素养的各个方面，准确理解核心素养的内涵及相互关系，根据课程目标、课程内容、学业质量评价等制定单元目标，将培养核心素养的要求具体化，体现核心素养的综合性、发展性和实践性。因此，我们遵循课程目标要求，在研制教学目标时围绕核心素养回答学什么、学到什么程度、怎样学、何为学会以及为何学五个方面的问题，学科单元目标融合知能目标、思想目标、经验目标、素养目标及情感态度价值观，目标陈述主要参照马杰的行为四要素，目标数目一般 3 到 4 条。教学目标具体表述的基本范式如下：

①学生（行为主体，在描述目标时也可以不写）在观察、思考、表达或通过动手操作等数学活动中（行为条件），知道（行为）……（知识目标——学什么），掌握（行为）……（知识目标——学什么），理解（行为）……（技能目标——学到什么程度），会（行为）……（技能目标——学到什么程度），能（行为）正确、合理（评价——何为学会）……（技能目标——学到什么程度），应用（行为）……（技能目标——学到什么程度）。

②经历发现问题、提出问题、分析问题、解决问题的过程（四能目

标——怎样学），发展……（素养目标——为何学），形成……（素养目标——为何学），体会……（思想目标），积累……（经验目标）。

③感受数学与生活（数学知识之间）的紧密联系，体验……，体会……，激发……，养成……，树立……（情感态度价值观）。

（2）单元评价。

制定单元目标之后，就要思考目标要达到什么程度，即单元评价，通过对学生学习过程和成效的评价，突显学生在单元学习中能够达到的目标和水平。单元评价设计要聚焦核心目标，细化分解目标。撰述方式：①先确定本单元属于哪个学段，哪个年级；②根据单元目标摘选相关学业质量标准；③与目标一一对应细化分解，越高阶越细化。一般可以使用 1.1，1.2，2.1，2.2……序号标注；④模仿学业质量标准陈述方式，每句话前加"能"；⑤能＋做哪些事（分解）＋达到什么程度＝单元（课时）学业质量标准，即达成评价。

（二）编写模式

目标是教学的起点和归宿，所有的教与学活动的目的都是为了实现目标。确立基于核心素养的教学目标，其本质是站在育人的高度，揭示学科的育人价值，从整体性出发强调定位于人的培养，立足核心素养来制定，体现在课程目标、单元目标、课时目标是一个目标体系，具有连贯性、一致性。随着新课程改革的日益深化，作为一线教师的目标意识已有明显增强。但是，不可否认我们对目标的重要性仍然认识不足，还无法设计出适切的、真正能引领学、促进学的目标。设计促进素养形成的目标，往往只聚焦于知识点的掌握、解题技能上，很少去关注学科思维、学科思想、学科观念、学科价值，很少关注如何用教材知识去实现学科核心素养的培育，导致课堂教学中主体错位、层次不当、要求模糊、内容割裂，学生发展核心素养的培育往往也会落空。因此，核心素养目标的确立尤为重要，研制目标时要立足课标、读懂教材、分析学情，根据学生认知水平由低阶指向高阶。

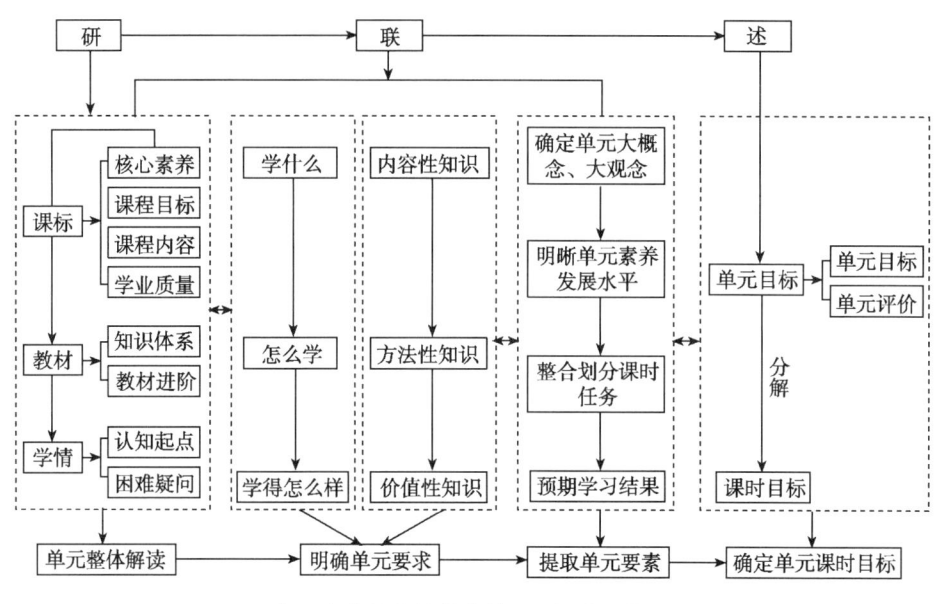

核心素养导向的数学单元目标编写模式

1. 立足课标，把握目标研制方向

《义务教育数学课程标准（2022年版）》指出：课程目标的确立，立足学生核心素养发展，集中体现数学课程的育人价值[①]。课程标准是学校和教师教育教学的标准和依据，也是学生学习的标准，因而成为国家对学生学习最基本的指定性教学目标，同时也提供了学生学习质量监测以及学业水平评价的最基本的依据。其中，与学习目标息息相关的内容包括课程目标、课程内容、学业质量，这三个方面有机统一于课程目标。作为一线教师要确立课标意识，全面系统地阅读课标，深刻领会课标精神和内涵，准确把握核心素养内涵的整体性和阶段性，在脑子里建立起核心素养的清晰图像，一拿起教科书，首先想到的是用课标的要求来分析、解读教材，让核心素养落地生根。

（1）分析课程目标，领会素养内涵

首先要聚焦学科核心素养，通读数学课程总目标和学段目标，将学科核心素养进行整体分析与解构，领会数学学科要培养的学生核心素养的内涵及

---

① 中华人民共和国教育部制定. 义务教育数学课程标准（2022年版）[M]. 北京：北京师范大学出版社，2022.

核心素养表现，明确单元所属的领域对应的核心素养，明确单元教学为什么而教，找到学科核心素养与具体教学目标表述的结合点，分层次、分阶段将整体素养目标具化到单元目标，再细化到课时教学目标，使教学的一切要素、资源、环节、流程、活动都围绕核心素养组织和展开，并贯穿整个单元的学习，使学生在学习中能获得四基和四能及情感态度价值观，落实核心素养。

（2）分析课程内容，明确内容要求

课程内容是对实现核心素养的学习内容的描述，是达成最终育人目的所需的具体学科知识。课程内容按"内容要求""学业要求""教学提示"三个方面呈现。制定教学目标要从"内容要求"中明确学习的范围和要求学什么；从"学业要求"中明确学段结束时学习内容与相关核心素养所要达到的程度和学到什么程度；从"教学提示"中明确针对学习内容和达成相关核心素养的教学建议及怎么教。结合教材单元内容，设计具体、有针对性的学习活动，将育人要求和学科知识进行有机结合，从而达成学习目标对单元学习过程的高位引领。

（3）分析学业质量，明确评价指标

学业质量标准的内涵结合课标所规定的课程内容，对学生学业成就的具体表现特征进行总体刻画。研制学习目标应针对学业质量要求，准确判断学生对每个知识点应学到什么程度，提炼行为动词，如：知道、认识、掌握、理解等，以此作为依据来评价学生的学业情况，评价学生的能力水平，达到以评促学的目的，使单元评价可操作、易观察、可测量。

以人教版小学数学五年级上册第六单元《多边形的面积》为例，本单元内容是属于"图形的认识与测量"中的重要内容，2022年版数学课程标准及本单元在第三学段的要求是：

总目标第2条：体会数学知识之间、数学与其他学科之间、数学与生活之间的联系，在探索真实情境所蕴含的关系中，发现问题和提出问题，运用数学和其他学科的知识和方法分析问题和解决问题。

第三学段（5—6年级）图形与几何领域的要求：探索几何图形的面积计算方法，会计算常见平面图形的面积，形成量感、空间观念和几何直观。

①内容要求：探索并掌握平行四边形、三角形和梯形的面积计算公式，

会估计不规则图形的面积。

②学业要求：会计算平行四边形、三角形、梯形的面积，能用相应公式解决实际问题。

③教学提示：引导学生运用转化的思想，推导平行四边形、三角形、梯形等平面图形的面积公式，形成空间观念和推理意识。

④学业质量：能计算图形的面积，形成量感、空间观念和几何直观。能从数学与生活情境中，初步学会用数学的眼光观察、尝试、探索发现并提出问题，应用知识解决问题，形成模型意识、应用意识和创新意识。具有学习数学的兴趣，初步培养良好的学习态度和习惯，建立学好数学的自信心。

通过对课程目标、课程内容与学业质量相对应的内容的分析，可知本单元应指导学生运用转化策略，自主探索平面图形的面积推导公式，并应用公式解决数学问题，形成四基、四能，培养学生的量感、空间观念、几何直观、推理意识、应用意识、创新意识等核心素养。

由此可见，课标是确立核心素养目标的方向性依据，教师在制定单元教学目标之前应该充分研读课程标准，明确课程目标和学段目标，领会数学学科要培养的学生核心素养的内涵及核心素养表现，明确单元所属的领域对应的核心素养。通过对课程标准的分析，弄清楚该单元对应的"内容要求"是哪些，单元目标与课时目标对应实施的参考标准是什么，实现目标的评价指标是什么，将育人要求、学科知识进行有机结合，从而达成学习目标对单元学习过程的高位引领。

2. 解读教材，奠定目标研制基础

如果说课标是教学的方向和标准，那么教材就是教师教学和学生学习的内容和载体，是课程标准目标的具体体现，是教学过程的支架，也是确立教学目标的重要依据，它与教学目标的关系是知识与素养目标的关系。所以，研制目标首先要基于教材这个基础，弄清教材对"课标"要求的具体体现，分析和挖掘教材知识内容对核心素养形成的独特贡献，将教材内容与核心素养进行双向对标，找出教材所蕴含的需要学生发展的核心素养。具体而言，教师必须在施教之前认真研读整套教材，掌握整套教材的内容和体系，明白一节课在一个单元中的地位和作用，一个单元在一册课本中的地位和作用，一册课本在整套教材中的地位和作用。有了对教材的整体解读，才能准确把单元教学目标分解为课时教学目标，才能把每节课的学习活动、具体内容以及学到什么程度进行更为具体化和详细的表达。《多边形的面积》这个单元要从年级纵向进阶上看知识编排体系，本单元是"图形与几何"领域中"图形的认识与测量"分支的重要内容，关注的是图形计算的二维方向——面积。与《多边形的面积》相关的知识在人教版教材中是这样安排的：

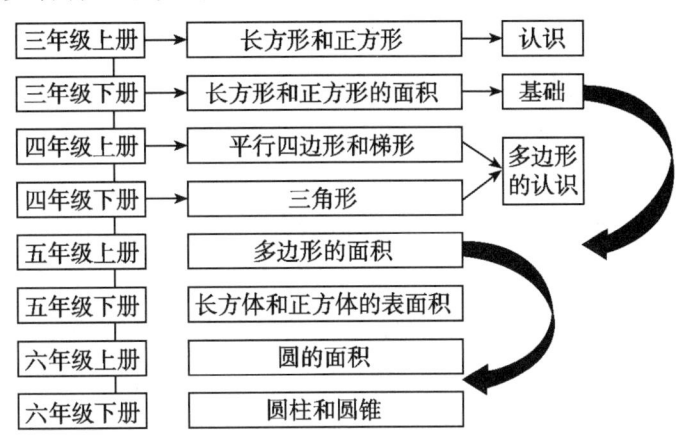

```
三年级上册 → 长方形和正方形 → 认识
三年级下册 → 长方形和正方形的面积 → 基础
四年级上册 → 平行四边形和梯形 ┐
四年级下册 → 三角形          ┘→ 多边形的认识
五年级上册 → 多边形的面积
五年级下册 → 长方体和正方体的表面积
六年级上册 → 圆的面积
六年级下册 → 圆柱和圆锥
```

册序	单元内容	教学核心任务
三年级下册	第五单元《面积》	基于对面积概念的理解，认识常见的面积单位，用数面积单位的方法探究长方形、正方形的面积公式。教学侧重于面积含义的建立、长方形面积公式的推导和度量本质的应用。
四年级上册	第五单元《平行四边形和梯形》	基于对特殊四边形的研究，理解每个图形各自的特征，寻找关联，为后续面积的研究做好铺垫。教学侧重图形"边、角、高"的研究。
五年级上册	第六单元《多边形的面积》	基于长方形面积公式的推导过程，借助转化思想，帮助学生将未知的图形转化为已知图形的面积。教学侧重于转化思想的运用。
六年级上册	第五单元《圆》	基于对多边形面积的研究，将转化思想迁移到圆面积的研究。教学侧重化曲为直、曲出于方的数学思想。

通过纵向分析，多边形的面积明显具有承上启下的作用：向前承接面积度量的本质与应用，向后传递转化的数学思想与面积计算的多种策略。通过学习，一方面让学生会运用转化的思想方法去推导面积计算公式，积累数学活动经验；另一方面，在自主探索组合图形的面积等活动过程中发展空间观念。这些也是进一步学习圆面积和立体图形表面积的基础。

从单元的横向关联来看，本单元将"多边形的面积"分为平行四边形的面积、三角形的面积、梯形的面积、组合图形的面积和解决问题（不规则图形的面积）五个部分进行教学。其中例1、例2、例3属于面积公式推导计算课，是本单元教学的重点。例4、例5属于解决问题应用课，培养学生综合应用数学知识解决实际问题的意识和能力。从面积推导过程来看，平行四边形的面积是动态呈现，三角形和梯形面积的推导过程是静态的，引导分析的提示语梯形则进行了省略，体现了由扶到放的特征。三者的内在联系决定了平行四边形的面积是种子课、关键课；是三角形面积、梯形面积推导积累经验的延伸，是应用课、迁移课；组合图形的面积、不规则图形面积的估算则是拓展课。但是，不论是推导基本图形的面积公式，还是计算组合图形的面积，每出现一种新的图形，教材的编排都是按照"想转化—找关联—推公式"的路径展开的，都要经历将"新图形"转化为"旧图形"的过程，借助已有图形的面积公式进行新图形面积公式的推导或计算。经研读可以看出，教材中前三个课时不仅承载了学什么、怎么学，为老师的教学指明方向，而且还承载了空间观念、几何直观、推理意识、创新意识等核心素养的培养，渗透转化等积变形的数学思想。后两个课时，学生在面对具体情境时，要会分析问题，运用知识解决问题，培养学生的四能及应用意识等核心素养。

由此可见，研读教材对确立核心素养目标的影响深远。通过纵向研读，可以让教师读懂教学目标的系统性和连贯性，确保教学目标能够逐步推进，形成有机的整体。通过横向研读，可以让教师发现教学内容的逻辑性和整合性，有利于我们根据课时内容间的关联，合理分解教学任务，细化教学目标，制定科学有效的评价指标，落实核心素养。

3. 分析学情，确保目标研制适切

学情分析通常被称为"教学对象分析"或"学生分析"，是以研究学生的实际需要、能力水平和认知倾向为目的，它是教学的针对性依据，是教与学目标设定的基础。这就要求教师分析学生现有的知识经验和心理认知特点，从而根据现有的最近发展区来制定教与学的目标。学情分析也是教与学内容分析的依据，没有学情分析的教学内容往往是一盘散沙，只有针对具体学生的教学内容才有真正可依靠的重点、难点和关键点。学情分析还是教学策略选择和教学活动设计的落脚点，没有学情分析的教学策略往往是教师一厢情愿的自我表演，没有足够了解学生的知识经验基础，教师的任何讲解、操作和练习都难以落实。因此，学情分析的核心就是看见，既要看见学生，也要看见教学。学生是教育工作的对象，研究学情是确定学习目标的重要环节，学生的学习能力和水平是精准定位教学目标的重要参照因素。通过研究学生的认知起点、能力水平和疑难困惑，教师能够更好地为学习者设计教学，优化教学过程，更有效达成教学目标，提高教学效率。

（1）找准认知起点

①分析知识起点

对学生已有的认知起点的分析，就是对学生学习该内容时所具备的与该内容相联系的知识、技能、方法、能力等的分析。研制目标时要找准学生知识的起点，唤醒新旧知识的关联，把新的学习内容与学习者认知结构中原有的知识系统建立实质性的联系。可通过预学单、问卷调查等方式了解学生学习该内容时所具备的与该内容相联系的知识、技能、方法、能力等，以确定新课的起点，做好承上启下、新旧知识有机衔接工作。

②分析经验起点

学习过程是一个不断积累、沉淀的过程，学习的途径也是多种多样的，除课堂学习这一重要途径外，每个人都会不自觉地通过其他途径接受信息、积累知识。学生走进课堂，同样是带着他们各自的生活经验走进来的。因此，教师应关注学生的生活经验，用心去品读学生的经验起点，灵活处理教材，创造性地进行教学，使学习活动成为学生生活经验的总结和升华。

③分析思维起点

思维是数学的灵魂，是学生建立良好知识结构的纽带，是培养学生数学意识的关键。激活学生的思维起点，让学生经历有序的数学思维活动过程，使新知的学习与原有认知结构中相关的知识相互联系、相互作用，从而获得意义的建构。

（2）分析困难疑问

除了学生的认知起点，还要分析学生可能存在的困难和疑问的地方。学生在学习中可能遇到的问题和阻力往往会成为他们进一步学习的困难与发展的障碍，教师如果能及时发现这些困难与障碍，并且能够及时地帮助学生克服这些困难和障碍，学生就能获得真实的发展。因此，在备课中要努力去关注和发现学生在学习中可能存在的困难和障碍，具体分析这些困难和障碍产生的原因，思考相应的具有针对性的教学策略。只有将学生作为出发点和终点的研究才具有真正的实操性，才能对所确定的学习目标具有恰当的预估，教师的"教"才能发生在学生真正需要的地方。

如在《多边形的面积》这单元教学前，我们作如下学情分析：

知识经验方面：学生已经掌握了平行四边形、三角形、梯形的特征；掌握了长方形、正方形的面积计算；会用数方格的方法计算平面图形的面积，对割补法有了一定的了解。

学习思维方面：五年级的学生思维和动手操作能力都有了一定的发展，具有自主探究能力和合作学习能力。

困难疑问方面：学生的空间想象能力不够丰富，对于图形的拼接、转化有一定的困难，在用语言表述整个操作过程时，会因学生个体的差异而呈现不同水平。

通过学情分析，我们发现，多边形面积的计算要回到"计量面积单位数量"，也就是"每行面积单位的数量×行数"这个知识本质规律，才能实现学生学习的"通透"。因此，我们将本单元的大概念确定为："多边形的面积＝每行面积单位的数量×行数"。基于单元大概念，在进行多边形的面积教学时，抓住转化这一思想主线进行结构化教学，找到探究图形的"通法"。一方面让学生学会转化的思想方法，推导出平行四边形、三角形、梯形、组合图形等平面图形的面积公式，形成空间观念、几何直观和推理意识，积累数学活动经验；另一方面是使学生在自主探索和深入思考图形的面积过程中，不断深入理解面积度量的本质是面积单位的累加，持续感悟转化的思想方法，形成量感。

总之，基于上述三个依据的分析可知，不研读课程标准设置的目标将不利于学生长远的发展，不研究教材设置的目标将泛泛而谈，无具体可言，不依据学情需要设置的目标将缺乏现实意义，只有综合课程标准的研读、教材的解读和学情的分析得出的单元教学目标，才能既体现立足学生的育人目标，又体现其实践意义。每个老师在考虑学习目标的撰写时，心中必须有一条基准线，即确定学习目标的三依据——课程标准、教材、学情。

三、英语核心素养导向的教学目标的制定

（一）编写依据

英语课程要培养的学生核心素养包括语言能力、文化意识、思维品质和学习能力等方面。英语课程内容由主题、语篇、语言知识、文化知识、语言技能和学习策略六要素构成。围绕这些要素，通过学习理解、应用实践、迁移创新等活动，推动核心素养在义务教育全过程中持续发展。

义务教育英语课程内容结构示意图

美国心理学家马杰认为，学习目标应当描述学生显示其成就时所做的事情以及是怎样知道他在做这些事的。马杰相信：如果给学生提供了表述清楚的目标，学生一般能自己教自己。为此他提出了学习目标叙写的基本方法——ABCD法。A 即 Audience，指行为主体；B 即 Behavior，指行为动词；C 即 Conditions，指行为条件；D 即 Degree，指表现程度。

A. 行为主体：谁学——学生立场。

57

B. 行为动词：学什么——描述学生形成的可观察或可测量的具体行为。
C. 行为条件：怎么学——通过……来达成……目标。
D. 表现程度：学到什么程度——检测学生学习达标的最低标准。

从这四个方面可以把教学目标清晰地陈述出来，能清楚地告诉教师与学生目标能力的含义以及如何观察和测量这种能力，可以有效克服教学目标表述的模糊性。

(二) 编写模式

以闽教英语五年级上册 Unit 3 Planning a Trip 为例，阐释教学目标设计的具体方法。

1. 搭建单元目标整体思路框架

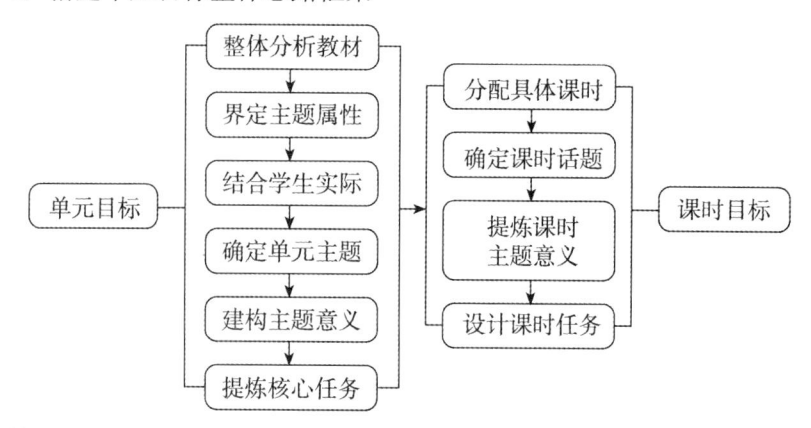

单元目标 → 整体分析教材 / 界定主题属性 / 结合学生实际 / 确定单元主题 / 建构主题意义 / 提炼核心任务 → 分配具体课时 / 确定课时话题 / 提炼课时主题意义 / 设计课时任务 → 课时目标

第一，整体分析教材，明晰本单元的主题范畴。本单元的教学内容分为 Part A，Part B 和 Part C 三个部分：Part A 语篇为对话，国庆节来临前，Wang Tao 和 Sally 谈论旅行前的准备，围绕想去哪儿、和谁去、怎么去三个问题展开谈论；Part B 语篇为对话，Wang Tao 和 Mali 谈论旅游城市台湾的天气等相关信息；Part C 包含韵律、听音连线、写句子等练习活动。根据教材分析，本单元的主题范畴应为"人与自我""人与社会"。

第二，分析学情，确定单元主题。本单元主题为"Planning a Trip"。授课对象是小学五年级上学期的学生。学生经过两年多的学习，掌握了有关"季节""天气""出行方式"的表达方式并对一些景点、美食等有所了解。但学生对旅游话题的英语表达积累比较匮乏，不利于学生用英语来表达、交流、对话，课堂上需创设丰富的语境，努力提高学生学习积极性，充分调动学生现有知识储备。学生对于单元内容的基础情况如下表所示：

	与主题关联的已知	年级	词汇	句型
学生已知	1. 能运用 will 相关句型来询问和回答将要发生的事情。 2. 能谈论某地的天气情况。 3. 对月份与季节的划分及不同的天气情况有所了解。 4. 熟知并会选择出行交通方式。	四年级下册	weather, warm, hot, cool, cold, spring, summer, autumn, winter, by car/train/plane/ship	What will you do? How will you go? Where will you go? I will… How is the weather in…? It's hot/cool/warm/cold.
	对一些景点、美食有所了解。	四年级下册	The Great Wall, beef, noodles, cakes, duck, dumplings, juice	I will visit… I will eat…
学生将知	学习月份词汇 July, August, September, October 及谈论相关月份天气情况；了解旅游城市最佳出行时间；会谈论旅行城市的天气情况；能多渠道获取旅行城市信息，了解做旅行计划的要素；了解旅行城市的名胜、美食和文化；会制作并谈论旅行计划。			
学生发展点	学生对旅行计划的制定仅停留在谈论出行目的地、出行时间、交通方式的层面，而对于旅行城市的其他信息缺乏了解；对一份比较完美的旅行计划需考虑的要素缺乏了解。			

第三，建构主题意义，提炼核心任务。以课本人物——Wang Tao 为主线人物贯穿整个单元，国庆节的临近，他先和 Sally 谈论假期出行计划，确定好目的地、出行时间、同伴和交通方式后，想去台湾的他想了解台湾当地的更多信息而求助于 Mali，创设出他制作城市指南的情境。基于以上分析，确定本单元的主题意义为"A wonderful plan, a wonderful trip"，并设计核心任务：I can make a good trip plan。

第四，分配具体课时，提炼课时主题意义，设计课时核心任务。本单元划分为三个课时，第一课时定义为"了解旅行计划"，基于 Part A 语篇主要谈论旅行计划的地点、时间、同伴、交通，做好出行前准备。课时核心任务为：复述 Wang Tao 的旅行计划；第二课时定义为"学会做旅行计划"，基于语篇 Part B 的对话文本，串联三、四年级所学天气、名胜、美食、活动、文化等话题内容设计分课时教学，主要以文本中 Mali 的建议："You can find many things from the Internet." 为拓展点，拓展出 Wang Tao 通过不同方式了解台湾的相关信息，整理提炼出从名胜、美食和文化三个方面谈论旅游城市的结构化知识，学会制订旅行计划，体会计划的重要性。课时核心任务为：谈论并制作自己的旅行计划；第三课时定义为"完善旅行计划"，通过阅读判断比较自己和别人制订的旅行计划，不断完善计划要素，制定合理的出行计划，并拓展制订其他计划，体会科学合理的计划使生活有条不紊。课时核心

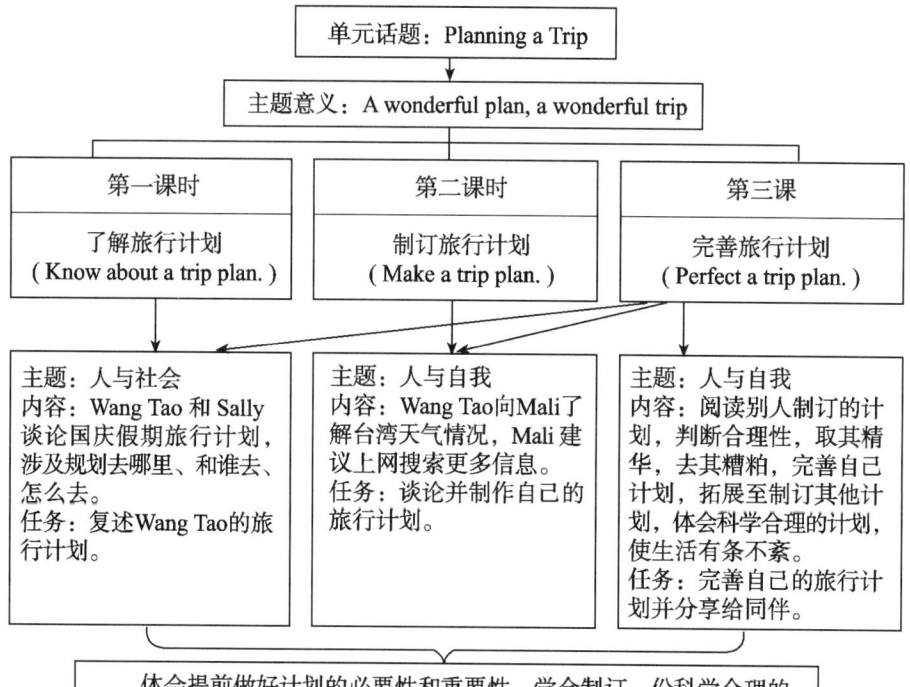

```
                单元话题：Planning a Trip
                       │
            主题意义：A wonderful plan, a wonderful trip
        ┌──────────────┼──────────────┐
     第一课时         第二课时         第三课
     了解旅行计划      制订旅行计划      完善旅行计划
     (Know about      (Make a trip    (Perfect a trip
      a trip plan.)    plan.)           plan.)
```

主题：人与社会	主题：人与自我	主题：人与自我
内容：Wang Tao 和 Sally 谈论国庆假期旅行计划，涉及规划去哪里、和谁去、怎么去。	内容：Wang Tao 向 Mali 了解台湾天气情况，Mali 建议上网搜索更多信息。	内容：阅读别人制订的计划，判断合理性，取其精华，去其糟粕，完善自己计划，拓展至制订其他计划，体会科学合理的计划，使生活有条不紊。
任务：复述 Wang Tao 的旅行计划。	任务：谈论并制作自己的旅行计划。	任务：完善自己的旅行计划并分享给同伴。

体会提前做好计划的必要性和重要性，学会制订一份科学合理的计划，树立积极向上的生活观，在旅行计划形成过程中领略祖国自然之美丽、文化之厚重、美食之乐趣、现代之摩登，在感受大美中国的同时激发学生的民族自豪感和自信心。

任务为：完善自己的旅行计划并分享给同伴。

通过深度解读教材文本、搭建以上单元目标整体思路框架，教师能够在整体整合教材内容的基础上，提炼主题和主题意义，明确单元主题意义、单元核心任务与课时主题意义、课时核心任务之间的关联，为进一步明确学生单元学习的目的、结果和预期变化打下基础。

2. 梳理单元语篇核心知识

梳理单元主题知识，以明确核心词汇、核心句式、技能与策略等学习要点。此处将本单元的相关内容梳理成下表，教师可以将针对各语篇的梳理，与此前搭建的单元目标整体思路框架相结合，即联系单元主题、单元主题意义、课时主题、课时主题意义、课时语篇内容、课时核心任务等，以明晰单元与课时之间、主题与主题意义之间、核心知识与核心任务之间的多维关系，从而明确学生单元学习后所要达到的预期目标。基于此，教师设计单元目标和课时目标时，就能使得目标在导向性、整体性、实用性的基础上，更具针对性、驱动性和灵活性。

单元核心知识梳理表

单元主题：Planing a Trip			
语篇	核心词汇	核心句式	技能与策略学习要点
Part A （第一课时）	will, won't, holiday, National Day	询问对方的计划：Will you…? Where will you go？ 回答：Yes, I will. /No, I won't. I will（go to）….	◆借助图片、图像等，提取、梳理、归纳主要信息； ◆借助拼读规则拼读单词； ◆运用所学语言与他人谈论节假日外出旅行的计划。
Part B （第二课时）	July, August, October, Internet	询问天气的对话：How is the weather in Taiwan? It's hot in July and August. But it's cool in October.	◆在语境中，根据单词的音、形、义学习月份词汇； ◆运用所学语言谈论月份及相关的天气情况。

3. 叙写单元整体目标，细化课时目标

本单元的单元目标制订如下：①学生在学习单元主体文本的过程中，能借助图片、上下文线索尝试推测语篇中生词的含义，认读、书写 holiday,

61

uncle，turn on，find，July，August，October 等单词，初步运用 tell，about，thing，Internet 和 won't 等词汇，流利朗读课文，发音清晰，语音、语调基本正确。②学生在学习单元主体文本的过程中，能围绕本单元主题正确运用 Will you...? /Yes, I will. /No, I won't. /How is the weather in...? It's... /I will... 等句型，就旅行目的地、旅行时间、同伴、交通方式、旅行城市的天气和活动等话题展开问答，表达自己的情感、态度和观点，基本达到交际的目的。③学生能主动参与课堂，与同伴一起围绕本单元主题提炼关键信息，形成结构化知识，并能仿照语言结构正确输出本单元的核心词汇及核心句型，了解旅行计划的组成要素，学会制订旅行计划，并在计划形成过程中感受大美中国，推荐大美中国。

课时目标的设计要以单元目标为前提和指导，教师依据单元目标中学生通过学习所要达到的预期结果，进行课时目标的逆向设计。课时教学目标的设计要遵循以下"四六三"原则，即：四原则 ABCD、六要素整合、三个认知发展层次。

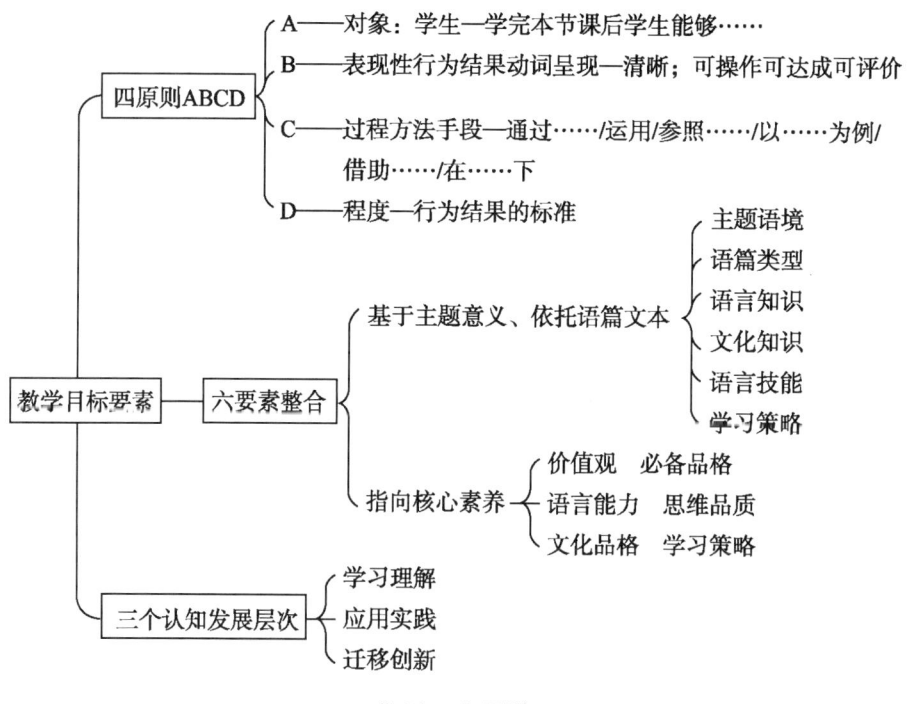

教学目标要素
- 四原则 ABCD
  - A——对象：学生—学完本节课后学生能够……
  - B——表现性行为结果动词呈现—清晰；可操作可达成可评价
  - C——过程方法手段—通过……/运用/参照……/以……为例/借助……/在……下
  - D——程度—行为结果的标准
- 六要素整合
  - 基于主题意义、依托语篇文本：主题语境、语篇类型、语言知识、文化知识、语言技能、学习策略
  - 指向核心素养：价值观 必备品格、语言能力 思维品质、文化品格 学习策略
- 三个认知发展层次
  - 学习理解
  - 应用实践
  - 迁移创新

"四六三"原则

在单元目标的统领下,下表将五年级上册 Unit 3 Planning a Trip Part B 的课时目标设计如下并运用"四六三"原则进行检测:

第二课时:Make a trip plan 教学目标	四六三检测
通过本课学习,学生能够: 1. 在看、听、说活动中获取、梳理语篇内语言知识,能说、读、写核心词语 July,August,September,October,turn on,find;能用核心句型"How is the weather in…?""It's….."等询问旅行城市的天气信息,运用"I will…"表达自己在旅行城市的活动。(学习理解) 2. 能在情境中谈论旅行城市的天气、景点、美食和其他活动,形成结构化知识。(应用实践) 3. 能理解计划的组成部分,且能从 Place,Companion,Time,Transportation,Places of interest,Food,Culture 等七个方面简单谈论旅行计划。(应用实践) 4. 能运用语言知识,结合结构化计划模板,以合作学习的形式谈论并制订旅行计划。(迁移创新) 5. 在形成旅行计划过程中感受祖国丰富的美景、美食、文化,感受大美中国,增强热爱祖国之情,增强民族自信心和自豪感。(迁移创新)	1. 四原则 ABCD:画"___"为行为动词,画"○"是程度,画"□"为方法和手段。 2. 六要素:在旅行计划形成过程中领略祖国自然之美丽、文化之厚重、美食之乐趣、现代之摩登,在感受大美中国的同时激发学生的民族自豪感和自信心。 3. 三层次:目标设定从学习理解、应用实践和迁移创新三个维度进行阐述。

四、美术核心素养导向的教学目标的制定

(一) 编写依据

1. 依托学科发展与国家需求。要考虑当前美术学科的发展方向和国家对艺术人才的需求。根据社会发展的要求,确定学生需要具备的综合素质、专业知识和能力,以培养适应社会发展需要的人才。

2. 考虑学生发展特点。要根据不同年龄段学生的发展特点来确定教学目标。不同年龄段学生的认知能力、兴趣爱好、创造力等特点不同,需要制定

相应的教学目标，以促进学生全面发展。

3. 依据课程标准。课标是确立教学目标的第一依据。新课标修订的核心就是确立基于核心素养的课程目标，完成从三维目标到核心素养的课程目标的迭代升级。课程目标不仅仅是整个课程标准修订的基因和主线，也是教学目标的直接的上位依据，教学目标就是课程目标的具体化。

4. 依托教材。教材是教学的内容和载体，也是课标的具体化和内容化，是教师教学、学生学习的对象，也是确立教学目标的重要依据。如果说课标是教学目标的方向性依据，教材则是教学目标的内容性依据。课标是上位的依据，教材则是下位的依据。教学目标的确立既要上接课标又要下接教材。一旦教学目标游离于教材的知识内容，就会虚化空化。研读教材，最核心的就是分析和挖掘教材知识内容对核心素养形成的独特贡献，使基于核心素养的教学目标有依据有支撑。

（二）编写模式

DKU 的陈述模式，也是《义务教育艺术课程标准》所体现的陈述方式，采取了艺术实践活动（Do）＋学科知识或技能（Know）＋观念性理解（Understand）即 DKU 的形式书写，表现性结果则由学业要求以"能……"的句式独立表述。如能口头表述对"中国传统美术是中华民族文化艺术的瑰宝"的感受。

下面以人教版三年级美术《动物的花衣裳》一课为例，运用 DKU 的陈述模式设计教学目标：

【示例】人教版三年级美术《动物的花衣裳》DKU 的设计模式

评价维度	具体目标	核心素养
（D）艺术实践活动	1. 欣赏动物斑纹的自然之美，说说它带给你什么感受； 2. 和同桌合作，为喜欢的动物设计一件"花衣裳"。	审美感知 创意实践
（K）学科知识或技能	1. 了解点、线、面（色块）的基本特点； 2. 能够运用点、线、面（色块）等绘画元素创新表现动物的"花衣裳"。	艺术表现 创意实践

续表

评价维度	具体目标	核心素养
（U）观念性理解	1. 感受自然美与艺术美之间的联系，认识美存在于我们的周边（大概念）； 2. 产生爱护动物的思想意识。	审美感知 文化理解

由此我们可以直观地看到，这种陈述模式的优势具体表现为：

第一，遵循了艺术的实践性特点。即在"做"这一实践过程中学习知识与技能，转化为对知识的深入理解，上升为观念性理解后，迁移到新情境的"做"中。在新课标中，这种学习方式是对杜威"做中学"教育理念的进一步创新和发展。

第二，展现了一种全新的核心素养教学理念。这一理念源自课程专家林恩·埃里克森和洛伊斯·兰宁提出的以概念为本的课程与教学方法。这种方法摒弃了传统的布卢姆教学目标模式，主张强调将知识技能提升到概念层面，以实现迁移与问题解决，也就是所谓的KUD模式。这种策略目前被广泛采纳，作为培养核心素养的重要手段。

第三，满足了新课标对核心素养培养的多重要求。新课标不仅借鉴了KUD的理论成果，还从艺术实践的本质出发，创造性地发展出了以艺术实践为驱动的艺术教育理念。在这一理念下，艺术知识与技能被转化为解决问题的能力，融入学习任务的完成过程中。这包括尊重艺术学科特有的实践和教育规律，体现新的核心素养教学理念，以及方便一线教师理解和应用新理念和新方法。

1. KUD陈述模式

埃里克森和兰宁提出来的KUD模型，"K"代表"Know"，表示学生需要知道的内容，这包括特定的知识、技能和行为表现；"U"代表"Understand"，表示学生需要理解的内容，这包括基本概念、基本观念和一般意义；"D"代表"Do"，表示学生能够执行的行为，这涵盖了认知、情感和技能方面的目标。

在具体的教学实践过程中，KUD模式显现出以下优点：第一，目标明确。KUD模式将教学目标分为知识、理解和技能三个方面，使得学生在学习过程中能够更加明确自己的学习目标。第二，针对性强。学生可以更加有针对性地进行学习，提高学习效率。因此在教学中更加注重实践和应用，有助于培养学生的实际操作能力。第三，关注技能培养。KUD模式注重技能培养，有助于培养学生的实践能力。第四，便于评估和反馈。KUD模式使得评估和反馈更加容易，教师可以根据学生的表现和反馈，有针对性地指导学生的学习，帮助学生实现学习目标。

结合当前核心素养，不难发现，KUD模式设计的教学目标，更多关注的还是学科知识与技能层面的学习目标的达成，而缺少了艺术审美感知与文化理解（包括情感态度价值观）核心素养的培育。总言之，有以下几点不足：第一，过分强调知识记忆。KUD模式注重知识目标的实现，可能导致学生过分强调知识记忆而忽略了理解和应用的重要性。第二，忽视思维训练。KUD模式注重技能目标的实现，但技能训练未必能提高学生的思维能力和创新能力。第三，缺乏灵活性。KUD模式过于强调学习目标的达成，但学生的学习需求和兴趣可能因人而异，KUD模式缺乏对个性化需求的考虑。

因此，在使用KUD模式进行教学时，需要结合实际情况进行灵活运用，避免其不足之处带来的影响。同时，也要注意培养学生的思维能力和创新能力，以更好地适应未来的发展需求。

2."一般目标＋具体表现"陈述模式

徐和平教授在众多的理论中帮助教师提炼出一条比较实用的目标陈述法："一般目标＋具体表现"陈述法。这种陈述模式，使目标从"模糊笼统"过渡到"明确可评"。只有当目标清晰、具有实际操作性时，教师才能准确掌握学生的学习进度，学生也能更好地认识到自己的不足之处。为了有效陈述教学目标，首先需要遵循一定的规范：目标陈述的主语应为学生而非教师，强调学习成果而非过程、活动或方法等。此外，目标的表述应尽可能明确，以便更好地评估学生的学习进度。目标必须是"可达成""可观察""可评价"的，精准的教学源于目标的精准。

仍以人教版三年级美术《动物的花衣裳》一课为例，运用"一般目标＋具体表现"陈述模式设计教学目标：

【示例】人教版三年级美术《动物的花衣裳》教学目标"一般目标＋具体

表现"陈述模式

评价维度	一般目标	具体表现（指向学业要求）	核心素养
知识与技能	学生能够了解动物的花衣裳特点，掌握设计动物"衣裳"的基本技巧。	1. 学生能够具体描述动物的花衣裳特点，如色彩、纹理、图案等； 2. 能够运用线条、形状、色彩等基本绘画元素，绘制出动物的基本形态和斑纹特征。	审美感知 艺术表现 创意实践
过程与方法	学生能够通过观察、分析和实践，创作出具有个性的动物花衣裳作品。	1. 学生能够仔细观察动物的花衣裳，分析其特点； 2. 能够选择合适的材料和技巧，在合作中进行实践创作； 3. 能够在创作中发挥个性，作品富有创意或美感。	审美感知 艺术表现 创意实践
情感态度与价值观	培养学生对动物和自然的热爱，增强学生的审美意识和创新能力。	1. 学生能够表现出对动物和自然的热爱和关注； 2. 能够在欣赏和创作中，体验到美术学习活动的愉悦感和创造的成就感； 3. 能够尊重自然、保护环境，树立人与自然和谐相处的理念。	文化理解

第三章　核心素养的教学目标怎么用

核心素养目标反映在整个学校的教育教学活动中，反映在学科显性和隐性的文化中。因此，理解核心素养目标在教学中的地位与作用，把握核心素养目标的使用与落实，即解决核心素养目标做什么、如何做、做到何种程度的问题。

第一节　核心素养的教学目标的地位与作用

一、核心素养目标在教学中的地位

以核心素养目标为导向的教学，就是要确立核心素养目标在教学中的核心地位，使教学的一切要素、资源、环节、流程、活动都围绕核心素养目标组织和展开，并最终指向核心素养目标的生成和发展，具体包括以下三个方面。

（一）引领地位

核心素养目标是教学的出发点。教学的首要问题是为什么而教。为知识而教与为素养而教是新旧教育教学的分水岭。为素养而教意味着要根据核心素养的要求选择和组织学科知识，并根据核心素养形成的规律来开展教学活动。核心素养是教学的方向、目的，是确立具体教学目标和设计教学实施方案的根据和理由，聚焦核心素养确立教学目标和任务，使教学有清晰的核心素养指向。核心素养是教学实施的"GPS",引导我们对教学进行全要素、全过程、全方位的检视,"课程发展的起点或终点是核心素养,核心素养把持知识与技能能否进入课程现场的'入口关',监控知识与技能的作用方向,确保其育人功能的实现即核心素养目标的生成。"

(二)核心地位

核心素养目标是教学的落脚点。教学成果最终要落在核心素养的形成和发展上,不能仅满足于基础知识和基本技能的掌握,满足于过程和方法的落实,满足于情感态度价值观的渗透。教学要借助和通过这些活动及其整合去落实核心素养的生成,核心素养才是检验教学效果的根本标准。当然,我们要辩证地看待核心素养与知识技能的关系,核心素养的形成并不排斥知识技能的掌握,两者是相辅相成的关系。在教学中,"知识与技能发挥着核心素养培育的载体功能;而核心素养的养成又促进知识与技能的落实,在很大程度上,特定的知识与技能的习得也代表着核心素养在某种程度或水平上的具体体现。可以说,核心素养与学科知识与技能既各自扮演不同角色,又互为手段——目的的复杂关系"。

(三)承载地位

核心素养目标是教学的着力点。教学必须在核心素养的形成上发力,要把宝贵的时间和精力投放在核心素养的培育上。能力只有在活动中才能形成,品格也只有在情境中才能养成,这个过程可能是曲折且费力的,但绕过去,是核心素养形成的不二法门,是教学的重中之重。

核心素养目标犹如一根定海神针,在教学中起着不可或缺的功效。所有学科的教学都是围绕着核心素养目标进行的,核心素养目标对教学过程、教学活动、教学内容、教学评价都起着引领和指导的作用。如果说教学过程、教学活动是外在的表象,那么核心素养目标就是内在的本质;如果说教学内容、教学评价是人的身体,那么核心素养目标就是人的灵魂。离开了核心素养目标的教学,就像是失去灵魂的教学。哪怕教得再天花乱坠,也只是一座空中楼阁而已。

二、核心素养目标在教学中的作用

(一) 导向和规范作用

核心素养目标是教学活动的导向，对单元教学和课时教学都起着决定性的作用。核心素养目标是教学活动要达到的目标，离开了核心素养目标的教学活动就会像没有方向的航船，不知道要去哪里。核心素养目标的导向性要具体、清晰，同时教师教的过程要围绕着这个目标，学生学的过程也要围绕着这个目标，师生的目标是一致的。

核心素养目标预期学生的行为变化，是教学活动的出发点和归宿，它对师生的教与学具有突出的导向和规范作用，使师生双方在教学过程中均有方向感，教学结束时均有达标感。具体来讲，教学目标作为课程标准的具体化、教材内容的提炼，能够帮助教师正确地领会课程标准精神和教材内容，从而切实落实"依标扣本"；教学目标通过逐个单元、逐个知识点排列出来，有助于教师客观地把握教学活动的进程和阶段，尤其是明确教学要求从低到高的层次序列，从而使教师在平时的教学过程中能够胸有成竹地引导学生从一个单元、一个知识点开始循序渐进、扎扎实实地打好基础，逐步提高。事实证明，这样的教学，质量更加稳定且逐步提高，师生的自信心也由此增强。它对于纠正盲目依据升学考试教学而导致的离标丢本、乱赶进度、随意拔高要求等造成师生双方紧张又影响教学质量的不科学做法，有积极的作用。

教师设计教学活动，也要以核心素养目标为导向。下面以人教版五年级上册第六单元的《梯形的面积》一课为例，教学活动设计为：借助学习单，探究梯形的面积公式。

（1）读：观察学习单中的梯形；（2）思：梯形转化成了学过的什么图形，转化前后的图形面积之间有什么关系；（3）达：和同桌交流你的想法。

这三个环节"思"是重点，起着承上启下的作用，思的问题应该是本节课的核心问题。教师在设计问题时就可以借助核心素养目标的导向作用，充分发挥学生的主体地位，让学生在自主探索中提升数学核心素养。

(二) 选择和制约作用

核心素养目标不但是教学的出发点和归宿，而且是教学的灵魂，它贯穿于教学的全过程，统帅、制约和影响教学的其他所有因素，尤其对教学内容和教学方法的选择具有指导和制约作用。正如于漪老师所说的："目标是课堂教学的主宰，用怎样的方法教，师生之间的活动怎样组织、怎样开展，均应紧紧围绕教学目标，为实现教学目标服务。"[①] 以往教学过程中，由于目标模糊不清，教师总是企图给学生充塞更多的东西，常常滥用复习资料、参考资料，无限地扩充知识内容，大量拼凑练习题，搞"大运动量"，使教学内容越加越多、越加越难，如此似乎"万无一失"，其实反倒使学生陷入书山题海之中，负荷过重，食而不化，连基本知识都未学到手，教学收效甚微。而有了明确具体的核心素养目标，我们即可考虑哪些内容和习题与目标并无直接关系，少要或不要，从而使教学内容紧密围绕目标。如此，既可提高教学效果、效率，又可减轻学生负担。教学方法本身无所谓优劣，但它必须与教学目标相适应。由于没有看到目标对方法选择的制约作用，教师在平时的教学过程中，总是企图以教学方法的单一不变性（常常又是讲授法）来应对教学目标的层次多变性，这样即使用教学方法所展开的课堂活动再有趣、再生动，也难以达到预期的目标要求。现代教学理论告诉我们：根据不同的教学目标，选用不同的教学方法，是教学最优化的重要一步。

核心素养目标对教学内容的选择性体现在教学中如果偏离教学目标，就不能很好地解读教学内容，就不能达到课标提倡的"用教材教""创造性地使用教材"。这就要求教师在教学目标的指引下，领会教材的编写意图，充分发挥教学内容的作用，深入挖掘教学内容的内涵，透过教学内容的表象把握教材的本质。例如人教版五年级上册的"小数乘法"的例题8，是一道超市购物的情境题。有的学生用列表，有的学生用计算器，有的学生提出用估算等方法分别来解决问题。核心素养目标是学会选择一种最佳策略进行计算，而不是盲目引导学生追求解决问题策略的多样化，让学生陷入精算或估算的"泥潭"。有了教学目标的指引，我们就容易解读教学内容背后的意图，其本质就是多问几个为什么：教学内容的知识结构为什么要调整？教学内容为什么要呈现这个知识点？为什么要安排这个教学内容？这个教学内容好在哪里？主题图有什么深刻含义？教学内容留白的目的是什么？教学内容为什么要用这

---

① 于漪. 语文课堂教学有效性浅探［J］. 课程·教材·教法，2009（6）：31-35.

种方式呈现？除了显性的教学内容，还有没有隐性的？

（三）统帅和整合作用

教学是一个由学生、教师、教学内容和教学方法（含手段）四个基本因素构成的系统。其中，学生是学习的主体，是教学的对象；教师是施教的主体，是教学活动的设计者、组织者和领导者；教学内容是师生双方教与学活动的对象；教学方法（手段）是师生双方教与学活动的工具。四者构成教学系统菱形结构的四个顶点。

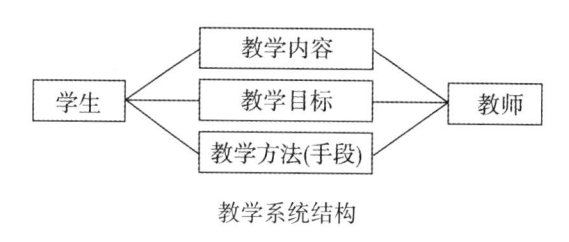

教学系统结构

学生、教师、教学内容和教学方法（手段）的有机结合构成了教学系统（结构），它们的相互作用形成了教学过程。按照系统理论的观点，要使系统（结构）发挥出最大功能，使过程处于最优状态，除了要充分发挥每个因素的潜能外，更重要的是必须把每个因素的内在力量凝聚起来，这样才能达到 $1+1+1+1>4$ 的效果。那么，如何把四个因素凝聚起来呢？关键点在于教学目标。只要深入分析，便可看出：这四个因素及其所构成的关系（矛盾）都是基于教学目标要求与学生原有基础的差距（矛盾）。教学过程实际上就是教师根据教学目标的要求，展开教学，使差距（矛盾）得以消除的过程。所以目标是教学的灵魂，它对四个因素及其关系起着统帅、支配、整合和协调的作用。没有教学目标，就不存在所谓的教学；教学目标含糊不清，教学就像一盘散沙，尽管各个因素都发挥出最大潜能，也难以使教学整体达到最优效果。而有了明确具体的目标，四个因素的有机结合就有了基点（凝聚点），尤其是师生间的相互合作和共同努力就有了统一的方向，从而产生新型的师生合作式的教学。实践证明，这样高质量的教学能够促进师生积极情感的融合。

只有师生参与的教学过程都以这个核心素养目标为统帅，教学才会有效果。这个教学过程包括课堂的教学形式，例如福建师范大学余文森教授提出数学课堂"读思达"的表现形式有：读一读（看一看、做一做），想一想（理一理），说一说（算一算、练一练、解一解）。从数学学科素养的角度出发就是要学会：用数学的眼光观察世界（抽象、直观的能力），用数学的思维分析世界（逻辑推理、数学运算），用数学的语言表达世界（数学建模、数据分析）。这些教学过程的形式，本质就是为核心素养目标服务的。

核心素养目标对教学过程的整合作用体现为进行单元教学过程设计时也要以核心素养目标为导向，同时还要有单元、大概念意识，围绕一个单元或一个核心主题，进行结构化设计，彼此之间互相衔接呼应。像"多边形的面积"这个单元《梯形的面积》这节课，是"多边形的面积"单元的第三节课，也是单元的后端课，和前两节课之间是连接的，承载着单元教学内容小结梳理的使命。本单元的第一节课《平行四边形的面积》作为种子课，相对节奏比较缓慢，以教结构为主，让学生先熟悉三个步骤：想特征、找关联、推公式。第二节课《三角形的面积》作为连接课，节奏保持匀速，以用结构为主，体验转化策略的多样化，进一步培养学生转化的数学思维方法。到第三节课《梯形的面积》，学生已经熟悉了转化的步骤和方法，节奏就开始加速，对梯形的剪拼过程进行优化提升，改为在作业单的梯形图上画出转化的过程。教学目标也就不仅仅满足于推导、运用梯形的面积公式，还对转化的数学思维方法进行单元的纵向比较提升，引导学生自主阅读、交流分享，找到梯形的面积与平行四边形、三角形、长方形的面积之间的内在关联，发现梯形面积公式的神奇，沟通图形之间的内在关联，建构整体认知框架，从而落实数学的核心素养目标。在单元备课时我们既要努力做到运用望远镜思维，从整体上把握教材，又要运用放大镜思维，从细节上解读教材，对每一节课教学内容的前身后世进行深挖优化整合。本单元三节课之间前后紧密衔接，同样是在渗透转化的数学思维方法，但是彼此的用力点是不一样的，各有侧重，要做到以核心素养目标为统帅，以单元为单位进行教学过程的整合，从而实现结构化教学的效果。

（四）激励和评价作用

核心素养目标是教学主体活动的直接原因。对于教学实践活动来说，核心素养目标是一种能动的积极的力量，是教学实践活动的动力。因为目标明确以后，就会产生实现目标的需要。而需要产生动机，动机激发学生的学习活动。通过学习活动，实现了目标，学生会感到成功的快乐。这种快乐的心情会增强学生的自信心和自尊心，激发学生产生新的学习动机，从而为实现更高的目标做出更大的努力。由此形成了目标教学中的良性循环：目标明确—激发动机—获得成功—感到快乐—强化动机—确立新的目标。实践证明，这样的学习活动有助于学生对知识本身，对学习活动成功后的喜悦感、自豪感产生稳定的需要，形成稳定的学习兴趣。"发现学习"的倡导者布鲁纳认为，最好的学习动机莫过于学生对所学课题具有求知的需要、认识的兴趣以及获得知识的胜利感和欢乐感。他强调说，在这种动机激励下的学习，会给学生带来认识需求的满足，是"自我奖赏"的最有效方式以及保持永不衰竭的求知欲望的持久动因。

正是由于核心素养目标所具有的激励和评价作用，使目标教学的性质发生了质的变化，学生由消极被动地学习转变为积极主动地学习。具体表现为：学生自觉地对照目标要求进行定向预习，培养自学能力，提高课堂活动的能动性；围绕目标上课，提高上课的质量；根据目标要求进行练习，提高练习的自觉性、有效性和针对性；按照目标体系线索进行小结复习、归纳知识，从而系统掌握知识。总之，目标、兴趣、动机三者的统一及其相互作用所产生的效应，是促使学生积极主动地进行学习，从而取得较好教学效果的重要保证。

学生对核心素养目标的掌握和理解越透彻，就越能激起强烈的学习动机来推动和促进他们的学习活动。当目标越明确越具体，就越能激励学生不停地向目标迈进。教师在教学中，需要在一定的时机，让学生知道教学的目标是什么，激励学生努力达到这个目标。

课堂教学评价是依据一定的标准对课堂教学及其效果作出衡量和判定的过程。教学评价的是学生对学习目标的达成情况：是否达成了核心素养目标或者在多大程度上达成了核心素养目标。把这种素养目标的达成情况反馈给学生，将极大地激发学生的学习热情，促进学习目标的达成。

核心素养目标是教学评价的依据。由于教学目标具有双重作用，一个是把国家、地方和学校的指定目标转化为教师教学的个人目标，从而把国家、地方和学校的教学目标引入课堂教学系统；另一个是教师的教学目标要转化为学生的个人目标也就是学习目标，促进学生的有效学习，更好地完成教学任务，使学生的能力得到发展，教师的教学目标要促进这两个方面的转化。所以教学评价要以核心素养目标为依据，离开了明确具体的教学目标就无法进行教学评价。通过教学，学生在认知、情感和动作技能等方面是否产生了如教学目标所期待的变化，需要教学评价来认定。教学评价必须以达成教学目标为指向，评价目标的达成程度和在向目标行进时遇到的问题。

核心素养目标也是教学评价的标准，教学评价更多是以测试的形式进行，教学测试是考查学生是否达到了教学目标的要求，而测试内容只有达到与教学目标一致才能实现用测试来考查学生是否达到教学目的，做到"备教学评"一致。课堂教学测试的测试题应在教学目标设计之后立即编制出来，其编制目的是为了检验教学目标的达成情况，在一定程度上也能检验教学目标是否合理、是否具有可操作性。课堂教学评价的是学生在课堂教学过程中实际获得的学习成果是否就是课堂教学目标中的学习结果。相应地，教学评价的测验题就应该以教学目标为标准进行编制。例如，数学课程标准第一学段"几何与图形"中的"图形的运动"的课程内容有"结合实例，感受平移、旋转、轴对称现象"。这句话的教学目标是：能在实际情境中识别平移、旋转、轴对称现象。于是在设计教学评价的习题时就要给出适当的情境，去判断平移、旋转、轴对称现象。

当然，教学评价的方式是多元的，但是每种评价都要以核心素养目标为标准进行，而且核心素养目标都要清晰明确，以保证教学评价的科学性、有效性、指导性。

第二节　核心素养的教学目标的展示、落实与评价

当核心素养进入教学目标、成为教学目标后，对教学活动提出了哪些新要求？什么样的教学活动有助于实现基于核心素养的教学目标？基于核心素养目标的教学行为包括目标的展示、目标的落实、目标的评价这三个关键活动。

一、核心素养目标的展示

目标的展示就是把目标明白无误地表现出来，交给学生。目标展示的过程就是把教师心中的目标转化为学生心中的目标的过程，从而让学生在学习过程中有目标意识和方向。目标教学的要旨就在以目标导教导学，以目标为师生双边活动的结合点和方向，并以此调控教学。

例如，在小学语文五年级上册第三单元"民间故事"单元项目化学习中，以"老故事新传承——民间故事的跨媒介阅读与表达"为项目主题，依据课标、教材和学情，制定了本单元的核心教学目标："通过不同形式的创编和展演传承民间故事，让老故事焕发新生命。"如何将教学目标转化成学习目标呢？在提出驱动问题"作为一个小学生，我们能为民间故事的传承做些什么"后，创设本单元的活动情境：筹备校园"老故事 新讲"中国民间故事游园会，邀请社区的老人、家里的长辈、幼儿园的小朋友参加游园活动。同时向学生展示本单元的学习目标：①阅读课内民间故事、了解课文的主要内容，广泛阅读民间故事、感受民间故事的特点；②选择一个民间故事练习缩写，并尝试用不同的形式创造性地复述；③寻找合作伙伴和跨学科老师的指导，合作完成展演项目。

这一单元确定的学习目标调动了学生学习的积极性，强化了学生达成学习目标的动机，并形成强大的学习内驱力。

再例如，小学语文四年级上册第五单元是习作单元，本单元的核心素养目标是"写一件事，要把事情的起因、经过、结果写清楚，还要根据表达的需要，多角度把重要内容写清楚。"可在单元伊始，即展示目标，定向导学：

与少数民族小学结对子，开展"民族团结手牵手 和谐发展心连心"主题班会活动。为了进一步促进文化交流，感受多彩的生活，可彼此制作一本《瞧，我们四年1班》班级故事集赠送给对方，促进了解。

①每位同学认真阅读本单元课文，了解作者是怎样把事情写清楚的。选择一件你印象深刻的事情，按一定顺序把事情写清楚。

②依据好故事的标准，每个小组推荐"好故事"参加汇编，可以为文字配上合适的插图，增强可读性。

③小组合作，学习借鉴优秀故事书的编排，在老师家长的协助下完成编辑。

及时准确地展示学习目标，不但有助于调动学生课堂学习的积极性，而且也便于他们围绕学习目标有的放矢地学习。

二、核心素养目标的落实

目标的落实是教学的主体部分，一般说来，它由"对标教学"和"达标练习"两项基本教学活动所组成。

（一）对标教学

对标教学就是对照教学目标的要求开展教学活动，教学目标是教学的方向盘和指挥棒。教学活动包括学生各种各样的学习活动以及教师对教学内容的选择组织和教学问题的设计提炼，都必须围绕目标展开，成为服务于目标达成的自觉行动。课堂教学的任何环节、任何活动、任何要素都必须指向目标的实现。这就是对标教学的核心。

1. 学习内容受核心素养目标决定。

核心素养目标决定了学习内容的广度和深度，还影响了学习内容的组织方式和呈现形式，教师需要根据核心素养目标来优化学习内容。教材单元是素材，是原料，但不是单元学习内容本身。单元内容的重构，从忠实地教课文、教例题、教教参，走向依据课标、分解课标、读懂教材、驾驭教材，以单元统整重构学习内容，关注学科知识的结构化，强调学科内容的重构。

在核心素养目标的指导下，重构单元学习内容需要从知识条件化、知识情境化和知识结构化三个方面入手，以确保教学内容与目标的紧密匹配，促进学生的全面发展和深层次理解。

①知识条件化：通过补充背景知识，让学习内容更具吸引力和趣味性。这意味着教师需要思考如何让知识更生动、更贴近学生的生活实际，而不是简单地死记硬背。例如，在教学单元中，教师可以引入有趣的故事、实例或者互动活动，帮助学生更好地理解和应用知识。

②知识情境化：通过构建真实情境，学生能够将所学知识与实际生活相联系，感受到知识的实用性和重要性，增强学习的深度和持久性。例如，在

语文教学中，教师可以组织学生参与角色扮演、小组讨论或者实地考察等活动，让他们在真实的语言环境中运用所学知识。

③知识结构化：建立有机的知识体系，便于学生记忆和知识迁移。这意味着教学内容应当有条理、有层次地组织，体现学科的本质和逻辑关系。例如，在设计学习单元时，教师可以将相关的知识点整合到一个主题或者问题，调整原有单元的教材顺序，可以是同个单元中教材内容的调整，也可以是单元之间的调整，把相同以及单元间关联度较高的部分进行调整，或者根据教学目标中所要培养的知识技能的相关性、递增性进行教材内容重组，使学习内容的结构符合学生的认知规律和学科逻辑，形成一个完整的学习框架。适当将互联网资源、生活情境融入学科教学中，使重组后的教材内容，更加符合学生的思维方式，从而提高学生的学习质量。

案例：

老故事　新传承——民间故事的跨媒介阅读与表达
——五年级上册第三单元"民间故事"单元项目化学习

单元	人文专题	语文要素	课文	口语交际	习作	语文园地	快乐读书吧
现行教材内容	民间故事，口耳相传的经典，老百姓智慧的结晶。	1.了解课文内容，创造性地复述故事。2.提取主要信息，缩写故事。	9 猎人海力布 10 牛郎织女(一) 11* 牛郎织女(二)	讲民间故事话题情境：开个民间故事会；交流提示：◎讲故事的时候，可以适当丰富故事的细节。◎讲故事的时候，可以配上相应的动作和表情。	缩写故事：把你读到的比较长的民间故事，缩写成一个简短的故事介绍给别人。	◎交流平台 ◎词句段运用 ◎日积月累：《乞巧》	从前有座山：《中国民间故事》《欧洲民间故事》《非洲民间故事》

续表

单元	人文专题	语文要素	课文	口语交际	习作	语文园地	快乐读书吧
单元教材内容统整	单元项目主题：老故事　新传承——民间故事的跨媒介阅读与表达；单元项目核心目标：通过不同形式的创编和展演传承民间故事，让老故事焕发新生命。		拓展群文阅读：◎组文1：绘本版、童话版、动画版的《猎人海力布》◎组文2：歌谣体、对话体、改写版的《牛郎和织女》◎组文3：四大民间故事《牛郎织女》《孟姜女》《梁山伯与祝英台》《白蛇传》	习作缩写故事与课文《猎人海力布》整合教学。口语交际的开个民间故事会，放到单元项目任务情境中去完成：筹备校园"老故事新讲"中国民间故事游园会，邀请社区的老人、家里的长辈、幼儿园的小朋友参加游园活动。		将古诗《乞巧》与《牛郎织女》整合教学。	拓展群文阅读：◎组文1：主题式阅读：民间故事里神奇的宝物◎组文2：议题式阅读：探究"不可思议"延伸整本书阅读：《莆仙民间故事》

79

2. 学科实践受核心素养目标决定。

核心素养目标不仅决定了学生应该学习的内容，它还深刻地影响着学科的实践方式。核心素养目标强调的是学生应具备的关键能力和必备品格，这些目标在学科实践中发挥着指导性的作用，确保学科教学活动与学生全面发展的需求相契合。

为了实现这些目标，教师需要设计更具互动性和探究性的实践活动，以激发学生的学习兴趣和积极性。

以任务驱动推进学习过程的深入展开，已成为当下课堂转型的主要模式。单元教学之下的学习任务设计规避了一问一答式的细碎低效的教学方式，以学生为中心，以解决实际问题为导向，强调在真实的、有意义的语文实践情境中，通过设计富有挑战性、统整性、层级性的任务，激发学生的学习兴趣，积极主动参与学习。

首先，挑战性任务是任务驱动型单元教学的核心。这些任务不仅要有一定的难度，让学生感到挑战，还要贴近学生的发展区，让他们乐于接受挑战。

其次，统整性任务是驱动型单元教学的另一个重要特点。这种任务设计注重学科与生活的结合，注重核心素养的内在联系，追求多方面、多层次目标发展的综合效应。通过设计统整性任务，可以将单元的主题与要素进行合理的水乳交融，将学习资源进行有效整合，从而实现学生核心素养的全面提升。

层级性任务也是任务驱动型单元教学的重要组成部分。它强调任务链的精心组织，注重任务的连续性和差异性，以及任务下活动的层次性和连贯性。通过设计层级性任务，可以将单元教学内容分成几个环环相扣、层层递进的任务，让学生在逐步完成任务的过程中，实现自主、合作、探究的学习，从而提升他们的学习能力和解决问题的能力。

案例：

单元核心学习目标：

统编教材五年级下册第五单元是习作单元，通过梳理整个单元的学习内容，结合课程标准第三学段"表达与交流"的目标要求，以及"文学阅读与创意表达"学习任务群第三学段的目标要求，本单元核心学习目标如下：

①学会通过一个典型事例表现一个人的性格特点；

②学会通过描写人物的神态、语言、心理等，具体地表现一个人的特点，使人物的形象更鲜活；

③学习通过描写典型事例中周围人的反应，间接地写出一个人的特点。

单元学习任务：

结合上述单元核心学习目标，这个单元需要帮助学生在语文实践活动中形成的概念性理解（大概念）的核心问题是：如何塑造鲜活的人物形象？为促进学生概念性理解设计的核心任务是：编辑一本《班级人物图谱》。《班级人物图谱》的内容和形式：每位学生撰写一篇描写同学或老师的习作，综合运用写人的基本方法，通过典型事件表现出人物的特点，班级设置专栏进行展示，并把优秀作品打印装订成册送给以前的班主任和老师。要完成这一核心任务并达成概念性理解，就需要进行子任务的设计：

子任务一：走近他（她）的故事

①创设真实情境：送给杨琪老师和以前班主任一本《2018级3班人物图谱》，我们有过漫画习作，但这次习作不是漫画，是刻画真实人物的文学性形象。请你给他们留下我们的《"慧言3班"人物图谱之他（她）的故事》。

②每位学生独立创作与主题"他（她）的故事"相关的习作。

子任务二：作家笔下的他（她）

①在每位学生完成创作的基础上，开启第五单元的学习内容。

②阅读本单元的"精读课文"，自主阅读"习作例文"。

③联系"交流平台"和"习作例文"的批注，交流自己学到的描写人物的基本方法。

子任务三：他（她）的故事（定稿）

①结合自己学到的描写人物的基本方法，依据习作评价标准，修改之前的创作。

②与老师和同学分享自己的文章内容，听取他们的修改建议，对习作进行完善。

③把自己完善后的稿件交至班级展示，并装订成册，送给之前的班主任和老师。

子任务四：综合学习与测评——走近形形色色的人

①推荐阅读人物描写的相关文段。

②运用多种形式制作其他人物图谱。

大任务的架构为大情境落地创造了条件，但教学过程的展开还需要在大任务的基础上开发一系列具有系统意义的支架型学习活动，以落实目标。

（二）达标练习

达标练习是对标教学的自然延伸、拓展。这里的练习不仅仅指向技能的熟练，更指向学以致用和问题解决，学生学习任务的完成和目标的真正实现只有在学以致用和问题解决之中才能体现。

下面以统编教材五年级下册第五单元习作单元为例，对标"阅读作品，学习描写人物的基本方法；初步运用描写人物的基本方法，具体地表现一个人的特点"，设计以下"表达与交流"的练习：

本单元我们认识了作家笔下形形色色的人物。阅读相关作家的作品，写写批注，和同伴交流交流，并试着做一个人物档案。

1. 在小说《小兵张嘎》里是这样来描绘嘎子和小胖墩第二次摔跤的情景，和小伙伴一起读一读，写写批注，和同伴们交流交流你的学习心得吧！

> 小胖墩儿挺挺胳膊，乘着一股盛气，又骑马式当中一站。满头燥热的小嘎子，等不得他站稳，奇袭似的窜上去就是一腿，把小胖墩儿扫了个趔趄，可是，小嘎子紧接着一扑，搂住脖子就按。小嘎子按了两下没有按动，忽觉下半身发起飘来，"手枪啊手枪！"险险乎就要不保！小嘎子这回真急了。他两眼一转，照着对方肩膀上就咬了一口，只听"哎哟"一声，就在小胖墩儿一闪身的工夫，小嘎子顺水推舟，一个绊子把他扔倒了。

2. 《小兵张嘎》一书中呈现了小嘎子的成长过程，请回忆嘎子成长过程中的关键事件，为其绘制一张图文并茂的"成长地图"。在嘎子每一次的成长点，你可以加入你提炼出的"成长秘诀"，介绍清楚成长的原因和过程。地图完成后，你可以与他人进行交流，并记录下大家的建议，对成果进行完善。（也可以选择你阅读过的其他人物，制作人物名片）

三、核心素养目标的评价

目标的评价包括过程评价和结果评价两个方面。所谓结果评价，就是一个单元或一节课教学结束后所实施的评价，其目的就是考察教学结果的达成度，也就是检查教学是否达成了教学目标的要求。这种评价使一节课或一个单元的教学形成了一个相对完整的闭合回路，它能最大程度地保障和检测教学目标的达成。如五年级下册第五单元，对照单元核心目标，设计单元学习作业和学习评价：

核心目标	阅读作品，学习描写人物的基本方法；初步运用描写人物的基本方法，具体地表现一个人的特点。
学习作业	《班级人物图谱》
学习评价	《班级人物图谱之他（她）的故事》评价标准： 1. 有表现人物特点的典型事件，且事件内容具体生动。 2. 典型事件中人物的神态、语言、心理等描写生动形象，人物形象栩栩如生。 3. 能通过典型事例中周围人的反应来间接地衬托人物特点。 4. 语句通顺，字迹工整，文章字数不少于 450 字。

结果评价重在考查学生参与各项具体学习活动的表现和完成学习任务的质量；过程评价重在"及时""即时"，它能有效防止学生学习行为的偏差，保障学生学习行为的正确性、深度性和创造性，从而确保学生的学习沿着教学目标的方向高效进行。

依然以统编小学语文五年级下册第五单元为例，在单元学习中设置了预学、共学、作业不同阶段与目标相匹配的持续性任务评价。像这样将评价置于学习活动的整个过程，可以使教学评价和学习活动更加紧密地联系在一起，从而实现教、学、评的一致性。通过将评价嵌入学习过程中，学生可以更清楚地了解他们需要达到的标准，从而更加有针对性地进行学习。同时，教师也可以根据学生的实际表现及时调整教学策略，使教学更加高效。

"班级人物图谱之他（她）的故事"评价单

1. 预学

①选择班里的一位同学，围绕他的某个特点，选取典型事例展开描写。

②根据评价标准，给自己的习作片段评级。

评价内容	自评
选取典型事例，突出人物特点	☆☆☆☆☆

2. 共学

①同桌互换习作，根据评价标准，给对方的习作片段评级。

评价内容	互评
选取典型事例，突出人物特点	☆☆☆☆☆

本片段选取_____的事例刻画人物_____的特点，该事例（典型/不典型），建议事例可以更换为_____。

②根据评价标准，给对方的习作片段评级。

评价内容	互评
选取典型事例，突出人物特点	☆☆☆☆☆
综合运用写人方法	☆☆☆☆☆

本片段综合运用了_____的描写方法突出人物特点，建议还可以运用_____描写方法。

3. 作业

①根据评价标准，修改自己的习作。

身边的他（她）			
评价内容		自评	大家评
典型事例	突出人物特点	☆☆☆☆☆	☆☆☆☆☆

续表

身边的他（她）			
综合运用写人方法	神态描写	☆☆☆☆☆	☆☆☆☆☆
	动作描写	☆☆☆☆☆	☆☆☆☆☆
	语言描写	☆☆☆☆☆	☆☆☆☆☆
	心理描写	☆☆☆☆☆	☆☆☆☆☆
侧面描写	周围人的反应	☆☆☆☆☆	☆☆☆☆☆
其　　他	字迹工整，语句通顺	☆☆☆☆☆	☆☆☆☆☆

②和你的小伙伴一起分享你的创作成果，评评谁的习作最精彩。

总之，教师要对整个教学活动实行有效的调控，使课堂教学始终沿着有利于实现教学目标的方向开展，才能有效地避免"目标悬空"的现象发生。

第四章 核心素养的学科单元教学设计实用案例

第一节 小学语文单元教学设计案例

校园里的"新鲜味"主题展
——统编小学语文三年级上册第一单元教学设计

(设计：欧争青、陈立珊)

【目标析出与编写】

(一) 单元整体解读

1. 对应课标

对应总目标第 4 条：主动积累、梳理基本的语言材料和语言经验，逐步形成良好的语感，初步领悟语言文字运用规律。

对应第二学段要求：

[阅读与鉴赏] 第 6 条：积累课文中的优美词语、精彩句段，以及在课外阅读和生活中获得的语言材料。

[梳理与探究] 第 1 条：尝试分类整理学过的字词。

[表达与交流] 第 1 条：乐于用口头、书面的方式与人交流沟通，愿意与

他人分享，增强表达的自信心。

［表达与交流］第 4 条：观察周围世界，能不拘形式地写下自己的见闻、感受和想象，注意把自己觉得新奇有趣或印象最深、最受感动的内容写清楚。

尝试在习作中运用自己平时积累的语言材料，特别是有新鲜感的词句。

对应第二学段学业质量描述：

乐于交流与表达，观察周围世界，能把自己觉得有趣或印象深刻、受到感动的内容表达清楚。

能分类梳理日常生活中学到的词句，愿意用自己喜欢的方式整理学习成果，参加集体展示活动。

能发现作品中的优美词语、精彩句段，并根据需要进行摘录。

乐于与他人分享阅读所得，关注有新鲜感的词句，并有意识地在口头和书面表达中运用。

能用表现事物特征的词语描摹形象，用积累的语言材料，特别是有新鲜感的词句描述想象的事物或画面。

结合以上对应，可知新鲜感的词句属于"表达与交流"的内容，尤其在表达时要"用积累的语言材料，特别是有新鲜感的词句描述想象的事物或画面"。在学生关注、积累新鲜感词句这一语言运用的过程中会用到"比较、分析、提炼、概括"等思维能力，感受新鲜感的词句可以想象成画面，也是一种审美体验，新鲜感的词句涉及文化背景时，则是对"文化的传承和理解"。

2. 研读教材

在统编教材中关于积累语言经验的单元阅读训练要素主要安排如下：

册序单元	阅读训练要素
三年级上册第一单元	阅读时，关注有新鲜感的词语和句子
三年级上册第七单元	感受课文生动的语言，积累喜欢的语句
三年级下册第一单元	体会优美生动的语句
四年级上册第三单元	体会文章准确生动的表达，感受作者连续细致的观察
五年级下册第八单元	感受课文风趣的语言

本单元指向阅读维度的语文要素"阅读时，关注有新鲜感的词语和句

87

子",旨在引导学生关注课文中有特色的、自己感兴趣的词句,主动理解这些词句,交流阅读感受并主动积累。这条要素指向了学生自三年级(甚至更早)起要养成主动积累语言经验的习惯,并开始积累有新鲜感的句子。与三年级上册第七单元"感受课文生动的语言,积累喜欢的语句"以及四年级上册第三单元"体会文章准确生动的表达,感受作者连续细致的观察"可谓是一脉相承。

在本单元中,有新鲜感的词句在不同的文本类型中都能被找到,见下表。

课文	富有新鲜感的词句
《大青树下的小学》	德昂族、景颇族、凤尾竹、坪坝、绒球花 反复句式:从……从……从…… 向……向……向…… "下课了,大家在大青树下跳孔雀舞、摔跤、做游戏,招引来许多小鸟,连松鼠、山狸也赶来看热闹"
《花的学校》	"雷云拍着大手""绿草在跳舞狂欢""湿润的东风走过荒野,在竹林中吹着口笛"等把事物当成人来写的句子
《不懂就要问》	"先生""戒尺""私塾""学问学问,不懂就要问。为了弄清楚道理,就是挨打也值得"

这些富有新鲜感的词句有的是含有让学生感到陌生的人、事、景物的词语或句子,有的是与学生原有认知发生冲突的句子,有的是表达方法上有特色的语句,有的是与学生现有境遇距离遥远的词语或句子,有的是必须放在具体历史境遇中去理解的句子……经过梳理会发现,富有新鲜感的词句主要体现在内容新鲜、语言新鲜和情感新鲜这三个方面,是让学生感觉比较陌生的词语、新奇的表达、独特的感情等,不一定是我们通常所理解的优美的、精彩的语言,但一定是激发了他们强烈好奇心的内容,能使其产生新奇体验和感受的内容。如:陌生的词语(陌生的名称、陌生的事物、陌生的声音),新奇的表达(新奇的句式、充满奇特想象的句子),独特的感情或含有道理。

再对本单元课文的助读系统进一步解读,又会发现围绕这一要素,教材在三篇课文以及《语文园地》中按照不同的任务做了有层次、有梯度的安排,在方法和路径上给予一定的提示：既有比较开放的提示，如《大青树下的小学》课后第一题"在文中画出有新鲜感的词句和同学交流"。也有具体的指向，如在《花的学校》课后第二题中，引导学生关注把事物当作人来描写的表达特色。《不懂就要问》一课的课前学习提示鼓励学生要自主学习并积累有新鲜感的词句，更提倡在相互交流中提升对这些词句的认识。此外，《语文园地》中的"交流平台"和"词句段运用"不仅重视课内阅读的积累，还关注了学生在课外阅读中可能积累的词句。

本单元的习作要素是"体会习作的乐趣"，这是统编教材中第一次正式的习作训练。从低年级的写话到中年段的首次习作，教材在基于课标的基础上充分考虑到了学生发展的实际，将激发学生乐写愿写的动机和培植表达的自信作为习作起步的着力点，以游戏的形式编排了"猜猜他是谁"的活动，要求学生用几句话或一段话介绍自己的同学，既与本单元"校园生活"的人文主题相契合，又能够最大程度地激发学生的习作兴趣，在游戏活动中体会到习作是一件快乐的事情，从而让学生在二年级写话的基础上以一种十分轻松的状态进入习作学习中。教材在编排上还特别加强了过程指导，用图示的方式，分别从四个角度给出了介绍同学的样例，着力解决"怎么写"的问题，帮助学生打开思路的同时，也避免了第一次习作的畏难情绪。

3. 分析学情

已有的学习基础：这是从低年级进入中年级的第一个单元，对学生来说有不少新鲜美好的地方，第一次看到单元导读页，第一次碰到略读课文，第一次经历习作。就课文内容来说，也都是新鲜美好的。

三年级正是孩子由浪漫逐渐向理性思维过渡的阶段，他们对生活了两年的校园，对自己的学校生活有了新的认识与看法。学生在一、二年级有口头积累语言经验的习惯。进入三年级后，处于好奇心和求知欲旺盛的阶段，他们乐于探索新鲜事物、接受新的知识，因为生活背景、阅读经验等不同，感受存在着差异，所以"新鲜感"对于每个孩子来说，他的感受是不同的，新鲜感的词句是不尽相同的。三年级习作部分开始作为独立板块出现，《猜猜他是谁》是第二学段写人的习作教学任务，与第一学段的"感知"样子比较，本篇习作体现的是"概括"的特点，用几句话或一段话写"谜面"之前，就要

89

围绕着要"猜"的人的特征，先概括出"他"的表象特征特点，尤其是外貌或习惯性衣着的特点，把"谜底"的要素写清楚，以成为猜的依据。

可能存在的困难：还没有养成对"有新鲜感词句"的关注意识和习惯，可能找到的仅是传统意识里的好词好句。对新鲜感感受停留在表面陌生的事物上，而不是新奇的表达或独特的理解上。

（二）单元学习目标

通过上述梳理，可以将这个单元归属于"语言文字积累与梳理"任务群。《义务教育语文课程标准（2022年版）》中，这样定位这一学习任务群第二学段的学习内容："诵读、积累成语典故、中华文化名言、短小的古诗词和新鲜词语、精彩句段等，丰富自己的语汇……发现、感受语言的表现力和创造力"因此，本单元的学习目标表述如下。

基础目标：

1. 运用学过的方法，自主学习生字词，能正确认读 25 个生字，正确读写 26 个字和 34 个新词，正确认读多音字"背""圈""假"，并能联系上下文理解词义。

2. 能正确、流利地朗读课文。

3. 能根据语义表达的需要，读出恰当的重音。

4. 能说出"摇头晃脑、面红耳赤"等成语的特点。

5. 背诵古诗《所见》。

核心目标：

1. 学习边阅读边想象体会的方法，阅读中能关注有新鲜感的、自己喜爱的词语和句子，通过分类诵读、借助插图、结合资料、想象画面、联系生活，试着去感受、理解和积累，感受作者表达的生动有趣，感受学校生活的美好多彩，养成乐于交流阅读感受和主动积累词句的意识和习惯。

2. 主动关注、积累并与同学交流有新鲜感的词句，把自己暑假生活中经历的新鲜事讲清楚。

3. 选择一两处印象深刻的地方，用上积累的有新鲜感的语句或素材，借鉴课文的表达方式仿说或仿写，养成乐于读写的习惯。

4. 观察小伙伴的外貌、性格和兴趣爱好等，能写几句话或一段话介绍自己的同学，试着用上有新鲜感的词句，掌握习作的正确格式，体会习作过程的乐趣。

【目标分解与落实】

本单元的双线整合点定位在"用有新鲜感的词句写自己身边的人或物"。在这一过程中，学生需经历有新鲜感的阅读、有新鲜感的表达，以及有新鲜感的实践活动，在充分的阅读鉴赏、梳理探究、表达交流中学语言、用语言，不断巩固积累，熟练运用有新鲜感的词句，感受生活中的乐趣，体会表达的乐趣。

（见下页图表）

【目标达成与评价】

三年级上册第一单元预学单

亲爱的同学们：

美丽的校园是成长的摇篮，梦想启航的地方。这个单元，我们会走进不同的学校，寻找学校里的新鲜味，让我们一起来积累"新鲜语"吧！

热身活动：

1. 回忆暑假里的新鲜事

时光如流水，我们又送走了一个快乐的暑假，迎来崭新的学期。暑假你是怎么度过的？去过哪里？都做了哪些有趣的事？经历了哪些新鲜事呢？请你尝试选择别人可能感兴趣的新鲜事或新体验，收集图片或实物，邀请家人听自己说一说暑假里觉得最新鲜、印象最深的事情，讲完后，根据家人的建议自行调整分享内容。有条件的可以请爸爸妈妈帮助一起制作PPT，做好分享准备。

2. 走进不同的学校

一读课文，不好读的句子多读几遍，再想想每篇文章写的是一所怎样的学校，填写在下面横线上。

《大青树下的小学》：_____

《花的学校》：_____

二读课文，想想课文里描写的学校和我们的学校有什么不一样，在文中标出来，在旁边简单写一写你的感受。

核心素养的教学目标：怎么写与怎么用

```
                        校园里的"新鲜味"主题展
                                 ↓
        ┌─────────────────────────────────────────────────┐
        │ 单元大概念：丰富的语言积累可以助力准确生动的表达      │
        └─────────────────────────────────────────────────┘
        ┌─────────────────────────────────────────────────┐
        │ 学习情境：同学们，美丽的校园是成长的摇篮，梦想启航的  │
        │ 地方。这个单元，我们将作为新鲜采集员，寻找校园里的新  │
        │ 鲜味，在班级举行一场"校园里的新鲜味"主题展。         │
        └─────────────────────────────────────────────────┘
        ┌─────────────────────────────────────────────────┐
        │ 核心任务：寻找"新鲜语"，以"校园里的新鲜味"为主题    │
        │ 布置班级板报，分享展示校园新鲜味                    │
        └─────────────────────────────────────────────────┘
```

子任务一：说说不一样的暑假	子任务二：发现不一样的学校	子任务三：写写不一样的"他"	子任务四：分享不一样的收获
学习目标与评价： 1.能选择自己暑假生活中的新鲜事，把经历讲清楚；2.能选择别人可能感兴趣的内容讲述，讲的时候能借助图片或实物	**学习目标与评价：** 学习边阅读边想象体会的方法，阅读中能关注有新鲜感的、自己喜爱的词语和句子，感受作者表达的生动有趣，感受学校生活的美好多彩，养成乐于交流阅读感受和主动积累词句的意识和习惯	**学习目标与评价：** 观察小伙伴的外貌、性格和兴趣爱好等，能写几句话或一段话介绍自己的同学，试着用上有新鲜感的词句，掌握习作的正确格式，体会习作过程的乐趣	**学习目标与评价：** 能主动分享自己积累的有新鲜感的词汇，梳理自己积累的有新鲜感的词句，分类展示。分享时能用上有新鲜感的词句并有意识地在口头表达中运用
学习内容： 单元导读页+口语交际《我的暑假生活》+《所见》	**学习内容：** 《大青树下的小学》+拓展阅读《山沟里的学校》《花的学校》+语文园地"词句段运用第2题"、《不懂就要问》语文园地"词句段运用第1题"	**学习内容：** 习作《猜猜他是谁》	**学习内容：** 语文园地"交流平台"
学习活动： 分享假期里的新鲜事	**学习活动：** 1.寻找民族学校的"新鲜味" 2.感受花的学校"新鲜味" 3.聊聊课堂上的"新鲜味" 4.我来组织兴趣小组	**学习活动：** 1.大家猜猜猜 2.自主习作乐趣多	**学习活动：** 1.梳理课文里的"新鲜语" 2."校园里的新鲜味"主题展
作业： 选一件校园里的新鲜事讲给同伴听	**作业：** "新鲜语"整理，向家人介绍阅读中的"新鲜法"	**作业：** 自主习作，参加班级"猜猜他是谁"大赛	**作业：** 新鲜事采集员播报收获

三读课文，你发现了哪些让你觉得新颖、独特、有趣的语言？请给这些"新鲜语"做上记号。

3. 学会字词

边读课文边画出生字词，做到正确认读，并记录学习情况。

不认识或容易读错的字：_____

易写错的字：_____

难理解的词语：_____

请选择至少一个感兴趣的汉字进行"汉字探秘"。

我探秘的汉字是_____，我探秘的成果是_____。

子任务一：说说不一样的暑假（单元整体教学课时1）
《我的暑假生活》学案（1学时）

学习目标与评价：

1. 能选择自己暑假生活中的新鲜事，把经历讲清楚。

2. 能选择别人可能感兴趣的内容讲述，讲的时候能借助图片或实物。

3. 能背诵《所见》。

学习流程一：初步交流，打开思路

学习活动：初分享"假期里的新鲜事"

1. 随机交流。

2. 投票选择最想继续听谁的分享，说说原因。

学习流程二：组内交流，相互评价

评价标准：

★有新鲜感，别人感兴趣　　★讲得清楚

★有自己的感受　　　　　　★借助图片或实物

学习活动：讲清楚"假期里的新鲜事"

1. 得票最多的学生再次分享。

2. 交流关于他的经历，还有没有想知道更多的？你想知道些什么？发现分享的秘诀。

3. 小组合作。

选定一件自己假期生活中的新鲜事，练习借助实物或图片在组内介绍，组员进行评价，提出改进意见，并推荐班级展示的同学。

学习流程三：班级交流，全班评价

学习活动：齐分享"假期里的新鲜事"

依次展示，评定"假期里的新鲜事"精彩指数。

学习流程四：串联古诗，背诵积累

学习活动：了解古时候孩子的生活

1. 自由读古诗，读准字音，读出节奏。

2. 比赛读。

3. 小组接龙描述诗歌所写的画面。

4. 小组展示。

5. 说说这首古诗让你觉得特别的地方。

6. 背诵古诗。

作业：表达与交流

校园里每天都会有新鲜事发生，选一件事情讲给同伴听吧！

子任务二：发现不一样的学校（单元整体教学课时 2、3、4、5、6）
《大青树下的小学》学案（2 学时）

学习目标与评价：

1. 能关注有新鲜感的词句，边读边想象画面，并与同学交流。

2. 能介绍自己学校的一处场景，借鉴课文的表达方式仿说，用上有新鲜感的词句。

学习流程一：词句复现，夯实基础

学习活动：

1. 听写本单元的易错词语，同桌相互订正。

2. 读好长句。

学习流程二：精读课文，感受"新鲜味"

评价标准：

★能找出有新鲜感的词句，乐于和同学交流

★能结合文字想象画面

★朗读有新鲜感的词句，表达词句带给自己的感受

学习活动：

1. 通读课文，借助表示时间的词语梳理清楚课文写了大青树下的小学的哪些场景。

2. 大青树下的小学生活与我们的有什么不一样？填写表格。

3. 小组合作：学习"上学路上"这个场景。

找一找：画出给自己带来新鲜味的词语、句子。

说一说：用自己的话说一说"新鲜味"具体体现在哪里。

想一想：结合词句，想象画面。

读一读：互读，体会"新鲜味"。

4. 串联语文园地"交流平台"，交流总结什么是新鲜感。

5. 运用方法，从"来到学校、上课、下课"三个场景中选择一处介绍。

6. 汇报交流，感受写法的特别。

7. 师生合作朗读。

8. 总结梳理发现有新鲜感的词句的方法。

学习流程三：语言表达，介绍我的学校

学习活动：

想想自己的学校是什么样的，同学们在学校的教室里、操场上、图书室里、花坛边、教学楼前和大树下做些什么。

1. 选择一处场景，试着说一说。

2. 同桌相互说一说。

3. 学生在班级内交流。

作业：阅读与鉴赏

阅读《山沟里的学校》，积累有新鲜感的词句，想象文章所描绘的画面，将阅读中勾画的有新鲜感的词句多读几遍，然后用喜欢的方式记录下来。

子任务三：写写不一样的人（单元整体教学课时7）
《猜猜他是谁》学案（1学时）

学习目标与评价：

1. 能够在一句话的基础上说得更新鲜生动，或者用上事例说得更明白。

2. 能选择一两处印象深刻的地方，写几句话或一段话介绍自己的同学。

3. 能注意写一段话时开头空两格。抓住一个同学最显著的特点，并写下来，试着用上有新鲜感的词句。

学习流程一：游戏导入，激发兴趣

学习活动：

1. 我说你猜：听老师描述，猜人物。

2. 你说他猜：自己打腹稿，选一个自己想描述的同学，想想他有什么特别的地方，怎么用语言把这些特别之处描述出来，再请同学猜。

3. 交流：为什么有的猜得出，有的猜不出？

学习流程二：例子引路，引导"新鲜"的选材

学习活动：

1. 在班内确定一名想要介绍的同学，想一想可以如何介绍。

2. 小组内选择一个方面交流，讨论还能添加什么内容。

3. 全班交流，互相提出修改意见。

学习流程三：欣赏点评，班级展示

评价标准：

★能抓住特点写外貌

★运用有新鲜感的词句

★每段开头空两格

学习活动：交流评价猜一猜

1. 读文，猜猜文中写的是谁。文中写出了小伙伴的哪几处令人印象深刻的地方？哪些内容让你感受到新鲜？

2. 找朋友，互相读，互相猜。

3. 班级"猜猜他是谁"大赛：展示张贴，大家一起猜一猜。

子任务四：分享不一样的收获（单元整体教学课时 8、9）

学习目标与评价：

1. 能给小组起有新鲜感的名字，并说明理由。

2. 能主动分享梳理自己积累的有新鲜感的词句，并分类展示。分享时能用上有新鲜感的词句并有意识地在口头表达中运用。

学习流程一：基础检测，单元反馈

学习活动：

同桌根据以下内容完成，并进行星级评价。

1. 日积月累，我会背——《所见》。

2. 挑战通关，我会读——认读本单元的词语及句子。

3. 重温故事，我会写词语。

学习流程二：组建兴趣小组，招募组员

评价标准：

★能用上 3—5 个有新鲜感的词语，写几句能够吸引人加入小组的话。组名突出

学习活动：

1. 观看商家招牌和广告创意短片，感受取名的奥妙。

2. 出示已有小组的名字，观察有什么特点。

3. 确定自己想要组建的小组内容，全班交流。

4. 有相同兴趣的同学结成小组，确定小组名字。

5. 为自己的小组设计一张海报，招募组员，海报绘制与讲解尽可能吸引更多的人。

6. 小组汇报，相互点评。

学习流程三：主题活动，展示分享

学习活动："校园里的新鲜味"主题展

担任新鲜采集员，用不同的形式表达自己本单元的学习收获，可以介绍校园里最近发生的"新鲜事"，也可播报自己阅读时积累的"新鲜感"句子，或者自己学完单元课文后创编的"有新鲜感"的片段。

制作童年"手帐本"
——统编小学语文三年级下册第六单元教学设计
（设计：翁晨阳、陈立珊、卓雪梅）

【目标析出与编写】

（一）单元整体解读

1. 对应课标

对应总目标第 5 条：学会运用多种阅读方法，具有独立阅读能力。初步鉴赏文学作品；第 6 条：积极观察、感知生活，发展联想和想象，激发创造潜能，丰富语言经验，培养语言直觉，提高语言表现力和创造力，提高形象思维能力；第 8 条：感受语言文字的美，感悟作品的思想内涵和艺术价值，能结合自己的经验，理解、欣赏和初步评价语言文字作品，丰富自己的情感体验和精神世界；第 9 条：能借助不同媒介表达自己的见闻和感受，学习发现美、表现美和创造美，形成健康的审美情趣。

对应"文学阅读与创意表达"任务群：以第二学段为例，我们会发现学段要求螺旋上升，文学阅读与创意表达是密切相关、交织共进的，如"阅读富有想象力和表现力的儿童文学作品"与"学习用口头或者图文结合的方式创编儿童诗和有趣的故事"之间，就存在密切的关联性。一方面，在主题内容上，文学阅读和创意表达都紧扣儿童文学，强调丰富的想象力和纯真美好的情感体验；另一方面，儿童文学作品的阅读，有助于想象力的发展，是创编儿童诗和有趣故事的关键能力，而围绕儿童诗和有趣故事的创意表达，则能反哺学生的儿童文学阅读，加深其对作品的想象力和表现力的体认。再看"阅读""学习讲述""诵读""感知""欣赏""创编""尝试富有创意的表达"等行为动词，直接提出具体的语文操作性要求，而且均从学生角度出发，多次强调学生"自己"，自己去体验，自己去尝试，交流自己的情感，表达自己的体验，描述自己的故事等。文学阅读与创意表达任务群目标与内容侧重于发展审美语言素养，强调学生主体、学生实践。

这一学习任务群的教学提示部分从三个方面提出了教学要求和实施建议：

第一条教学提示：可以根据学段学习要求，围绕多样的学习主题创设阅读情境。比如，第二学段有"饮水思源""珍爱自然""童年趣事"等。在主题情境中，开展文学阅读和创意表达活动，引导学生感受文学之美、表达自己的独特感受，促进学生的精神成长。这条提示强调了主题情境的创设与实施。

第二条教学提示：注意整合听说读写，引导学生综合运用朗读、默读、诵读、复述、评述等方法学习作品。重视古代诗文的诵读积累，感受文学作品语言、形象、情感等方面的独特魅力和思想内涵，提升审美能力和审美品位；鼓励学生在口头交流和书面创作中，运用多样的形式呈现作品，发挥自己的创造性；引导学生成长为主动的阅读者、积极的分享者和有创意的表达者。这条提示凸显了整合的学习路径与方式，文学阅读和创意表达学习任务群的路径与策略是在审美语言实践中习得审美语言。

第三条教学提示：评价应围绕学生阅读文学作品的过程性表现进行。如第二学段在阅读全文的基础上，侧重考查学生对重要段落和语句的理解，以及对作品的语言和形象的具体感受。这条提示明确了评价标准与重点。文学阅读与创意表达的评价，必须侧重于过程性表现。无论哪个学段，都必须以"文学审美素养"作为评价重点，既有别于实用性阅读与交流，也区别于思辨性阅读与表达。其中，第二学段重点关注文学作品的审美发现和审美理解。

2. 研读教材

（1）从人文主题寻关联

本单元围绕"多彩的童年"这一人文主题，编排了 3 篇精读课文《童年的水墨画》《剃头大师》《肥皂泡》，一篇略读课文《我不能失信》。《童年的水墨画》是儿童文学作家张继楼的儿童诗，向读者呈现了一幅乡村儿童生活图，体现了乡村生活的多姿多彩与自由自在；《剃头大师》是著名儿童文学作家秦文君的儿童小说，通过一件童年的趣事折射出一段纯真有趣的儿童时光；《肥皂泡》是冰心先生的回忆性散文，讲述了儿时制作肥皂泡的有趣经历，写出了儿童丰富的想象与美好的憧憬；《我不能失信》讲述了宋庆龄小时候诚实守信的故事，从名人故事的视角透视童年成长经历，旨在引导学生坚守良好的品质与美德。本单元通过四篇不同的文体，从不同的角度呈现了多姿多彩的儿童生活，展现了童年生活的纯真和美好，恰如我们的学生所处的年纪，因此本单元的学习更贴近于学生的年龄与生活体验。下面我们来看看小学语文统编教材关于童年主题的课文编排。

通过表格梳理的情况来看，统编教材有一条清晰的成长线，选编了不少贴近儿童生活、展现童年纯真美好的文本。教材特别关注儿童，所以我们必须回到儿童、认识儿童、了解儿童。不难发现，高年级的选文侧重引导学生在阅读中懂得思考，在欢笑与泪水、烦恼与感动中体会童年，领悟成长。低中年级侧重引导学生发现童年生活的多姿多彩，感受童年的纯真美好，发展生长语言。这个单元以"多彩童年"为主题，将儿童诗、小说、散文、故事等，以单元板块的形式有机组合，向我们呈现了四幅纯真童趣的画卷，有效激发了学生的阅读期待，引起学生情感上的共鸣。

（2）从语文要素寻关联

我们还要精准定位单元语文要素在教科书体系中的位置及价值，把握各册教科书中相关语文要素之间的衔接和发展。

册序单元	阅读训练要素
一年级下册第三、六单元	联系上下文、生活实际了解词语的意思
二年级上册第四单元	联系上下文、生活经验了解词语的意思
三年级上册第一单元	关注有新鲜感的词语
三年级上册第二单元	运用多种方法理解难懂的词语
三年级上册第七单元	感受课文生动的语言，积累喜欢的语句
三年级下册第一单元	边读边想象画面，体会优美生动的语句
三年级下册第六单元	运用多种方法理解难懂的句子
四年级下册第一单元	抓住关键词句，初步体会课文表达的思想感情
高年级	把握文章主要内容，体会课文表达的思想感情

从上表不难发现，低年级的教学重点是对词语的理解，而中年级开始尝试更大的语言单位"句子"的理解，呈现出由浅入深、螺旋上升的序列性。这也为高年级把握文章的主要内容和体会课文表达的思想感情奠定了基础。

但不管是理解词语还是理解句子，都是大致相同的方法与思路，不能脱离词句本身的语境与读者自己的生活实际，因此本单元是在过去学习的经验基础上的发展与提升。

册序单元	关于"写人"的表达训练要素	关键词
二年级下册 第二单元	能根据提示写自己的一个好朋友	根据提示、好朋友
三年级上册 第一单元	体会习作的乐趣，用几句话或一段话介绍自己的同学，激发习作兴趣	习作乐趣
三年级下册 第六单元	写一个身边的人，尝试写出他的特点	身边的人、尝试、特点
四年级上册 第二单元	写一个人，注意把印象最深的地方写出来	印象最深
四年级下册 第七单元	学习多种方法写出人物的特点	多种方法、特点
五年级上册 第二单元	结合具体事例写出人物的特点	具体事例、特点
五年级下册 第四单元	尝试用动作、语言、神态描写来表达人物的内心	描写、内心
六年级上册 第八单元	通过事情写一个人，表达自己的情感	事情、人、自己的情感

从统编版教材的编排体系上看，与"写人"有关的表达训练在低中高三个学段均有涉及，各个年级结合学生认知发展特点，为学生设置了真实具体的习作需要，对该要素阶段性发展所要抵达的程度、学习中所运用的方法和策略都提出了具体要求。三年级下册第六单元的表达要素既是对前期表达水平的一个提升，也是对后期表达水平的一次铺垫。本单元的习作要求是"写一个身边的人，尝试写出他的特点"。这与三年级上册第一单元《猜猜他是

101

谁》同是写人主题，三年级上册第一单元习作要求"学习书面表达，体会习作乐趣"，让学生尝试用文字给同学画像，只要求写出自己印象最深的一两点，写完后让同学猜。到三年级下册第六单元，再次进行写人主题的练习，习作的对象从班级同学扩展到身边熟悉的人，学生可选范围更广。而且首次对写一个人的"特点"提出了明确要求，拟题时要拿最熟悉的身边人物与书上呈现的一系列表现人物特点的词语相印证。

（3）从助学系统寻关联

这个单元课文的习题都围绕着本单元语文要素"运用多种方法理解文中难懂的语句"进行设置，从几篇课文的课后习题可以梳理出本单元所选取的课文中，难懂句子分为以下两类：一是句子本身的意思难以理解，二是句子的字面意思不难，但包含着内在的含义。后者更需要学生深入理解句子甚至文章的内在含义，才能真正读懂这个句子。还可以梳理各课理解难懂句子的要点。《童年的水墨画》课后练习要求是"说说你在溪边、江上、林中分别看到了怎样的画面""联系上下文，说说下面诗句的意思"。由此可见，这一课理解难懂句子的主要方法是"想象画面"和"联系上下文"。《剃头大师》这一课可引导学生继续学习和运用"联系上下文"的方法，也可"结合生活经验"理解难懂的句子。《肥皂泡》课文中有些涉及肥皂泡的色彩、易破裂程度等句子，因和光线、天气有关不易读懂，可通过"查阅课外资料"来理解。另外，课后练习里还有让学生读句子，体会丰富的想象，所以，通过"朗读想象"来理解难理解的句子，也是本课需着重练习的理解难懂句子的方法。《我不能失信》是一篇略读课文。学习提示中要求学生"联系生活实际"说说对句子"一个人在家，是很没劲。可是，我并不后悔，因为我没有失信"的理解。略读课文重在引导学生迁移、运用习得的方法理解本课中难懂的句子。语文园地的"交流平台"重在引导学生自主梳理、总结方法、提升认识。对话中提到的这四种方法既是对单元阅读要素进行必要的归纳和梳理，也是对课后习题的整合，更是对单元训练要素的强化与巩固。除此之外还需要注意：第一，理解难懂的句子虽然与理解难懂的词语的方法相近，可以在学习中自主地迁移运用，但在遇到一些紧密关联文章中心思想或整体内容理解的句子时，还需要引导学生先理解文章，继而再去理解句子；第二，理解难懂的句子具有个体差异性，除了方法的引导，也可以借助学生对句子理解的差异性，让学生之间互相启发。

3. 分析学情

虽然三年级下册第一次提出对"句子的理解"，但学生经过一、二年级的结合图片、结合生活实际理解词语后，三年级上册又学习了联系上下文等多种方法理解词语，所以在理解词语方面已经有了基础。随后又学习了借助关键语句理解一段话的意思，所以，学生对于理解难懂的句子有过接触，但是方法还比较单一。因此，我们可以将理解词语的方法迁移到理解句子的教学中。那么，在这一"移法"的过程中，学生又会遇到哪些问题呢？经过前测调研发现，学生对生活的观察不够，缺乏对细节的感受；对生活的体验不足，无法代入角色体悟人物情感；对文字的感觉不敏锐，无法体会语句蕴含的深义。而这样的问题也直接影响学生在单元习作时对于人物特点的观察与表达。因此，营建单元整体学习情境，使学生经验和文本素材之间建立起有效联系，至关重要。

（二）单元学习目标

基础目标：

1. 认识本单元 35 个生字，读准 1 个多音字，会写 35 个生字以及 43 个词语。朗读本单元三篇精读课文，背诵《溪边》。

2. 学习一组与海岛、港口有关的词语，认识 6 个生字，并能根据词语想象画面。

3. 认识汉语一词多义的语言现象。

4. 能仿照例子，围绕一个意思写一段话。

5. 朗读和背诵 4 句关于"改过"的名言。

核心目标：

1. 阅读描写童年生活的文章，能发现有趣的事件和特点十足的小伙伴让我们的童年多姿多彩，体会作者对童年生活的眷恋，感受童年生活的美好与纯真，能联想自己的童年故事，珍惜当下时光。

2. 结合自己的阅读体验，发现难懂的句子多与表达文章中心思想，作者感情、想法和感受有关，运用合适的方法理解句子的意思，可以帮助我们读

103

懂文章内容。在阅读实践中遇到影响自己理解的句子时，能够自觉运用联系上下文、联系生活经验、查阅资料或请教他人等恰当的方法去理解，养成良好的阅读习惯。

3. 能留心观察身边的人，尝试发现他们身上的特点，通过简单的事例或行为尝试写出人物的特点，并给习作取一个能表现人物特点的题目。

4. 积极主动地与同学分享自己的作品，尝试从"选择表示人物特点的词语"和"与这个词语有关的具体事例"之间的关系方面欣赏评价同学的习作。与文章中所写的人物分享自己的作品，体会创作的乐趣。

【目标分解与落实】

（见下页图表）

【目标达成与评价】

三年级下册第六单元预学单

1. 闯一闯。

课文	《童年的水墨画》	《剃头大师》	《肥皂泡》	《我不能失信》
不认识的字				
易读错的字				
易写错的字				

2. 读一读。

一读《剃头大师》《肥皂泡》《我不能失信》，想想每篇文章的主角，文章表现了主角什么样的品质或特点，完成表格。

课文	主角	品质/特点
《剃头大师》		
《肥皂泡》		
《我不能失信》		

二读《童年的水墨画》《剃头大师》《肥皂泡》《我不能失信》，课文里描绘的童年，跟你的童年有什么不一样？在文中做上记号。

制作童年"手帐本"，记录那些有意思的人和事

单元大概念：1.阅读儿童文学作品时，运用多种方法可以理解难懂的句子，帮助我们读懂文章，感受语言文字和人物形象的独特魅力，体会童年生活的纯真与美好。2.每个人都有自己的特点，抓住特点才能写好人物。写作时，选择体现出人物特点的事例，围绕一个意思写作，能把人物写得鲜活而有个性，给读者留下深刻印象。

学习情境：童年是多姿多彩的，童年的游戏、童年的滋味、童年的伙伴就是各种各样美妙的故事。阅读描写童年的文章，总能让人想起自己童年中很多的经历和情景，也想分享自己类似的滋味和故事。那就让我们一起跟着课文探寻多彩童年的真善美，用不同的方式记录多彩童年吧！班级《童年"手帐本"》将征集多彩童年中有意思的人和故事，开展入选作品品赏会。

核心任务：制作童年"手帐本"，记录那些有意思的人和事

子任务一：走进多彩童年	子任务二：寻多彩童年之"乐"	子任务三：写写不一样的"他"	子任务四：展多彩童年
学习目标与评价：乐于分享自己的童年生活	**学习目标与评价**：结合自己的阅读体验，发现理解难懂句子的方法	**学习目标与评价**：在阅读实践中遇到影响自己理解的句子时，能够自觉运用联系上下文、联系生活经验、查阅资料或请教他人等恰当的方法理解	**学习目标与评价**：能留心观察身边的人，尝试发现他们身上的特点，通过简单的事例或行为尝试写出人物的特点，并给习作取一个能表现人物特点的题目
学习内容：单元导读页+语文园地"交流平台"+课文初读+课外读物推荐《调皮的日子》	**学习内容**：《童年的水墨画》+语文园地"词句段运用第1题"+拓展阅读《花前》《街头》《树下》+《肥皂泡》+语文园地"识字加油站"	**学习内容**：《剃头大师》+语文园地"词句段运用第2题"+《我不能失信》+语文园地"日积月累"	**学习内容**：阅读分享《调皮的日子》+习作《身边那些有特点的人》
学习活动：1.人物昵称大搜集 2.分享自己的趣事 3.分享文中的趣事	**学习活动**：1.赏童年的水墨画 2.玩有趣的肥皂泡	**学习活动**：1.忆"他"的趣事 2.述"她"的故事	**学习活动**：1.写有特点的"他" 2.童年"手帐本"品赏会
作业：推荐阅读《调皮的日子》	**作业**：丰富手帐本的内容：1.欣赏图画，给画配诗 2.配上音乐与画面，朗读《童年的水墨画》其中任一首 3.介绍最爱的游戏	**作业**：丰富"手帐本"的内容：讲述"好玩的事"	**作业**：根据评价标准，完善《童年"手帐本"》

3. 试一试。

默读《童年的水墨画》《剃头大师》《肥皂泡》《我不能失信》，在你觉得难懂的句子处打上问号。结合语文园地的交流平台，思考可以用什么方法理解难懂的句子。

> 我觉得可以用（　　）的方法来理解难懂的句子：（　　）。

4. 备一备。

备好书籍《调皮的日子》。

子任务一：走进多彩童年（单元整体教学课时1）
单元开启课（1学时）

学习目标与评价：

1. 自主识记生字，用自己的方法记忆生字。读音正确，书写规范。

2. 能联系已有经验，推测理解难懂句子的方法，知道本单元的学习任务。

学习流程一：自主研学，初识单元整体

学习活动：

1. 猜一猜：昵称大搜集选出的人说昵称，大家猜猜他说的是谁。

2. 读单元导语页，明确单元主题。

学习流程二：梳理探究，引出单元任务

学习活动：

1. 归类学习词语。

（1）同桌读一读生字词，互相正音。

（2）给词语归类，分享所得。

（3）辨析"扇动"与"拨动"。

2. 读读课文，说说人物。

自由读课文，选择感兴趣的一个人物，用关键词说一说初步印象。

3. 交流：课文里描绘的童年，跟你的童年有什么不一样？

4. 汇报自己不理解的句子有哪些。

学习流程三：勾连旧知，尝试理解难句

学习活动：

1. 阅读本单元"单元页""交流平台"，说说自己的发现。

2. 同桌交流讨论，试试用上这些方法解决画出的小问号。

交流反馈句式：我用了（　　）方法，读懂了（　　）。

学习流程四：推荐阅读，走进多彩童年

学习活动：推荐阅读《调皮的日子》

子任务二：寻多彩童年之乐（单元整体教学课时 2、3、4、5）
《童年的水墨画》学案（一）（1 学时）

学习目标与评价：

1. 能抓住诗中所写之事，概括画面内容。

2. 能想象画面，说出在《溪边》这首诗中看到了怎样的画面。

3. 能学习运用"联系上下文、借助图画、发挥想象、联系生活实际"等方法理解难懂的句子。

4. 能有感情地朗读诗歌，背诵《溪边》。

学习流程一：创设情境，激趣导入

学习活动：

1. 回顾上节课所学，了解本课任务：走进如诗如画的童年，给诗配画，参与朗诵。

2. 欣赏一幅幅水墨画，了解水墨画的特点。

学习流程二：读诗寻画，认识组诗

学习活动：朗读课文，梳理画面内容

1. 读一读：分句朗读诗歌，读准字音，读通句子。

2. 想一想：三首小诗分别描绘了怎样的画面？

3. 取一取：为每个画面起名字（方法：地点＋干什么）。

4. 了解组诗。

学习流程三：想象画面，感受诗意

学习活动：读懂难句，想象画面情境

1. 同桌互读《溪边》，再次正音。

2. 提出疑问。

3. 小组合作。

圈一圈：圈出诗中景物。

想一想：结合文本内容和生活经验说说自己对句子的感受，并试着发挥想象，说说由词句联想到的画面。

读一读：有感情地朗读诗句。

4. 集体交流，解决难懂的句子。

5. 尝试根据画面及文字提示背诵《溪边》。

6. 小结学法。

作业：你最喜欢的童年活动是什么？会有哪些人和你一起？绘制一张属于你的童年画卷吧。

《童年的水墨画》学案（二）（1学时）

学习目标与评价：

1. 能将学到的方法运用到其他诗歌，理解难懂的句子。

2. 能认识汉语一词多义的语言现象。

3. 能创编儿童诗。

学习流程一：对比学习，领悟诗情

学习活动：仿照《溪边》，合作学习《江上》《林中》

1. 检查背诵。

2. 运用《溪边》这首诗的学习方法选择一个画面学习。

3. 交流分享：

联系上下文理解"水葫芦""两排银牙"，朗读体会江上戏水的乐趣。

运用多种方法理解"只见松林里一个个斗笠像蘑菇一样"，理解"斗笠"的不同含义。

4. 重点进行对称结构"爽"的指导。

5. 对比组诗，发现特点。

链接学习"词句段运用"

1. 默读两组例句，思考同一个词语在句子中分别是什么意思。

2. 交流用什么方法读懂意思。

3. 实践运用：说说加点词语在句子中的意思。

学习流程二：拓展阅读，创编童诗

学习活动：拓展阅读，展现画面情境

1. 自由读《街头》《花前》《树下》，运用学到的方法，理解难懂的词句，想象画面。

2. 拟小标题、赏景悟情。

3. 《童年的水墨画》组诗一共 6 首，还有三首《街头》《花前》《树下》，选择喜欢的读一读。

创编童诗，再现美好童年

作业：丰富手帐本的内容：

1. 欣赏图画，给画配诗。

2. 配上音乐与画面，朗读《童年的水墨画》其中任一首。

《肥皂泡》学案（一）（1 学时）

学习目标与评价：

能用自己的话说说吹肥皂泡的过程，体会丰富的想象，感受童年的快乐。

学习流程一：联结经验，激发兴趣

学习活动：回忆吹泡泡的乐趣

1. 聊聊自己吹泡泡的经历，自己是怎么吹泡泡的，看到了怎样的泡泡。

2. 自读课本 79 页中的资料袋，结合自己的阅读经历，说说对冰心老人的了解。

学习流程二：借助动词，梳理课文

学习活动：自读课文，了解主要内容

1. 自读课文，读准字音，读通句子。

特别关注："和弄"的读音，复习"和"这个多音字。

2. 边读课文边思考课文围绕"肥皂泡"写了哪几部分的内容，并借助动词填空。

学习流程三：走进"最爱"，说清过程

学习活动：一起吹出泡泡

1. 朗读课文第 3 自然段，圈出动词，说说制作的工具和吹出肥皂泡的过程。

交流动词"蘸""吹""提""扇"。

2. 思考肥皂泡的步骤这么多，有什么好办法能把它们梳理清楚。

3. 用上"先……再……然后……接着……"说一说过程。

《肥皂泡》学案（二）（1 学时）

学习目标与评价：

1. 能运用多种方法理解难懂的句子，感受泡泡的颜色、形状、变化美，体会作者对吹肥皂泡的喜爱和对童年生活的深情回忆。

2. 能发挥想象，说出泡泡还有哪些美丽的去处，感受童年的快乐。

3. 能学习一组与海岛、港口有关的词语，认识 6 个生字，并根据词语想象画面。

学习流程一：复习梳理，回顾"最爱"

学习活动：

1. 吹吹字词泡泡。

2. 回顾课文围绕肥皂泡主要讲了哪些内容。

学习流程二：欣赏"美丽"，体会"最爱"

学习活动：赏泡泡之美

1. 读懂泡泡的美。

小组合作：

读一读：默读第 4 自然段，用横线画出喜欢的句子，圈出让你印象深刻的词语，想象画面。

讲一讲：和同桌分享想象的画面和自己的感受。

表达支架：我画的句子是（   ），从这个句子中的（   ）这些词语，我想象到（   ），感受到（   ）。

读一读：小组合作朗读。

2. 感受泡泡的美。

我们一起欣赏了美丽的泡泡，请你看看这些词语，你感受到泡泡哪些方面很美丽？

随着肥皂泡的变化，"我们"的心情也在变化，男女生合作读。

3. 小结学法。

学习流程三：聚焦语言，体会想象

学习活动：想泡泡奇幻之旅

1. 美丽泡泡飞向哪儿？

读一读：读第五自然段，找一找肥皂泡都去了哪些地方，你看到了什么样的画面。

说一说：交流画面。

比一比：谁的泡泡最美？合作小组中每人选择一处，读一读，比比谁的泡泡飞得美。

问一问：这些泡泡真的去了这些地方吗？问泡泡的主人冰心为什么会有这样的想象呢？

2. 泡泡还会飞向哪儿？

想象一下，这一个个轻清脆丽的肥皂泡，借着扇子的轻风，它们会飞到哪儿去呢？请同学们结合自己吹泡泡的经历，展开丰富的想象，把句子补充完整，共同完成诗歌《假如我就是肥皂泡》。

假如我就是肥皂泡，我会带着_____飞到_____。

学习流程四：链接园地，拓展识字

学习活动："识字加油站"

1. 认词找图。

认识下面的词语，读准加拼音的字，再把词语对应到图片的相应位置。观察发现：这些字有什么特点？怎么记住它们？

2. 读词说画。

读一读词语，说一说你看到的画面。运用多种方法，理解词语。

学习流程四：回归"最爱"，总结拓展

作业：丰富手帐本的内容：介绍最爱的游戏

你最喜欢玩什么游戏？仿照"吹泡泡之趣"，来写一写你最爱玩的游戏过程吧！

1. 写上顺序词，写清游戏的过程。

2. 写一连串动作：玩的过程写具体。

3. 写写当时你的所感、所想。

子任务三：写写不一样的"他"（单元整体教学课时6、7）
《剃头大师》学案（一）（1学时）

学习目标与评价：

1. 能正确、流利地朗读课文，读好难读懂的语句，初步把握课文内容。

2. 能运用联系上下文、结合生活经验等多种方法理解难懂的词语或句子。

学习流程一：揭题导入，初识"大师"

学习活动：

1. 根据生活经验，说说对"大师"的理解。

2. 介绍作家。

学习流程二：理清脉络，梳理人物

学习活动：认识人物，理清关系

1. 默读课文，思考课文主要写了哪几个人？围绕这几个人，写了一件什么事？

2. 说称呼，捋关系，完成人物关系图。

3. 借助人物关系图说主要内容。

学习流程三：提取画面，聚焦"害人精"

学习活动：解密"害人精"由来

1. 合作学习。

读一读：默读课文1—6自然段，说说为什么在小沙眼里，店里的其他师傅和老剃头师傅都是"害人精"？

画一画：找原因，画出相关语句。

圈一圈：圈出你认为不太理解的词语或句子。

写一写：写下你的感受。

2. 理解难懂的句子，品味"趣"表达。

3. 话题探讨，理解难懂的句子。话题探讨：对于这样的"害人精"，姑父为什么还要付双倍的价钱呢？这件事一直憋在小沙的心里，怎么也想不通。请你帮小沙打开这个心结吧。

《剃头大师》学案（二）（1学时）

学习目标与评价：

1. 能运用联系上下文、结合生活经验等多种方法理解难懂的词语或句子。

2. 能说出课文以"剃头大师"作为题目的好处，抓住人物特点写题目。

3. 能感受童年的真善美，学习用人物行为写特点。

4. 能仿照例子，围绕一个意思写一段话。

学习流程一：对比体会，明晰人物特点

学习活动：解密"剃头大师"由来

1. 找不同。

默读10—18自然段，边读边思考，我是怎么理头发的？和老剃头师傅给小沙理发有什么不同？小组交流学习，并试着完成表格。遇到不理解的句子，用之前学过的方法尝试理解。

2. 聚焦"剪"。

其实"我"这个剃头大师最大的动作就是——剪。不过每一次剪的效果都不同，心情也不一样，完成鱼骨图。

3. 说过程。

请你用上连接词，说说"我"这位剃头大师的理发过程。

4. 想结果。

且不看剃头大师剪的过程，单看这剪的结果，你想说什么？

学习流程二：发现特点，梳理写作思路

学习活动：解题目妙用

1. 想一想：既然"我"的剪头技术这么拙劣，课文为什么还用"剃头大

113

师"作为题目?

2. 体会人物特点,小结读书方法。

3. 发现写作密码。

写作的思路——"有趣外号＋生动事例"

有意思的外号——让人物特点变得"一目了然"

生动的事例——让人物形象变得"有血有肉"

学习流程三:围绕意思,练写片段

学习活动:学习"词句段运用"第二题

1. 自读例句,交流发现。

2. 练写交流。

3. 修改、朗读展示。

学习流程四:围绕意思,练写片段

学习活动:秦文君《调皮的日子》这本书里有好多儿童成长的故事,里面的人物非常有特点,语言风趣、幽默,请在阅读中体会鲜活的人物形象,制作人物图谱。

作业:丰富"手帐本"的内容:讲述"好玩的事"

子任务四:展多彩童年(单元整体教学课时8、9)
《我不能失信》学案(1学时)

学习目标与评价:

1. 能运用多种方法理解难读懂的句子,理解课文结尾处宋庆龄的话的含义。

2. 能朗读和背诵关于"改过"的名言。

学习流程一:梳理人物关系,把握主要内容

学习活动:信息概括,简说故事内容

自由朗读课文,圈出主要人物,梳理关系,概括内容

学习流程二:聚焦难懂句子,感受人物品质

学习活动:理解难懂的句子,说"没劲""不后悔"

1. 圈画人物言行,说说"没劲"。

2. 交流不肯做客的原因。

3. 联系生活实际说说"不后悔"。

换位思考：生活中你有没有遇到过类似的情况，如果是你，你会怎么做？

学习流程三：勾连日积月累，迁移课外阅读

学习活动：

1. 回顾交流理解难懂句子的方法训练。

2. 自由读"日积月累"中的4句名言，相互正音。

3. 说发现。

4. 多种方式朗读，熟读成诵。

5. 拓展同类名言。

作业：了解关于"诚信"的故事，与同学交流分享收集的故事。

《身边有特点的人》学案（2学时）

学习目标与评价：

1. 能给习作取一个表现人物特点的题目。

2. 能抓住身边人的性格、爱好、品质等方面，通过事例或一系列行为尝试写清楚这个人的特点。

3. 学习用欣赏的眼光看待身边的人，能发现自己习作中写得较好的地方，学习修改习作中有明显错误的词句。

学习流程一：聚焦特点，引出身边伙伴

学习活动：有趣特点我来猜

1. "你说我猜"小游戏，根据提示猜猜老师描述的是哪一位人物。

2. 说一说《习作》气球中出现的这些词语表示了人物怎样的特点，每位同学围绕自己感兴趣的一两个特点，用例举的方式把特点介绍清楚，小组内交流分享。

学习流程二：丰富特点，寻找典型人物

学习活动：引人题目我来拟

1. 模仿习作气球中的词语，尝试着自己也来写一两个能概括人物特点的词语。

2. 跟《剃头大师》学拟题。

学习流程三：紧扣特点，挑选典型事例

学习活动：对比阅读学写法

1. 阅读《调皮的日子》中的片段，交流发现。

2. 小结表现人物特点的方法。

学习流程四：尝试写作，让人物特点鲜明起来

学习活动：身边人物我来写

选择自己喜欢的题目，围绕题目挑选能表现人物特点的具体事例，完成习作。

学习流程五：自主评改，进行人物群像分享会

学习内容：分享交流我来评

1. 四人小组合作，组内先分享自己的习作，根据习作评价标准，能用学过的修改符号自己或者同伴互评，及时修改。

拟题：★体现人物特点　　★清楚简洁明了　　★用词恰当新颖

事例：★事例恰当　　　　★写清特点　　　　★精彩生动

2. 推选组内一名代表，分享"我"眼中的有特点的人物。

组内推选最佳作品进行分享，老师进行点评。

3. 全班推选最佳作品入选《童年"手帐本"》。

作业：根据评价标准，完善《童年"手帐本"》。

谁是幽默小达人
——统编小学语文五年级下册第八单元教学设计
（设计：权金华、卢昊炜、郑晶晶、欧争青）

【目标析出与编写】

（一）单元整体解读

1. 对应课标

对应总目标第 4 条：主动积累、梳理基本的语言材料和语言经验，逐步形成良好的语感，初步领悟语言文字运用规律；总目标第 6 条：积极观察、感知生活，发展联想和想象，激发创造潜能，丰富语言经验，培养语言直觉，提高语言表现力和创造力，提高形象思维。

对应第三学段要求：

［阅读与鉴赏］第 5 条：阅读叙事性作品，了解事件梗概，能简单描述印象最深的场景、人物、细节，说出自己的喜爱、憎恶、崇敬、向往、同情等感受。

［梳理与探究］第 1 条：分类整理学过的字词。第 2 条：感受不同媒介的表达效果，学习跨媒介阅读与运用，初步运用多种方法整理和呈现信息。

［表达与交流］第 1 条：听人说话认真、耐心，能抓住要点，并能简要转述。乐于表达，与人交流能尊重和理解对方。注意语言美，抵制不文明的语言。第 2 条：表达有条理，语气、语调适当。

［表达与交流］第 3 条：懂得写作是为了自我表达和与人交流。养成留心观察周围事物的习惯，有意识地丰富自己的见闻，珍视个人的独特感受，积累习作素材。

对应第三学段学业质量描述：

养成留心观察周围事物的习惯，有意识地丰富自己的见闻，乐于表达自己独特的感受。能用多种媒介方式表达交流。能品味作品中重要的语句和富有表现力的语言，注意词语的感情色彩，通过圈点、批注等多种方法记录自己的阅读感受和体验，并主动与他人分享。

2. 研读教材

（1）内容分析

本单元围绕"风趣和幽默"这一主题，编排了单元导语、精读课文（小古文《杨氏之子》、丰子恺的《手指》和苏联作家费奥多夫的《童年的发现》）、口语交际（《我们都来讲笑话》）、习作（《漫画的启示》）、语文园地五大板块内容，意在让学生通过阅读感受风趣、幽默的语言所带来的魅力，体会言语思维的智慧，进而尝试仿照例文的语言形式和风格进行创造性表达。

其中《杨氏之子》引导学生通过主客间围绕姓氏展开的对话，感受杨氏之子的机智；《手指》用拟人化的手法和趣味盎然的语言，把五个性格各异的手指形象写得活灵活现；《童年的发现》充满了俏皮的语言和幽默的自我调侃，令人读来忍俊不禁；"交流平台"则引导学生对三篇课文内容和语言的风趣之处作梳理和总结。"词句段运用"让学生体会语句的表达特点并进行仿写，学习把事物比作人或把人比作事物来写的方法，提高表达趣味性。习作《漫画的启示》对学生的思辨能力提出了更高的要求，在读懂图意的基础上，学生不仅要把漫画的内容写清楚，更要写出自己从中获得的启示。

本单元编排这样的内容，不仅仅是为了落实"风趣与幽默"这一人文主题，更重要的是为了落实具体的阅读训练要素"感受课文风趣的语言"，以及与之相应的表达训练要素"看漫画，写出自己的想法"。

（2）纵向比对看梯度

纵看阅读要素：

本单元"感受课文风趣的语言"，提取关键词"感受""风趣"。如何"感受"？追溯统编教材，可发现一条清晰的线。

册序单元	阅读训练要素
三年级上册第一单元	阅读时，关注有新鲜感的词语和句子
三年级上册第七单元	感受课文生动的语言，积累喜欢的语句
三年级下册第一单元	体会优美生动的语句
四年级上册第三单元	体会文章准确生动的表达，感受作者连续细致的观察
五年级下册第八单元	感受课文风趣的语言

从上表中可见，感受文章的语言，除了常见的朗读外，在各段各册的统编教材中还多次提到了联系生活实际理解感受，运用想象体会以及积累优美的语句等方法。同时，课后思考题和交流平台也提供了相应的方法路径。

纵看表达要素：

本单元习作要求是"看漫画，写出自己的想法"。漫画给我们提供了图文材料，学生通过"读"漫画，联系生活及阅读经验进行思考，从而获得一定启示。学生结合本单元的表达方式尝试着将自己思考加工后的想法创意地表达出来，这其实是对思维的发展过程进行梳理、总结的过程。翻看整套统编版教材，可以发现，对于关注内心感受和想法的表达训练，教材中提供了相关的方法路径——想象。

漫画的主旨要义需要学生运用想象、联想，结合标题、内容、提示语等多角度欣赏和思考。

（3）横向比对看联系

通过研读文本内容和课后习题，可以发现教材编排的层次性和相应的方法路径。这组课文的编排，一是可以让学生通过读书感受精妙的语言带来的魅力，感受语言表达的艺术；二是通过不同题材文章的阅读，了解不同题材文章的表达方法；三是引导学生积累优美的语言。因此三篇课文的课后习题和阅读提示都有指向阅读要素的内容。而"交流平台"引导学生对三篇课文内容和语言的风趣之处作梳理和总结，进一步感受风趣语言的表达方法和效果。"词句段运用"则让学生体会语句的表达特点并进行仿写，学习把事物比作人或把人比作事物来写的方法，提高表达的趣味性。

册序单元	写作训练要素
三年级下册第二单元	看图作文，把图画的内容写清楚
四年级上册第八单元	用恰当的语言表达自己的看法和感受
五年级上册第六单元	看漫画，写出自己的想法
五年级下册第八单元	习作时发挥想象，把重点部分写得详细

3. 分析学情

知识能力层面：

1. 阅读：学生具有一定的阅读能力，能够通过自主学习读懂课文。但是把握其中幽默风趣的语言难度较大。教师要引导学生深入阅读文本，扩大阅读面。

2. 表达：看图写话对学生来讲没有任何难度，但是连贯的表达和联系生活对于学生而言难度较大。

学生能快速阅读把握长文章，抓住文章的关键语句，进行批注，能够读出幽默风趣的语言，感受课文生动的语言，但进行幽默风趣的表达还有一定难度。

思维发展层面：

五年级孩子思维活跃、求知欲强、乐于表达、愿意交流。他们已不是低年级的小学生，想法开始变得更加独特，对生活有所体验与感悟，思想也开始向成熟发展，此时正是引导他们明事理、辨是非，提高语文能力，培养人文素养的关键期。

（二）单元学习目标

基础目标：

1. 认识本单元25个生字，读准1个多音字，会写18个生字以及9个词语。

2. 朗读本单元课文，背诵《杨氏之子》。

3. 朗读和背诵5条关于"为人"的名言。

4. 能了解颜体楷书的基本知识，初步感受《颜勤礼碑》等颜体书法作品的魅力。

核心目标：

1. 体会课文中语言幽默风趣的特点，并且学习用谐音、修辞（拟人、夸张等）、自我调侃等多种形式展现幽默。

2. 能写清楚漫画的内容和可笑之处，并借助标题或提示语，联系生活，写清楚从漫画中获得的启示。

3. 能声情并茂地讲述自己搜集的笑话，避免不良的口语习惯，养成用心倾听的习惯，做一个文明有素养的听众。

4. 结合自己的阅读体验，总结风趣幽默的语言的特点。

【目标分解与落实】

对标义务教育语文课程标准（2022年版），本单元可以归属于"文学阅读与创意表达"学习任务群。根据此学习任务群在第三学段的定位和要求，创设"谁是幽默小达人"单元学习主题，引导学生在文学阅读中"学习品味作品语言、欣赏艺术形象""学习联想与想象，尝试富有创意地表达"。

（见下页图表）

【目标达成与评价】

五年级下册第八单元预学单

亲爱的同学们：

在美丽和谐的校园里，一部分同学因有不良的语言表达习惯，会和其他同学发生"口角"，问其矛盾原因，大多是一方乱开玩笑引起的。

为了让同学们辨识假玩笑和真幽默，五年级将要开展"开心一刻"幽默故事大赛，评选出真正的"幽默小达人"。诚邀各班能讲笑话的高手参加本次比赛。

热身活动：

1. 阅读幽默风趣的文章

一读课文，不好读的句子多读几遍，再想想每篇文章主要写了什么内容，用一两句话概括出来，填写在下方横线上。

《杨氏之子》：_____

《手指》：_____

《童年》：_____

二读课文，找出文章中幽默风趣的语言，请给这些风趣的语言做上记号。选择其中的一两句，思考它让你会心一笑的原因。

《杨氏之子》：_____

《手指》：_____

《童年》：_____

2. 搜集能体现幽默风趣的漫画、笑话、故事

不论是幽默故事还是笑话，内容都很庞杂，质量难免也良莠不齐。阅读

"谁是幽默小达人"

单元大概念：幽默风趣是一种语言智慧，运用幽默风趣的语言使文章更具有感染力

学习情境：在美丽和谐的校园里，一部分同学因有不良的语言表达习惯，会和其他同学发生"口角"，问其矛盾原因，大多是一方乱开玩笑引起的。为了让同学们辨识假玩笑和真幽默，五年级将要开展"开心一刻"幽默故事大赛，评选出真正的"幽默小达人"。诚邀各班能讲笑话的高手参加本次比赛

核心任务：广泛搜集幽默风趣的语言，开展"开心一刻"幽默故事大赛，评选出真正的"幽默小达人"

子任务一：解锁幽默密码

学习目标与评价：
1. 能运用学过的方法自主识字学词，读准读通课文
2. 能体会课文中幽默风趣的语言并积累；结合生活实际，说出自己的阅读感受
3. 能仿照《手指》一文的表达特点，从人的五官中选一个，写一段话

学习内容：
单元导读页《杨氏之子》《手指》《童年的发现》语文园地

学习活动：
1. 学习《杨氏之子》，领会人物利用"姓氏同音"的文字游戏来展现幽默的方式
2. 学习《手指》，领会作者用拟人化的手法和趣味的语言来展现幽默的方式
3. 学习《童年的发现》，领会作者用俏皮的语言和自我调侃来展现幽默的方式
4. 分享本单元的收获

作业：
1. 搜集生活中利用文字游戏或其他方式展现幽默的例子
2. 阅读《世说新语》（《言语》和《排调》两个篇章），选一两则体现幽默的小故事讲给大家听
3. 读一读丰子恺先生的《忆儿时》，冯骥才先生的《捅马蜂窝》，品品他们的童年趣事
4. 把自己在生活中的"发现"写下来，注意突出其中的"趣"

子任务二：征集幽默故事

学习目标与评价：
1. 借助漫画的标题或者简单的文字提示，联系生活，写清楚从漫画中获得的启示
2. 找到漫画好笑之处，合理想象，把漫画内容写具体
3. 养成修改自己习作的习惯，并能主动与他人交换修改习作

学习内容：
习作：漫画的启示

学习活动：
1. 漫游漫画王国
2. 写好幽默故事

作业：
推选优秀作品

子任务三：评选"幽默小达人"

学习目标与评价：
1. 能按要求筛选并分享收集到的笑话，在交流中明确讲好笑话的标准
2. 能用普通话大方地讲笑话，避免不良的口语习惯，能大胆进行口语表达
3. 能用心倾听别人的讲述，做一个好的倾听者，并能与讲述者交流自己的感受，并进行评价

学习内容：
口语交际：我们都来讲笑话

学习活动：
1. 明确任务，准备笑话
2. 明细要求，模拟体验
3. 实战演练，合作提升

作业：
把课堂上精彩的笑话讲给自己的家人听，有机会可以利用校园广播、班级文艺汇演等方式讲讲笑话，努力把快乐传递下去

了本单元的课文后,要明确"幽默与风趣是智慧的闪现",可通过多种途径搜集能体现幽默风趣的漫画、笑话、故事。

3. 自主学习生字词

边读课文边画出生字词,做到正确认读,并记录学习情况。

不认识或容易读错的字：_____

易写错的字：_____

难理解的词语：_____

积累体现幽默风趣的词语：_____

子任务一：解锁幽默密码（单元整体教学课时1、2、3、4、5、6）
《杨氏之子》学案（2学时）

学习目标与评价：

1. 运用学过的方法自主识字学词,读准读通课文,努力做到读准节奏。

2. 借助注释,结合以往的学习经验,用自己的话说说这个故事的意思。

3. 抓住写人物言行的关键语句感受杨氏子的"甚聪惠",品味对话中的巧妙思维,体会人物的机智和幽默。

学习流程一：理解情境,解读课题

学习活动：

1. 阅读学习情境,评选幽默小达人。

2. 齐读课题,理解题目。

学习流程二：读文本,感韵味

学习活动：

1. 同桌互学。互读互听互纠读得不准确的字音和不恰当的停顿。

2. 同桌展示朗读并交流朗读成果。

评价标准：

★读准字音　★读通句子　★试着读出节奏

学习流程三：解文意,明故事

学习活动：

1. 交流理解文言文的方法。

2. 明确同桌互学要求。

3. 提出问题，交流疑难。

4. 句意闯关。

5. 齐读课文，加深理解。

评价标准：

★说清楚——字字落实，尤其是重点字词

★说流畅——补充省略部分，根据需要调整语序

学习流程四：品语言，赏"聪惠"

学习活动：

1. 说说对杨氏子的初步印象。

2. 自主学习。默读课文，圈画出表现杨氏子"聪惠"的相关词句，并说出理由。

3. 探究人物言语背后的思维逻辑，进一步赏识人物的"甚聪惠"。

4. 学以致用，完成挑战。

5. 再次诵读文本，熟读成诵。

评价标准：

在面对不同的情境予以回应时，要求：

★反应快　★答得妙　★语得体

学习流程五：延阅读，悟"聪惠"

学习活动：

1. 链接文本，进一步感悟杨氏之子的"甚聪惠"。

2. 回扣情境，引发思考。

作业：

1. 背默《杨氏之子》。

2. 搜集生活中利用文字游戏或其他方式展现幽默的例子。

3. 阅读《世说新语》（《言语》和《排调》两个篇章），选一两则体现幽默的小故事讲给大家听。

子任务二：解锁幽默密码（单元整体教学课时 1、2、3、4、5、6）
《手指》学案（2 学时）

学习目标与评价：

1. 运用学过的方法自主学习生字。

2. 默读课文，能结合课文内容，了解五根手指的不同姿态和性格，说出五根手指的不同作用以及由此联想到的人。

3. 通过品读文本，能体会课文语言的风趣幽默，并仿照课文的表达特点，仿写人的五官。

学习流程一：默读课文，整体感知

学习活动：

1. 齐读课题，了解作者。

2. 自主阅读，整体感知。

（1）默读课文，找出关键句。

（2）归类读词，初步了解各个手指特点。

学习流程二：读"手指"，感风趣

学习活动：

1. 聚焦"拇指"，体会幽默

（1）默读课文第 2 自然段，圈画文中体现语言风趣的语句，思考：为什么觉得它很风趣？并做批注。

（2）师生共学，体会作者语言表达的幽默风趣。

2. 辐射"四指"，感悟幽默

（1）默读课文 3—5 自然段，结合语文园地八词句段运用，圈画觉得语言风趣的句子并做上批注。

（2）小组交流讨论并分享汇报。

3. 小结：巧用修辞，让语言更幽默。

学习流程三：知背景，悟深意

学习活动：

1. 结合背景，思考：五指能让人想到当时的哪些人？

2. 教师引导，完成表格。

3. 结合课文最后一段谈谈自己的理解。

学习流程四：小练笔，展风趣

学习活动：

1. 总结写法：作者在本课是如何将幽默展现得如此高级的？

2. 运用适当的修辞手法，仿照课文的表达观点，从人的五官中选择一个，写一段话。

3. 互评，师评，交流展示。

评价标准：

★能写出五官之一的特征

★能用上恰当的修辞手法

★语言风趣幽默却不低级

作业：

1. 修改小练笔。

2. 查找丰子恺先生的其他作品，品析他的幽默语言。

《童年的发现》学案（1学时）

学习目标与评价：

1. 能通过列提纲、画思维导图等方法梳理"我"童年的发现，以及"我"的探究过程和结果。

2. 能联系单元目标，自主品味文中对儿童丰富内心世界和有趣言行的描述，感受童真童趣；并结合生活实际，说出自己的阅读感受。

学习流程一：齐读课题，聚焦"发现"

学习活动：

1. 交流自己童年的发现。

2. 交流有关作者的相关资料。

学习流程二：借助提示，解密"发现"

学习活动：

1. 借助提示，明确问题。

2. 圈画关键语句，聚焦"发现"过程。

（1）自主学习，了解"我"是怎样获得"童年发现"的。

（2）全班交流，梳理"发现"过程。

3. 阅读拓展材料，感悟"发现"魅力。

评价标准：

★借助提纲和思维导图等形式梳理文本结构

★表达清晰，有条理

学习流程三：品析语言，体会风趣

学习活动：

1. 自由朗读课文，批注有趣的语言。

2. 小组交流，结合批注交流感受。

3. 小组汇报并朗读，体会课文语言的风趣。

4. 小结文章的语言特色。

评价标准：

★能从内容和语言两方面体会文本的趣味

学习流程四：联系生活，向往"发现"

学习活动：

1. 从作者的童年发现中，交流自己的启发或体会。

2. 联系生活实际，回忆童年的"发现"。

作业：

1. 读一读丰子恺先生的《忆儿时》，冯骥才先生的《捅马蜂窝》，品品他们的童年趣事。

2. 把自己在生活中的"发现"写下来，注意突出其中的"趣"。

分享我的收获（1学时）

学习目标与评价：

1. 能交流、总结本单元课文内容有意思、语言风趣的特点。

2. 能了解颜体楷书的基本知识，初步感受《颜勤礼碑》等颜体书法作品的魅力。

3. 朗读、背诵关于"为人"的五条名言。

学习流程一：回顾课文，总结语言特点

学习活动：

1. 同桌交流：回顾本单元课文中自己觉得风趣、幽默的地方。

2. 全班交流，整理汇总。

3. 交流自己收集到的幽默风趣的语言。

评价标准：

★能从内容和语言两方面体会文本的趣味

4. 小结：可从内容、写法、语气等不同的角度感受风趣和幽默。

学习流程二：看"书写提示"，感受书法之美

学习活动：

1. 小组交流：说说自己感兴趣的书法家，结合课前搜集的资料，交流他们的作品及书写特点。

2. 看《颜勤礼碑》影印拓本，交流感受，说说颜真卿的字体特点。

3. 看有关颜真卿和《颜勤礼碑》的材料，丰富对书法家的认识。

评价标准：

★能从运笔、结构、整体等几个方面对作品进行评价

学习流程三：读"日积月累"，积累名人名言

学习活动：

1. 自由朗读五条名言，读准、读顺、读出节奏。

2. 同桌互读并展示。

3. 小组交流，借助多种方式理解名言警句的大意。

4. 小组代表汇报，正确理解名言警句。

5. 结合情境，学以致用。

6. 学生再次朗读并尝试背诵。

子任务三：征集幽默故事（单元整体教学课时7、8）
《漫画的启示》学案（2学时）

学习目标与评价：

1. 借助漫画的标题或者简单的文字提示，联系生活，写清楚从漫画中获得的启示。

2. 找到漫画好笑之处，合理想象，把漫画内容写具体。

3. 养成修改自己习作的习惯，并能主动与他人交换修改习作。

学习流程一：初识漫画，明确要求

学习活动：

1. 谈话交流，认识漫画。

2. 结合教材中的习作提示，明确作文任务。

（1）默读习作要求，思考：习作要求对写作做了哪些提示？

（2）交流、梳理习作要求。

学习流程二：观察漫画，探究内涵

学习活动：

1. 观察课本中的第一幅漫画，填写表格。

2. 小组交流：在这幅漫画里看到了什么、看懂了什么、明白了什么。

3. 总结写作技巧。

学习流程三：巧用技巧，撰写漫画

学习活动：

1. 列出写作提纲。

2. 合理拟题。

3. 选择喜欢的漫画，完成习作。

学习流程四：自评互评，总结提升

学习活动：

1. 自评。用上相应的修改符号，初步修改。

2. 互评。小组内结对子修改对方的习作。

3. 集体讲评。结合评价标准对同学的习作进行评价。

4. 推选优秀作品并展出。

评价标准：

★能做到规范书写，正确使用标点符号，语句通顺

★拟题恰当

★能运用多种描写方法写清楚漫画的内容和可笑之处

★能联系生活中的人或事

★能总结漫画启示并发出呼吁

★语言生动有个性，恰当使用修辞方法

子任务四：评选幽默达人（单元整体教学课时9）
《我们都来讲笑话》学案（1学时）

学习目标与评价：

1. 能按要求筛选并分享收集到的笑话，在交流中明确讲好笑话的标准。

2. 能用普通话大方地讲笑话，避免不良的口语习惯，能大胆进行口语表达。

3. 能用心倾听别人的讲述，做一个好的倾听者，并能与讲述者交流自己的感受，并进行评价。

学习流程一：结合情境，初识笑话

学习活动：

1. 观看视频，初识笑话。

2. 交流搜集的笑话，了解途径。

评价标准：

★简单易懂　★积极向上　★内容精彩　★使人快乐

学习流程二：初讲笑话，探寻方法

学习活动：

1. 结合课前任务单讲一讲自己整理的笑话。

2. 一起来制作"讲好笑话的秘诀"。

学习流程三：演说笑话，倾听评价

学习活动：

1. 依照标准，练说笑话。

2. 小组合作，评选"幽默小达人"。

3. 自主演说，交流评价。

讲的标准：

★熟记内容，脱稿表演

★结合内容，辅以动作、神态和语气

★没有口头禅、重复等不良口语习惯，讲的时候自己不要笑场

听的标准：

★尊重别人，不随意打断别人的话

★在恰当的时机给出相应的回应，增强讲述者信心，但不能影响讲话人

作业：延伸课外，拓展交际

把课堂上精彩的笑话讲给自己的家人听，有机会可以利用校园广播、班级文艺汇演等方式讲讲笑话，努力把快乐传递下去！

探究童话的奇妙，新编美好的故事
——统编小学语文四年级下册第八单元教学设计
（设计：朱春烟、黄淑琴、陈立珊）

【目标析出与编写】

（一）单元整体解读

1. 对应课标

对应"文学阅读与创意表达"任务群：本学习任务群旨在引导学生在语文实践活动中，通过整体感知、联想想象，感受文学语言和形象的独特魅力，体验审美活动；了解文学作品的基本特点，欣赏和评价语言，提高审美品位；观察感受自然与社会，表达自己的体验与思考，尝试创作文学作品。

对应第二学段要求：

[阅读与鉴赏]

（1）用普通话正确、流利、有感情地朗读课文。初步学会默读，做到不出声，不指读。学习略读，粗知文章大意。

（2）能联系上下文，理解词句的意思，体会课文中关键词句表达情意的作用。

（3）能初步把握文章的主要内容，体会文章表达的思想感情。学习圈点、批注等阅读方法。能对课文中不理解的地方提出疑问，乐于与他人讨论交流。

（4）能复述叙事性作品的大意，初步感受作品中生动的形象和优美的语言，关心作品中人物的命运和喜怒哀乐，与他人交流自己的阅读感受。

（5）阅读整本书，初步理解主要内容，主动和同学分享自己的阅读感受。

（6）积累课文中的优美词语、精彩句段，以及在课外阅读和生活中获得的语言材料。

[表达与交流]

（1）乐于用口头、书面的方式与人交流沟通，愿意与他人分享，增强表达的自信心。

（2）能用普通话交谈，学会认真倾听，听人说话时能把握主要内容，并能简要转述。能就不理解的地方向人请教，就不同的意见与人商讨。

（3）讲述故事力求具体生动。

（4）能不拘形式地写下自己的见闻、感受和想象，注意把自己觉得新奇有趣或印象最深、最受感动的内容写清楚。

综上，体现在本单元的阅读与表达的要求主要是：

（1）在自主识字写字的基础上默读课文，初步理解课文的主要内容。

（2）能运用多种方法，把握童话的主要情节，体会童话所要表达的主旨，感受童话作品中生动的形象和优美的语言。

（3）乐于和同学分享自己的阅读感受，力求生动具体地讲述故事和创作。

对应第二学段学业质量描述：

课标对第二学段文学阅读与创意表达任务群的学业质量描述如下：

（1）喜爱阅读童话、寓言、神话等，在阅读过程中能提取主要信息，借助阅读经验和生活经验预测情节发展，能结合关键词句解释作品中人物的行为，从某个角度分析和评价人物。

（2）能发现作品中的优美词语、精彩句段，并根据需要进行摘录。

（3）能借助上下文语境，说出关键语句、标点符号、图表在表达中的作用。

（4）能复述读过的故事，概括文本内容，根据自己的阅读理解提出问题并与他人交流。

（5）乐于和他人分享阅读所得，关注有新鲜感的词句，并有意识地在口头和书面表达中运用。

综上，结合本单元的学业质量描述的关键词语，单元质量测评有以下要点：

（1）喜爱阅读童话，在阅读过程中能提取主要信息，借助阅读经验和生活经验预测情节发展，把握童话的主要情节。

（2）能结合关键词句解释童话作品中人与物的行为，并从某个角度进行分析和评价。

（3）乐于和同学分享自己的阅读所得，并能运用所学讲述故事和创作。

2. 研读教材

(1) 纵向联系知识体系

童话在教材中的比例约占三成，一年级的课文基本上都是童诗童谣和童话，统编教材二—四年级与童话相关的语文要素如下：

册序单元	单元要素	篇目
二年级上册 第八单元	根据提示复述故事	《狐假虎威》《纸船和风筝》《风娃娃》
二年级下册 第七单元	根据提示复述故事	《大象的耳朵》《蜘蛛开店》《青蛙卖泥塘》《小毛虫》
三年级上册 第三单元	1. 感受童话丰富的想象 2. 试着自己编童话，写童话	《卖火柴的小姑娘》《那肯定会很好》《在牛肚子里旅行》《一片奶酪》
三年级下册 第四单元	1. 一边读一边预测，顺着故事情节去猜想 2. 学习预测的一些基本方法 3. 尝试续编故事	《总也倒不了的老屋》《胡萝卜先生的长胡子》《小狗学叫》
四年级下册 第八单元	1. 感受童话的奇妙，体会人物真善美的形象 2. 按自己的想法新编故事	《宝葫芦的秘密（节选）》《巨人的花园》《海的女儿》

统编教材在第二学段为渗透童话的文体意识，更好地引导学生认识和了解童话的特征，在三年级上册编排了童话单元，单元语文要素是"感受童话丰富的想象"；四年级下册编排了主题为"奇妙的童话"的单元，单元语文要素是"感受童话的奇妙，体会人物真善美的形象"。从知识的关联角度看，童话文体的教学在第二学段应重点关注童话作品的审美发现和审美理解，并向审美创造过渡。

(2) 横向聚焦课时分析

本单元人文主题为"奇妙的童话，点燃缤纷的焰火，照亮我们五彩的梦"，语文要素为：1. 感受童话的奇妙，体会人物真善美的形象。2. 按自己的想法新编故事。

《宝葫芦的秘密（节选）》《巨人的花园》《海的女儿》是本单元安排的三篇经典童话。三篇课文在呈现方式上有所不同：《宝葫芦的秘密（节选）》和《海的女儿》两篇课文呈现的都只是故事的一个片段，而《巨人的花园》是一个完整的故事。它们在内容和形式上也各不相同：《宝葫芦的秘密》《海的女儿》节选的都是原著的开头，《巨人的花园》是一个完整的故事。三篇课文中一篇是国内的，两篇是国外的。体现童话"奇妙"的特点是三篇课文的共同之处，或体现于角色形象，或蕴含在故事情节中，或深藏在环境描写之中。语文园地要求学生交流童话阅读的感受，单元习作要求学生能运用写作方法，新编故事。

3. 分析学情

统编版教材指明了童话教学方向。在三年级学习的基础上，学生对童话故事已经有了一定的认识，对童话故事这类文体的大概念已经建立：童话是具有丰富想象、人物具有超能力、故事情节可以反复的一种文学体裁。但蕴含其中的语文要素，还需教师在具体的教学活动中让学生从不同角度逐步习得。比如，阅读中如何感受童话的奇妙之处，如何体会真善美的情感，创编故事时如何运用童话语言，写出童话特征，传达美好愿望。这些都是学生学习本单元童话的难点所在。

（二）单元学习目标

在单元大概念的统领下，依据课程标准和核心素养要求，基于教学内容和学生学情，我们对本单元的目标进行梳理和整合，把单元核心目标定为：阅读中外经典童话，感受童话的奇妙之处，体会和表现童话塑造的人物形象显示出来的真善美。本单元的学习目标表述如下：

基础目标：

1. 能正确、流利、有感情地朗读课文，了解课文主要内容。
2. 正确认读本单元的生字、多音字，正确读写本单元中要求会写的字词。
3. 积累本单元优美的语句与名言警句，制作书签，分享推荐童话故事。

核心目标：

1. 阅读中外经典童话，能梳理每篇童话故事的主要情节，感受童话的奇妙之处，体会人物真善美的形象和美好愿望。

2. 能借助熟悉的故事，设想新的结局、新的情节，创编新的故事，传达真善美的愿望。

3. 能产生阅读更多童话的兴趣，结合所学，拓展整本书阅读，向同学推荐童话故事。

【目标分解与落实】

（见下页图表）

【目标达成与评价】

单元开启课（1学时）

亲爱的同学们：

"天妃号"游轮即将开往"六一童话王国"，现招募同行的乘客。为了让大家有一个美好的体验，乘客请做好以下攻略：

1. 赏读三篇童话：感受童话故事的奇妙，体会童话故事的美好。
2. 推介童话故事：介绍清楚童话故事的特点并作出评价。
3. 创编童话故事：新编童话故事，汇编成"天妃号"新编童话集。

单元预习单

一、温故知新，回顾童话

你一定读过很多童话故事，给你留下深刻印象的有哪些？（写两个）

《_____》《_____》

二、预习课文，完成练习

1. 一读课文，读准以下三组词语的字音，思考：三组词语描写对象分别是什么？

叱 chì 责	大雪覆 fù 盖	多么欢乐
允 yǔn 许	北风呼啸 xiào	亲吻脸颊 jiá
砌 qì 墙	一缕 lǚ 阳光	搂 lǒu 住巨人
拆 chāi 除	硕 shuò 果累累	立刻逃走

探究童话的奇妙　新编美好的故事

单元大概念：童话往往用奇妙的故事传达真善美的愿望

学习情境："天妃号"游轮即将开往"六一童话王国"，现招募同行的乘客。为了让大家有一个美好的体验，乘客请做好以下攻略：
1.赏读三篇童话：感受童话故事的奇妙，体会童话故事的美好
2.推介童话故事：介绍清楚童话故事的特点并做出评价
3.创编童话故事：新编童话故事，汇编成"天妃号"新编童话集

核心任务：赏读童话，新编故事

子任务一： 赏读童话故事 发现童话的奇妙	子任务二： 推介童话故事 讲述童话的奇妙	子任务三： 新编童话故事 分享童话的奇妙
学习目标与评价： 阅读中外经典童话，能梳理主要情节，感受童话的奇妙，体会童话故事的美好	**学习目标与评价：** 产生阅读童话的兴趣，能结合所学，讲述童话故事并能评价童话的特点	**学习目标与评价：** 能选定一个熟悉的故事，根据想表达的愿望，设想不同的故事结局；能根据选定的某种结局，大胆地设想不同的故事经过，对故事人物的塑造能有自己的创意，能想象出既符合故事结局，又不可思议的情节；在创编新故事中，体验童话创作的乐趣，分享表达的快乐
学习内容： 《巨人的花园》《海的女儿》《宝葫芦的秘密（节选）》+整本书导读	**学习内容：** 语文园地 整本书阅读展示	**学习内容：** 习作《故事新编》
学习活动： 1.勾连已知，感受童话特点 2.赏读《巨人的花园》 3.赏读《海的女儿》 4.赏读《宝葫芦的秘密（节选）》+《宝葫芦的秘密》整本书导读	**学习活动：** 1.积累运用 2.梳理童话阅读妙招 3.童话故事推介会	**学习活动：** 1.聚焦《龟兔赛跑》，揭秘新编故事 2.创写新编故事 3.新编故事分享

作业：
1."天妃号"童话推介会
2."天妃号"童话创编集

2. 观察以下生字的字形，把你认为难写的字在田字格中书写两遍。

| 硕 | 允 | 砌 | 牌 | 禁 | 惩 | 踪 | 啸 | 私 | 颊 | 拆 |

3. 二读课文，分别用绿色和蓝色圈画描写春天和冬天景象的句段，分别用橙色和红色圈画描写孩子和巨人表现的句段。

4. 三读课文，这个童话哪些地方让你觉得奇妙？至少写两点。

① _____

② _____

子任务一：赏读童话故事，发现童话的奇妙
（6—7 学时）

学习目标与评价：

阅读中外经典童话，能梳理主要情节，感受童话的奇妙，体会和表现童话故事的美好。

学习内容：《巨人的花园》《海的女儿》《宝葫芦的秘密（节选）》＋整本书导读

学习活动一：勾连已知，感受童话特点

学习活动二：赏读《巨人的花园》（2 学时）

学习目标与评价：

1. 通过比较字形、查阅字典等方法，认识"硕、缕"等生字，会写"啸"等字。

2. 朗读课文，能以花园的变化为线索，梳理故事的主要情节，说出孩子的反应和巨人的转变，体会巨人的内心，感受童话的奇妙之处，体会童话的美好。

3. 能运用童话的语言，完成课后小练笔，表达真善美的愿望。

学习流程：

板块一：检查预习，感受童话特点

1. 读准三组词语的字音，思考：三组词语描写对象分别是什么？

2. 读了这个童话，你觉得哪些地方最奇妙？

板块二：梳理情节，品故事之奇妙

默读课文，思考：花园发生了哪些奇妙的变化？请找出相关语句，与同桌交流。

板块三：聚焦花园，品语言之奇妙

自由朗读课文，圈出花园里的景物，用横线画出你觉得作者描写得最奇妙的景象，小组交流你的想法和感受。

评价标准：

★能准确圈画出相关景物

★能说出景物的奇妙之处

★能说出自己的想法和感受

板块四：聚焦巨人，品内心转变

1. 再读课文思考，花园这么奇妙的变化和谁有关？请默读课文 3—14 自然段，标记关键词，批注巨人是怎么想的或你阅读的感受，填写学习单中的思维图。

2. 同桌交流。

3. 指导朗读。

板块五：探寻原因，体悟真善美

默读全文，思考是什么让巨人发生如此大的变化，从文中找依据，做上记号。

①小组内交流讨论，互相补充。

②集体汇报。

板块六：美好选择，传递真善美

如果你在这个童话里面，你最想成为谁？和同桌一起说说理由。

课堂作业：

1. 完成课后小练笔。请你发挥想象，替王尔德写出一个或多个季节巨人和孩子们尽情玩耍的场景，把这奇妙的童话故事续编下去。

评价标准：

★能写清楚孩子们怎么在巨人身上玩耍，让人感受到巨人和孩子们的快乐与幸福

★能让花园中的景物像人一样说话、做事、玩耍，不同的季节有不同的描写

2. 阅读原著《自私的巨人》，对比读，感受更多的奇妙。

3. 阅读更多的童话，感受奇妙的想象，体会其中传递的真善美。

板书：

孩子　　害怕　　温暖　　融化 ⎫
↓↑　　　　　　　　　　　　　　⎬ 真善美的愿望
巨人　　拒绝　　靠近　　接纳 ⎭

《巨人的花园》学习单

一、自由朗读课文，圈出花园里的景物，用横线画出你觉得作者描写得最奇妙的景象，和同桌交流你的感受和想法。

表达支架：

我找到的最奇妙的景象是：_____。

我想到了：_____。

我来朗读这个句子：_____。

评价标准：

★能准确圈画出相关景物

★能说出景物的奇妙之处

★能说出自己的想法和感受

二、默读课文 3—14 自然段，标记关键词，批注巨人是怎么想的或你阅读的感受，填写在下方图中，同桌交流所填内容。

花园的变化　可爱的花园　　凄凉的花园　　奇特的花园　　乐园

孩子的反应
（关键词）

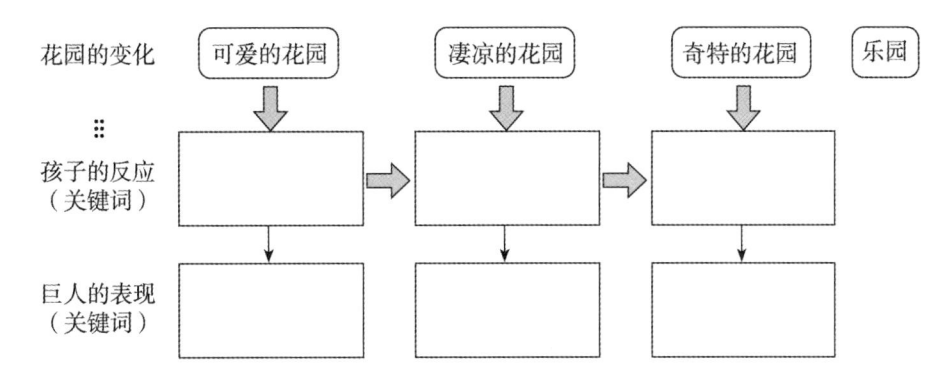

巨人的表现
（关键词）

表达支架：

我从关键词（　　　），推想巨人内心的想法是（　　　）。

三、请你发挥想象，替王尔德写出一个或多个季节巨人和孩子们尽情玩耍的场景，把这奇妙的童话故事续编下去。

评价标准：

★能写清楚孩子们怎么在巨人身上玩耍，让人感受到巨人和孩子们的快乐与幸福。

★能让花园中的景物像人一样说话、做事、玩耍，不同的季节有不同的描写。

学习活动三：赏读《海的女儿》（1课时）

学习活动四：赏读《宝葫芦的秘密（节选）》整本书导读（2课时）

子任务二：推介童话故事，讲述童话故事的奇妙
（1—2学时）

学习目标与评价：产生阅读童话的兴趣，能结合所学，向同学推荐童话故事，能讲述童话故事并能评价童话的特点。

学习内容：语文园地，整本书阅读展示

学习活动：

1. 积累本单元词句。
2. 梳理童话阅读妙招：发现奇妙之处，体会真善美。
3. "天妃号"童话推介会：我们最喜欢的童话故事推介会开始了，想一

想可以从哪些方面向同学们进行介绍，可以根据下面的表格先做好记录。

故事题目	
主要内容	
奇妙之处	
表达愿望	

评价标准：

★能把童话的主要内容讲完整，突出奇妙之处

★能介绍童话的奇妙之处和童话表达的愿望

子任务三：聚焦故事新编，分享童话的奇妙
（2学时）

学习目标与评价：

1. 能选定一个熟悉的故事，根据想表达的愿望，设想不同的故事结局。

2. 能根据选定的某种结局，大胆地设想不同的故事经过，对故事人物的塑造能有自己的创意，能想象出既符合故事结局，又不可思议的情节。

3. 在创编新故事中，体验童话创作的乐趣，分享表达的快乐。

学习流程：

板块一：调动情感，创编故事结局

龟兔赛跑故事大家都知道。你最想成为龟兔赛跑中的哪个角色？假如让故事重新开始，你要设想一个怎样的故事结局，来表达你的愿望？

（让学生感受到在童话故事中，就是要表达自己的某种愿望，学生要把自己对真善美的理解编织在结局中，投射到自己喜欢的角色中。）

板块二：搭建支架，构筑童话情节

1. 小兔和乌龟为什么要赛跑呢？画出故事背景和情节图。（营造一个童话一般的环境，故事才有真实性。引导学生用自己的生活实践和童心，构建整个事件的起因。）

2. 小兔和乌龟准备赛跑了，你觉得这个故事中会有哪些角色？他们之间有什么关系？

（每个事情都是有因果的，而构成因果的是人物之间的关系，教师鼓励学

生尽情地想象，找出角色的鲜明特征，自己学会设定人物，既要大胆想象，又要严格注意逻辑。）

板块三：关注角色，塑造角色特点

你觉得在龟兔赛跑的过程中，所有角色的心态会有什么变化？它们会做些什么，说些什么？

（揣摩人物的心态，理解故事情节与人物内心之间的关系，让学生了解童话故事的角色就是人，他们会随着环境的变化而变化，他们有着社会关系。在童话的世界中，人物会因为社会关系而互动，每一个人都有自己的想法，他们随着故事的发展而变化。学生可以结合自己的生活实践去模拟这个世界。）

板块四：分享故事，展示奇妙童话

另选熟悉的故事，根据想表达的愿望，创编故事的结局，设想故事中角色之间的关系，编织故事情节和角色特点。

1. 交流展示，分享故事。

2. 总结反思：总结这一次的写作经验，你理解了什么是童话，它们为什么是童话吗？

（引导学生总结童话的环境、童话中的人物、童话世界中可能发生的事件和现实世界的关系及童话人物最终的选择，全方位地让学生理解童话中的人物有着真善美的态度，故事的结局可能不完美，但他们的言、行、态度却感染着每一个人。）

附：四年级下册第八单元作业设计及评价（核心素养目标作业单）

1. 和同学交流在课文中学到的"感受童话故事的奇妙，体会真善美人物的形象"的方法。

2. 阅读诊断《快乐王子》片段，完成练习。

3. "天妃号"童话推介会：我最喜欢的童话故事推介会开始了，想一想可以从哪些方面向同学们进行介绍，可以根据下面的表格先做好记录。

故事题目	
主要内容	

续表

奇妙之处	
表达愿望	

评价标准：

★能把童话的主要内容讲完整，突出奇妙之处

★能介绍童话的奇妙之处和童话表达的愿望

4．"天妃号"新编童话集。

评价标准：

★能选定一个熟悉的故事，根据想表达的愿望，设想不同的故事结局

★能根据选定的某种结局，大胆地设想不同的故事经过

★对故事人物的塑造能有自己的创意，能想象出既符合故事结局，又不可思议的情节

身边的他（她）
——统编小学语文五年级下册第五单元教学设计
（设计：林晓红、朱春烟、卢昊炜、涂艺雅）

【目标析出与编写】

（一）单元整体解读

本单元是习作单元，围绕着"学习描写人物的基本方法""初步运用描写人物的基本方法，具体地表现一个人的特点"的读写要素，编排了《人物描写一组》《刷子李》两篇精读课文，《我的朋友容容》《小守门员和他的观众》两篇习作例文和单元习作"形形色色的人"，其中穿插安排了"交流平台""初试身手"。教材编排上，整个单元的学习都围绕最后的习作成果呈现而展开；教学内容的组织与呈现上，与当前新课标理念下学习任务群的样态是一致的。

关于如何表现一个人的特点，统编教材在三年级下册到五年级下册的教材中编排了循序渐进、螺旋上升的训练目标。统编语文教材对"写人"习作的编排序列如下：

册序单元	习作内容	习作训练要素
三年级下册第六单元	身边那些有特点的人	写身边的人，尝试写出特点
四年级上册第二单元	小小动物园	写一个人注意把印象最深刻的地方写出来
四年级下册第七单元	我的自画像	学习运用多种方法，写出人物的特点
五年级上册第二单元	漫画老师	结合具体事例，写出人物的特点
五年级下册第四单元	他_____了	尝试运用动作、语言、神态描写，来表现人物的内心
五年级下册第五单元	形形色色的人	初步运用描写人物的基本方法，具体表现一个人的特点

通过纵向对比，我们提取出"心情""品质"和"内心"三个关键词，其中"心情"是表示一个人短暂的不稳定的感情状态，"品质"则表示一个人长

期的相对稳定的性格特点，"内心"相较"心情"和"品质"而言是"看不见的"，需要去揣摩，具有内隐性。这是对学生从形象思维过渡到抽象思维的提升点，是感性认识上升到理性认识的着力点，更是细致观察和连续观察的爆发点。体现了对学生选取典型事例，通过对典型事例中人物的动作、语言、神态、心理等角度的细致描写来表现出人物特点的要求。如：

四年级上册第六单元的阅读训练要素：通过人物的动作、语言、神态体会人物的心情。

四年级下册第七单元的阅读训练要素：从人物的语言、动作等描写中感受人物的品质。

五年级下册第四单元的阅读训练要素：通过课文中动作、语言、神态的描写，体会人物内心。

（二）单元学习目标

对应课标，在课程内容上，本单元从属于发展型学习任务群中"文学阅读与创意表达"学习任务群。通过梳理整个单元的学习内容，结合课程标准"表达与交流"学习领域对第三学段的目标要求，以及"文学阅读与创意表达"学习任务群对第三学段的目标要求，本单元学习目标可以表述如下。

基础目标：

1. 独立识记本单元生字新词，能理解不同语境的字词意思，积累富有表现力的词句段并尝试运用。

2. 正确流利朗读课文，初步把握课文主要内容，能记录自己的阅读感受和体验。

3. 能主动和他人分享自己的阅读和创作写人作品的理解和体验。

核心目标：

1. 能通过一个典型事例表现一个人的性格特点。

2. 能通过描写人物的神态、语言、心理等，具体地表现一个人的特点，使人物的形象更鲜活。

3. 能通过描写典型事例中周围人的反应，间接地写出一个人的特点。

【目标分解与落实】

身边的他（她）
↓

单元大概念：综合运用描写人物的基本方法有利于塑造人物鲜明的形象

学习情境：如何具体表现身边的他（她）的特点，制作班级人物图谱？每位学生撰写一篇描写同学或老师的文章，综合运用写人的基本方法，通过典型事件表现出他（她）的特点，班级设置专栏进行展示，并把优秀作品打印装订成册送给以前的班主任和老师

核心任务：编辑一本《班级人物图谱》

子任务一：走近他（她）的故事 ⇒	子任务二：作家笔下的他（她）⇒	子任务三：他（她）的故事 ⇒	子任务四：单元综合学习与测评——走近形形色色的人
学习目标与评价： 1.独立识字，读准生字词100%，识记生字巩固率达80% 2.正确流利朗读课文，能借助朗读时的语气语调、重音节奏等呈现对人物的理解 3.整体感知课文内容，能结合提供的资料和自己的学习经验形成对文本人物的初步理解	**学习目标与评价：** 1.能抓住准确的动词，理解嘎子和小胖墩的形象；朗读摔跤片段，能读出自己的体会 2.能画出最能体现祥子特点的语句；能结合关键词，体会祥子的形象 3.能画出最能体现严监生特点的语句；能用朗读表现严监生的焦急，读出对人物的理解 4.对比三个片段的写法异同，理解连续动作描写、经典动作描写所带来的表达效果不同；懂得多种描写方法综合运用，才能让画面更加鲜活；理解作者是通过什么典型事例表现人物特点；激发学生阅读同类文本的兴趣，迁移阅读方法	**学习目标与评价：** 1.有表现人物特点的典型事件，且事件内容具体生动 2.典型事件中人物的神态、语言、心理等描写生动形象，人物形象栩栩如生 3.能通过典型事例中周围人的反应来间接地衬托人物特点	**学习目标与评价：** 1.完成《班级人物图谱——他（她）的故事》 2.单元素养测评达标率为80%
学习内容： 结合《小兵张嘎》第九章，《骆驼祥子》选段，《儒林外史》第五六回等资料预习课文，交流预习情况。尝试完成"初试身手"的练笔	**学习内容：** 精读《人物描写一组》《刷子李》"交流平台"、自读《我的朋友容容》《小守门员和他的观众》	**学习内容：** 《班级人物图谱——他（她）的故事》	**学习内容：** 单元测评
学习活动： 单元准备（预学）——读好作家笔下的人物	**学习活动：** 1.精读阅读本单元的"精读课文"，探究作家笔下的人物 2.描述生活中的他（她）	**学习活动：** 1.评改人物图谱。运用评价量表，修改习作 2.人物图谱评选——谁的习作更精彩？把自己完善后的稿件交至班级展示，并将优秀习作装订成册，送给之前的班主任和老师	**学习活动：** 1.推荐阅读人物描写的相关文段 2.运用多种形式制作其他人物图谱

单元作业：综合运用写人方法完成习作《身边的他（她）》

【目标达成与评价】

五年级下册第五单元学习准备

预学提示：关于写人的习作练习，你一定不陌生的，至今我们已经有过4次练习了。三年级上册安排过"写一个身边的人，尝试写出特点"的要点；四年级教材安排过"写一个人，注意把印象最深的地方写出来""学习从多个方面写出人物的特点"的要点；五年级上册教材还安排了"结合具体事例写出人物的特点"的要点。请学习本单元习作，模仿"叔叔记忆力超群"图示，画一画自己要写的人物图例，和同伴交流分享，看看事例是否典型，是否能突出人物特点。

1. 我来画一画。

我的人物图例：

我的发现＿＿＿＿＿＿＿＿＿＿＿＿＿＿＿＿＿＿＿＿＿＿＿＿＿＿＿＿。

2. 我来写一写。请你结合具体事例写一写班级同学的特点，字数不少于400字。

子任务一：走近他（她）的故事
五年级下册第五单元预学单

亲爱的同学们，请抓住文中描写人物的语句和典型事件，走进文本中的人物细细体会，相信你会感受到鲜活的人物特点。

1. 自读整单元内容，精读课文多读几遍，想一想，课文主要写了什么人，什么事，给你留下什么印象，填一填下面的表格。（自评）

课题	主要人物	主要内容	人物印象
《摔跤》			
《他像一棵挺脱的树》			
《两茎灯草》			
《刷子李》			

2. 我能认识并用多种方法理解课后的词语，和我的同桌一起读词语，交流发现。（同桌互评）

- 搂 蹦 绊 揪 拽 扳 铸成
- 虎势儿一站 冷绊子 牛劲儿 猴儿似的 公鸡鸽架似的 走马灯似的
- 挺脱 硬棒 杀进他的腰 颧骨 疤 "出号"的大脚
- 调浆 和着琴声 得刷九天 露馅儿

评价要点	自评	互评
能读准字音（正确、响亮、熟练）	☆☆☆	☆☆☆
能用合适的方法理解词语，说说你的发现	☆☆☆	☆☆☆

我的发现_____。

3. 请大声读一读下面的句子，查一查它选自哪本书，想一想用了哪种描写方法。并能将下面的句子读正确，能读出人物的性格特点，同桌互评。

(1) 小嘎子已有些沉不住气，刚想用脚腕子去钩他的腿，不料反给他把脚别住了。　　　　　　　　　　　　　　　选自（　　　）

(2) 严监生喉咙里痰响得一进一出，一声不倒一声的，总不得断气，还把手从被单里拿出来，伸着两个指头。　　　选自（　　　）

(3) 啪啪声里，一道道浆，衔接得天衣无缝，刷过去的墙面，真好比平平整整打开一面雪白的屏障。　　　　　　　选自（　　　）

(4) 他的身量与筋肉都发展到年岁前边去了。二十来岁，他已经很大很高。虽然肢体还没被年月铸成一定的格局，可是已经像个成人了——一个脸上身上都带出天真淘气的样子的大人。　　　选自（　　　）

评价要点	自评	互评
字音正确，声音响亮，能用合适的语气语调表现人物特点	☆☆☆	☆☆☆

4. 我能梳理自己通过预习，记下"已经知道"和"还想知道"的内容。

已经知道：_____

_____

还想知道：_____

_____

5. 《人物描写一组》和《刷子李》都选自以下这些书，提供相关文章选段给同学们阅读。

子任务二：作家笔下的他（她）
五年级下册第五单元学习单1

亲爱的同学们，请再次默读课文，选择心中印象最深的一个人物，边读边写批注，想想作者写清这些人物的特点用了哪些描写方法？

1. 为人物画一画思维图，和你的小伙伴一起分享你的阅读感受。

评价要点：结合与人物相关的神态、动作、语言、心理活动等具体语言环境和事例有根有据表达。

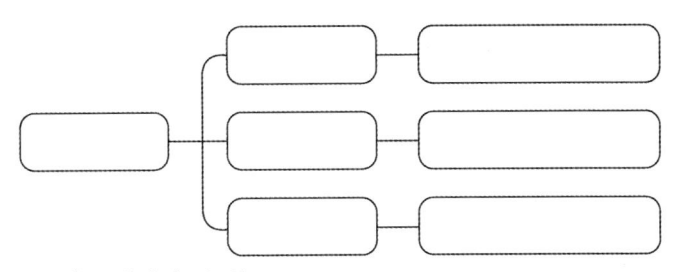

2. 对比阅读，我有新发现。

仔细读读课文，同样是写人，作者在写法上有什么不同之处吗？

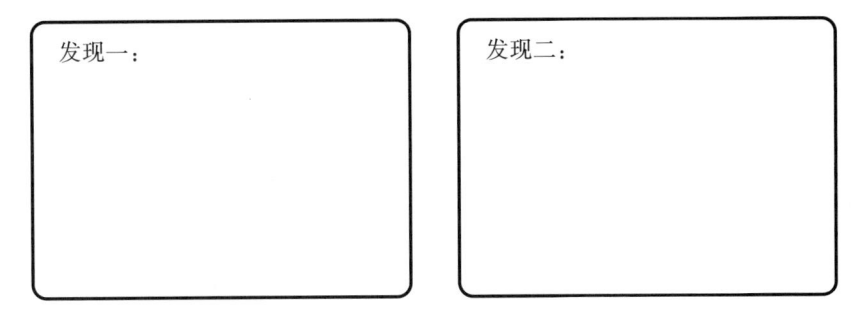

| 发现一： | 发现二： |

3. 回顾梳理，总结写法。

读读交流平台，你发现写好人物的好方法了吗？小组合作完成表格，每人选择印象最深的一个人物，说说他们的故事。

4. 自主阅读例文《我的朋友容容》和《小守门员和他的观众们》，你能找出这两篇例文在描写上的异同之处吗？

相同点：_____

不同点：_____

我的发现：_____

写好人物有方法

（1）_____；

（2）_____；

（3）_____。

评价要点	自评	互评
能梳理写法，发言自信大方，语言通顺流畅	☆☆☆	☆☆☆

子任务三：他（她）的故事

1. 写好人物特点的第一步是要抓准人物的特点。留心观察课间十分钟，看看哪位同学给你留下了深刻印象，写下来和小伙伴一起分享吧！互评预学习作，想一想是否有典型事例，人物动作、语言神态等体现人物的特点有没有给你留下了深刻印象，根据同桌的建议修改习作。

习作：

评价要点	自评	互评
事例典型，人物动作、语言神态等体现人物特点	☆☆☆	☆☆☆

本片段选取＿＿＿＿＿＿＿＿的事例刻画人物＿＿＿＿＿＿＿＿的特点，该事例（典型/不典型），建议事例可以更换为＿＿＿＿＿＿＿＿。

2. 根据评价标准，给对方的习作片段评级。

评价内容	互评
选取典型事例，突出人物特点	☆☆☆☆☆
综合运用写人方法	☆☆☆☆☆

本片段综合运用了＿＿＿＿＿＿＿＿＿＿＿＿＿＿的描写方法突出了人物特点，建议还可以运用＿＿＿＿＿＿＿＿描写方法。

3. 根据评价标准，修改自己的习作。

身边的他（她）				
评价内容		自评	大家评
典型事例	突出人物特点	☆☆☆☆☆	☆☆☆☆☆

续表

身边的他（她）			
综合运用写人方法	神态描写	☆☆☆☆☆	☆☆☆☆☆
	动作描写	☆☆☆☆☆	☆☆☆☆☆
	语言描写	☆☆☆☆☆	☆☆☆☆☆
	心理描写	☆☆☆☆☆	☆☆☆☆☆
侧面描写	周围人的反应	☆☆☆☆☆	☆☆☆☆☆
其他	字迹工整，语句通顺	☆☆☆☆☆	☆☆☆☆☆

子任务四：单元综合学习与测评——走近形形色色的人
五年级下册第五单元学习单3

和你的小伙伴一起分享你的创作成果，评评谁的习作最精彩。继续阅读课外书，观看影视作品，搜集奇人奇事。可以画画海报、人物思维图；也可以做做人物名片；还可以说说精彩片段和故事……和小伙伴们一起去感受经典名著的魅力吧！

第二节 小学数学单元教学设计案例

百分数（一）
——人教版小学数学六年级上册第六单元教学设计
（设计：杨锦仙、李童博、陈志霞、朱世华）

【目标析出与编写】

（一）单元整体解读

1. 对应课标

《百分数（一）》是人教版六年级上册第六单元的内容。2022年版数学课程标准把百分数的内容从数与代数领域移到"统计与概率"领域，这样调整意在在统计教学中不仅让学生学会事物分类、能绘制统计图表、能计算平均数和百分数，更重要的是培育学生的数据意识；帮助学生在调查研究，收集、整理、分析数据的解决真实问题的过程中，理解生活中的随机现象，逐步养成用数据说话的习惯，进而感受数据的力量，逐步学会思考、表达与交流合作。因此，本单元的教学重在引导学生建立数据意识，凸显百分数的统计意义。2022年版数学课程标准及本单元在五、六学段的要求是：

核心素养：本单元培养学生的核心素养主要表现为：数感、运算能力、数据意识、应用意识、推理意识。

内容要求：结合具体情境，探索百分数的意义，能解决与百分数有关的简单实际问题，感受百分数的统计意义；在简单的实际情境中，应用百分数，形成数据意识和初步的应用意识。

学业要求：在真实的情境中理解百分数的统计意义，解决与百分数有关的简单问题。能在认识及应用统计图表和百分数的过程中，形成数据意识，发展应用意识。

教学提示：百分数教学要引导学生知道百分数是两个量倍数关系的表达，既可以表达确定数据，也可以表达随机数据。建议利用百分数可以认识现实世界中的随机现象，作出判断、制定标准。

学业质量：知道数据的统计意义，能对一些随机现象发生的可能性大小作定性描述，形成数据意识和推理意识。对数学形成一定的好奇心与求知欲，具有学习数学的兴趣，体会数学的价值。

2. 研读教材

（1）纵向联系知识体系

"统计与概率"领域主要包括三大内容：一是数据分类，包括事物分类和数据分类，安排在第一学段学习；二是数据的收集、整理与表达，主要包括统计表、统计图、统计量，安排在二、三学段学习；三是随机现象发生的可能性，主要包括简单的随机现象和定性描述大小，安排在第三学段；其中数据分类和数据的收集、整理与表达是属于统计内容，随机现象发生的可能性是属于概率。百分数作为一个统计量，属于统计内容，因此不仅要求学生能计算百分数，更重要的是培养学生的数据意识。

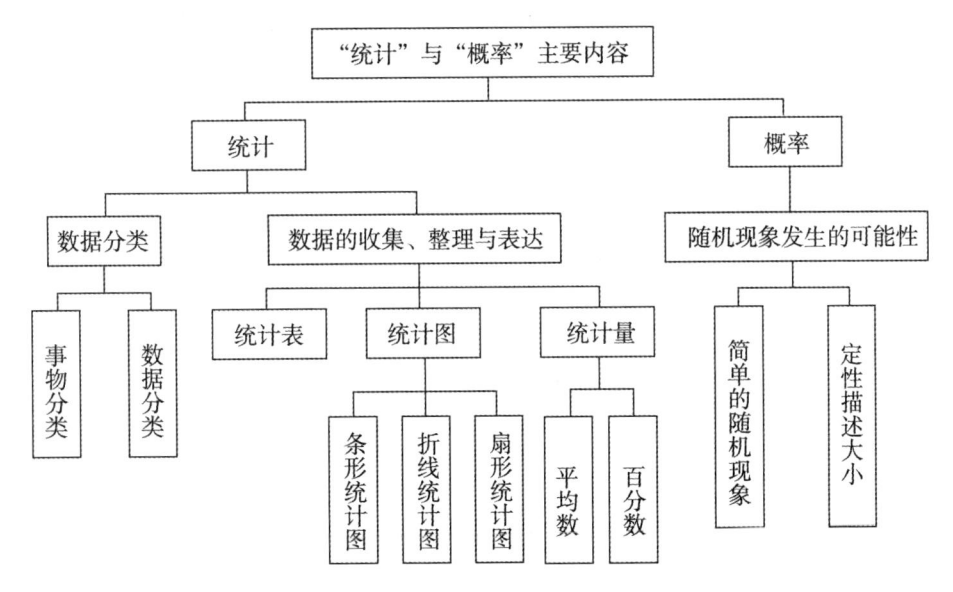

```
                    "统计"与"概率"主要内容
                    ┌───────────┴───────────┐
                   统计                     概率
         ┌──────────┼──────────┐             │
       数据分类  数据的收集、整理与表达  随机现象发生的可能性
       ┌──┴──┐   ┌────┼────┐         ┌────┴────┐
      事物  数据  统计表 统计图 统计量    简单的  定性
      分类  分类         ┌─┼─┐  ┌─┴─┐  随机    描述
                       条 折 扇  平 百  现象    大小
                       形 线 形  均 分
                       统 统 统  数 数
                       计 计 计
                       图 图 图
```

在人教版教材中，与百分数较为密切的内容主要安排如下：

册序	单元内容	教学核心任务
六年级上册	第三单元《分数除法》	分数除法的意义与计算法则以及解决相关的实际问题。
六年级上册	第六单元《百分数（一）》	在具体情境中探索并理解百分数的意义，能解决与百分数有关的实际问题，感受百分数的统计意义，形成初步的数据意识和应用意识。
六年级上册	第七单元《扇形统计图》	认识扇形统计图的功能，读懂并解释其所表达的意义，应用统计图表解决简单的问题。
六年级下册	第二单元《百分数（二）》	能在具体情境中解释折扣、税率、成数、利率的含义，能根据结果做出简单的判断和决策，进一步理解百分数的意义，形成初步的数据意识和应用意识。

从知识的关联角度看，百分数（一）这个单元内容具有承上启下的作用：向前承接分数除法的意义与应用，分数与百分数都是表达两个量之间的倍数关系；也为进一步学习百分数相关内容及分析与解答相关实际问题打下重要基础；同时它沟通了和小数、分数、比的联系与区别，是完善认知结构的重要内容。

（2）横向聚焦课时分析

本单元将知识分为百分数的意义和读、写法，百分数和分数、小数的互化，用百分数解决问题三个部分进行教学。百分数的意义是起始课，着重要让学生理解两层含义：一是百分数的内涵，二是它的统计价值；教材例题1—5则是对百分数意义的深化理解及应用。其中，例1、例2都是要掌握百分数与分数、小数的互化方法，但例1着重凸显把小数和分数化成百分数的必要性，解决"求百分率的问题"，例2则是解决"求一个数的百分之几是多少"的问题；例3、例4、例5则是利用类比推理的思想，把分数除法中"求一个数比另一个数多或少""一个数比另一个数多或少几分之几的数是多少"的数学问题，转换成百分数问题，数量关系完全相同。

3. 分析学情

（1）知识经验：学生在学习了分数的意义和除法相关知识的基础上，正式认识百分数。学生对于百分数已经有了一定的认知和生活经验积累。所以本单元的教学重点在于激活学生对百分数的生活经验进行数学化，建构百分数的意义，感悟百分数的统计价值，促进学生迁移分数的相关知识。

（2）思维能力：六年级的学生已经具备一定的独立思考能力、探究能力和知识迁移能力，同时合作意识也比较强，这些都为本单元的学习提供能力基础。

（3）困难困惑：困难是大部分学生见过生活中的百分数，但是对百分数的统计意义理解欠缺。此外学生对百分数和分数的区别和联系、百分数的价值等内容不是特别清晰，课中需要考虑到在这一方面多加引导。

基于对教材、课时及学情的分析，可将百分数（一）这个单元的具体观念确定为：一是统计价值：运用百分数刻画数据的分布，从而更好地把握一组数据中的信息，为人们对随机事件的判断和决策提供依据。二是百分数的内涵：百分数体现了部分与整体，两个数之间的倍数关系，便于选择共同的标准进行比较。由于教材提供的学习素材在统计价值这块没有较好地体现出来，需重新整合素材，收集了学生生活中的真实数据，以主题式的方式展开课时教学。在解决问题的过程中融入对百分数的认识和应用的内容，以凸显百分数的统计价值。

（二）单元学习目标及评价

在单元大概念的统领下，依据课程标准和核心素养要求，基于教学内容和学生学情，我们对本单元的目标进行梳理和整合，把单元总目标定为：百分数的内涵和统计价值；在理解百分数的意义、解决与百分数有关的简单实际问题的过程中，感受百分数的统计意义；初步培养学生的数据意识、应用意识、数感、运算能力、推理意识等核心素养。本单元的学习目标及评价可大致表述如下：

基础目标：

1. 认识百分数，会正确读写百分数。
2. 掌握小数、分数和百分数的互化方法。

核心目标：

1. 在真实的情境中探索、理解百分数的意义，能解决与百分数有关的简单实际问题，感受百分数的统计意义，形成数据意识和初步的应用意识。

2. 能对一些随机现象发生的可能性大小作定性描述，会制定标准，能根据标准作出判断及合理的决策，形成数据意识和推理意识，积累活动经验。

3. 会把分数的有关知识和技能迁移到百分数，体会类比的数学思想，感受数学的价值。

【目标分解与落实】

（见下页图表）

【目标达成与评价】

六年级上册第六单元预学单

亲爱的同学们：

我国不仅是一个拥有几千年历史的文明古国，同时也是一个美食王国，民以食为天，每个人每天都离不开吃饭。相信大家吃过不少美食，但是合理膳食是很重要的，相信通过本单元的学习，同学们能针对学校或自己家庭午餐食谱的营养构成情况提出建议，并设计一周合理的营养午餐食谱。现在跟着老师的步伐走进新的单元——百分数（一）。

子任务一：谁的投篮命中情况好（单元整体教学课时1、2）
《投篮中的百分数》学案（1学时）

学习目标与评价：

1. 正确读写百分数，理解百分数的意义。会运用百分数描述和解释生活现象。

2. 在分析探究、对比观察的过程中，培养收集数据的能力、语言表达能力、抽象概括和迁移类推能力。

3. 感受百分数在实际生活中的广泛应用，获得运用知识解决问题的成功体验。

百分数（一）

单元大概念：百分数是两个量的倍数关系和统计价值的体现

学习情境：同学们，我国不仅是一个拥有几千年历史的文明古国，同时也是一个美食王国，民以食为天，每个人每天都离不开吃饭。相信大家吃过不少美食，但是合理膳食是很重要的，相信通过本单元的学习，同学们能针对学校或自己家庭午餐食谱的营养构成情况提出建议，并设计一周合理的营养午餐食谱。现在跟着老师的步伐走进新的单元——百分数（一）。

核心任务：运用本单元学习的内容设计一周合理的营养午餐食谱

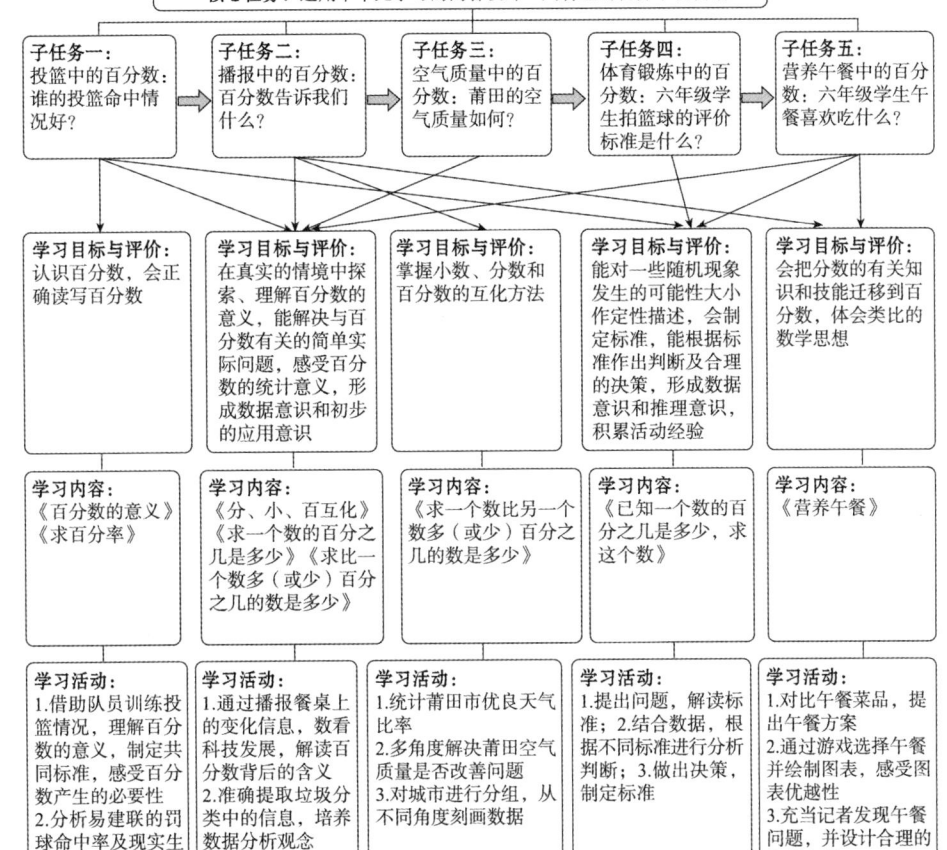

子任务一：投篮中的百分数：谁的投篮命中情况好？	子任务二：播报中的百分数：百分数告诉我们什么？	子任务三：空气质量中的百分数：莆田的空气质量如何？	子任务四：体育锻炼中的百分数：六年级学生拍篮球的评价标准是什么？	子任务五：营养午餐中的百分数：六年级学生午餐喜欢吃什么？
学习目标与评价：认识百分数，会正确读写百分数	**学习目标与评价**：在真实的情境中探索、理解百分数的意义，能解决与百分数有关的简单实际问题，感受百分数的统计意义，形成数据意识和初步的应用意识	**学习目标与评价**：掌握小数、分数和百分数的互化方法	**学习目标与评价**：能对一些随机现象发生的可能性大小作定性描述，会制定标准，能根据标准作出判断及合理的决策，形成数据意识和推理意识，积累活动经验	**学习目标与评价**：会把分数的有关知识和技能迁移到百分数，体会类比的数学思想
学习内容：《百分数的意义》《求百分率》	**学习内容**：《分、小、百互化》《求一个数的百分之几是多少》《求比一个数多（或少）百分之几的数是多少》	**学习内容**：《求一个数比另一个数多（或少）百分之几的数是多少》	**学习内容**：《已知一个数的百分之几是多少，求这个数》	**学习内容**：《营养午餐》
学习活动：1.借助队员训练投篮情况，理解百分数的意义，制定共同标准，感受百分数产生的必要性 2.分析易建联的罚球命中率及现实生活中的百分数，体会数据的随机性	**学习活动**：1.通过播报餐桌上的变化信息，数看科技发展，解读百分数背后的含义 2.准确提取垃圾分类中的信息，培养数据分析观念	**学习活动**：1.统计莆田市优良天气比率 2.多角度解决莆田空气质量是否改善问题 3.对城市进行分组，从不同角度刻画数据	**学习活动**：1.提出问题，解读标准；2.结合数据，根据不同标准进行分析判断；3.做出决策，制定标准	**学习活动**：1.对比午餐菜品，提出午餐方案 2.通过游戏选择午餐并绘制图表，感受图表优越性 3.充当记者发现午餐问题，并设计合理的午餐方案

学习流程一：激活经验，理解倍数关系的表达

学习活动：对比 2 名队员一次训练投篮情况

1. 明确单元学习任务。

2. (1) 出示表 1（两个选手进行投篮比赛）。

提问：如果我们选一个投篮水平高的选手代表班级去参加比赛，你选几号？一定是 1 号吗？

表 1

编号	投中次数
1 号	9
2 号	5

小结：不能确定，没有投篮的总次数就不好进行比较。

(2) 出示表 2（增加一列投篮总次数）。

追问：现在你会选几号？

表 2

编号	投中次数	投篮总次数
1 号	9	20
2 号	5	10

小结：通过比较我们都选择了 2 号。

3. 理解倍数关系的表达。

(1) 提问：$\frac{5}{10}$、$\frac{10}{20}$ 表达的是什么意思？

(2) 小结：两个分数都表达了选手投中次数与投篮总次数的倍数关系，这个倍数关系的表达可以叫作投篮的命中率。

(3) 提问：两位选手的命中率分别是多少？$\frac{5}{10}$ 就可以表达 2 号选手的命中率，为什么还要把它变成 $\frac{10}{20}$？

学习流程二：对比 5 名队员一次训练投篮情况

学习活动：

1. 寻找标尺，统一标准。

(1) 出示表 3（增加 3 号选手的信息）。

表 3

编号	投中次数	投篮总次数
1 号	9	20
2 号	5	10
3 号	21	50

(2) 提问：现在又来了一位选手，你能比较三个选手的"命中率"吗？

(3) 完成学习单探究（二）的任务，交流汇报，完善板书。

(4) 交流：$\frac{42}{100}$ 表达的是什么？之前是 $\frac{21}{50}$，现在怎么又是 $\frac{42}{100}$？

2. 改写分数，认识百分数。

师：其实三个选手的命中率还可以这样写：45％、50％、42％。这样的数你认识吗？（出示课题）

读百分数

写百分数

3. 理解百分数的意义。

(1) 说说 45％、50％、42％所表示的意思。

(2) 联系生活，深化理解。

(3) 小结：百分数表示一个数是另一个数的百分之几。百分数也叫百分比或百分率。

4. 比较异同，深化理解。

(1) 选一选：一个标准篮球的重约（　　）千克，小明练习投篮，他投中的次数是投篮总次数的（　　）。

A．60％　　B．$\frac{60}{100}$　　C．60

(2) 想一想：百分数和分数在意义上有什么相同和不同？

5. 寻找标尺，感悟价值。

(1) 引导学生观察数据，感悟学习百分数的价值。

（2）思考：为什么学完分数还要再学百分数呢？（板贴增加到5号选手数据）

（3）如果让你重新选择一把标尺，你会选择哪一个？为什么？

（4）小结：用百分数表示，形式统一，便于观察比较。

学习流程三：分析易建联的罚球命中率

学习活动：

1. 思考：如果再比一次，2号选手还一定是第一名吗？

2. 分析易建联的下一个投球命中率，进行预测发现规律。

3. 理解数据的随机性，最后都存在一定的规律，都可以用重要标尺——百分数来判断。

学习流程四：分析现实生活的百分数

学习活动：

1. 观察数据，谈感受。

2. 思考：根据这两个数据，可以得出中国的森林面积覆盖情况好于日本吗？

作业：

1. 基础应用：

分别用分数、小数和百分数表示图中涂色部分占大正方形的多少。

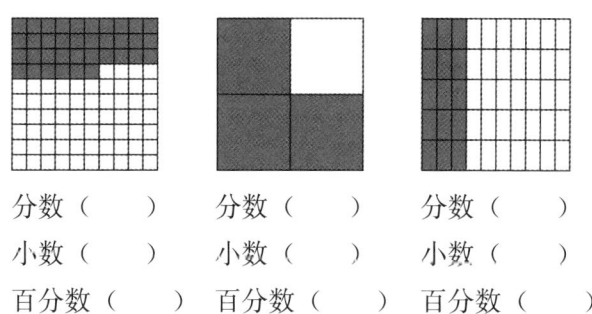

分数（　　　）　　分数（　　　）　　分数（　　　）
小数（　　　）　　小数（　　　）　　小数（　　　）
百分数（　　　）　百分数（　　　）　百分数（　　　）

2. 提升练习：

选择下面合适的数填空。

7%，65%，100%，200%

①小红看了一本书，已经看了（　　　），还剩35%没有看。

②一批产品的合格率是（　　　）。

③一堆煤重（　　）t，运走了它的（　　）。
④一辆货车严重超载，装的货物重量是核定重量的（　　）。
思考：在什么情况下最多能达到100%？什么情况下能超过100%？

子任务二：拼一拼：百分数告诉我们什么？（单元整体教学课时2、4）
《播报中的百分数》学案（1学时）

学习目标与评价：

1. 在解决问题的过程中学会把百分数化成分数、小数，体验迁移、分析、归纳、发现的学习方法，能正确地分析解答"求比一个数多（或少）百分之几的数是多少"的问题。

2. 通过分析数量关系得到两种不同的解法，了解不同的解题思路，沟通两种解法之间的联系。

3. 通过解决生活中的实际问题，提高数学应用意识，进一步体验数学与生活的紧密联系。

学习流程一：播报导入，复习巩固

学习活动：我是小小播报员——餐桌上的变化

1. 巩固百分数的意义。

课件出示1978年和2020年全国居民人均主要食品消费量。

（1）提问：习近平总书记说："确保国家粮食安全，把中国人的饭碗牢牢端在自己手中。"从吃得饱到吃得好，中国人的餐桌发生了哪些变化？

（2）追问：从图中有没有找到百分数？它们的意义是什么？通过画一画来表示。

学情预设：

改革开放伊始，全国居民膳食结构单一，以主食消费为主。随着人们生活水平的提高和健康意识的增强，轻食文化受到了广泛的关注和追捧，中国的餐桌正在经历着"食"代变迁。

2. 引入新课：同学们，你们的表现很棒，这堂课我们继续学习有关百分数的知识。（板书课题）

学习流程二：结合情境，探索新知

学习活动：我是小小播报员——数看科技发展

1. 出示 2021 年全球轨道级航天发射情况表。

（1）思考：这里出现了成功率这个专业的词语，谁能用自己的语言说说成功率的含义？

（2）思考：中国的成功率指的是什么？

（3）联系求一个数是另一个数的几分之几的解决方法。

①提问：理解题意之后，各个国家的成功率怎么求？

②提示：列出算式后，你觉得还要注意什么？

（4）小组交流展示。

①学生完成作业任务后，交流学习中遇到的困难和解决方法。

②收集代表性作业进行展示并进行叙述。

（5）归纳提升，得出分数、小数化成百分数的一般方法。

2. 我国列车全面提速。一种是"G"字头的高速动车组，人们称之为"高铁"；另一种是"D"字头的动车组，人们称它为"动车"。

（1）出示问题 1：动车最快时速为每小时 250 千米，普速动车时速是动车最快时速的 80%，普速动车的时速是多少？

①引导学生利用线段图分析数量关系。

②互动交流，思维碰撞。

提问：我发现很多同学用线段图分析了这道题，能说说你们是怎么想的吗？这个问题与以前学过的哪些问题类似？

③对比发现，明确方法。

提问：通过类比，你觉得今天所学的新问题有哪些特点？你觉得可以用怎样的方法来解决这个问题？

④列式计算，突出转化。

引导学生利用百分数的意义，把百分数改写成分数或小数来计算出结果。

小结：让我们一起回顾下这道题的解题过程，同学们利用类比的数学思想，把新知识与旧知识比较，发现解决百分数问题与解决分数问题的思路是一致的；在计算时把百分数改写成分数、小数来计算，利用类比的数学思想来解决新问题是数学学习的重要方法。

（2）出示问题2：世界上运行最快的高速动车是中国复兴号列车，它的最快时速比动车最快时速快40%，求中国复兴号列车的最快时速。

①引导学生借助线段图分析数量关系并列式解答。

②对比巩固。

提问：刚刚这道题我们一起探究出了两种解题方法，能说说这两种方法的相同点与不同点吗？

③小结反思。

中国科技的其他领域也在发生着惊人的变化，同学们看完之后有什么感想？

学习流程三：选择信息，加深数据意识

学习活动：我是小小播报员——垃圾分类是否有效

播报北京市垃圾分类三周年成绩单

1. 思考：垃圾分类是否有效？怎么能够说明垃圾分类是有效的？
2. 分析：选择哪些信息才能说明？
3. 在信息筛选的过程当中逐渐加深对学生的数据分析观念的培养。

作业：

1. 基础应用：

小明将20克糖放入180克水中，待糖溶解后，她喝了糖水的一半，剩下糖水的含糖率是（　　）

A. 11.1%　　　B. 10%　　　C. 20%　　　D. 22.2%

2. 提升练习：

画一画，算一算。

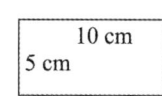

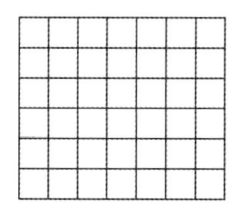

①在方格图中画出长缩短20%，宽增加20%后的长方形。

②现在长方形的面积比原来少（　　）%。如果把长增加20%，宽缩短

20％，那么长方形的面积又是原来长方形面积的（　　）％。你有什么发现？

子任务三：莆田的空气质量如何？（单元整体教学课时3）
《空气质量中的百分数》学案（1学时）

学习目标与评价：

1. 正确读写百分数，理解百分数的意义。会运用百分数描述和解释生活现象。

2. 在分析探究、对比观察的过程中，培养收集数据的能力、语言表达能力、抽象概括和迁移类推能力。

3. 感受百分数在实际生活中的广泛应用，获得运用知识解决问题的成功体验。

学习流程一：经历统计过程

学习活动：莆田空气质量达到优良标准了吗？

思考：莆田的空气质量达标了吗？

（1）对空气质量指数标准进行解读，想要知道莆田的空气质量如何，我们需要知道哪些信息？

（2）出示莆田市2022年每月的优良天数情况（篇幅有限，以1月为例）

小结：要知道莆田的空气质量情况是否达到优良标准要用：优良天数÷一年总天数×100％

学习流程二：多角度解决问题

学习活动：

1. 莆田市空气质量改善了吗？

（1）想要知道莆田的空气质量有没有改善，我们需要和往年的数据作比较。

出示莆田市2018年与2022年空气质量优良统计表

（2）思考：你能根据表中的数据说说莆田市的空气质量得到改善了吗？

2. 2022年优良天数与2018年相比，增加了全年天数的百分之几呢？

（1）97.3％－89.9％＝7.4％

（2）（355－328）÷365≈7.4％

学习流程三：从不同角度刻画数据

学习活动：进行数据的分类

1. 从这幅统计图中，你发现了什么？
2. 你认为国家优良天数比率 80% 是根据什么制定的？
3. 国家想要更精细化地管理，只分这两组行吗？还可以怎么分？

作业

1. 基础作业：

下表是小明家上月的家庭收入和消费支出情况统计表（单位：元）。

收入		消费支出					结余
爸爸	妈妈	食品	娱乐	教育	水电	其他	
8000	4000	2500	800	2000	200	2000	4500

（1）结余占总收入的百分之几？

（2）食品支出占总支出的百分之几？

（3）根据下面的信息可以推断，小明家的生活水平是（　　）。

$$恩格尔系数 = \frac{食品支出总额}{家庭消费支出总额} \times 100\%$$

恩格尔系数	生活水平划分
大于 60%	贫穷
50%—60%	温饱
40%—50%	小康
30%—40%	相对富裕
20%—30%	富裕

（4）有兴趣的同学读一读课本的"你知道吗？"，了解"恩格尔系数"。

2. 拓展性作业：

荒漠化被称为地球的"癌症"，植树造林能防沙止漠。据调查，沙棘和柠条这两种植物在沙漠中的种植情况如下：如果沙棘种植 40 棵，有 8 棵不能成活；种植柠条，44 棵能成活，6 棵不能成活。哪种植物成活率高一些？比另一种植物高多少？

子任务四：六年级学生拍篮球的评价标准是什么？（单元整体教学课时5）
《体育锻炼中的百分数》学案（1学时）

学习目标与评价：

1. 结合具体情境，使学生掌握"已知一个数的几分之几是多少，求这个数"这类实际问题的解题方法。

2. 经历借助线段图分析数量关系以及对关键句子的描述等过程，学会这类问题的解答方法和技巧。

3. 培养学生良好的逻辑思维和学习习惯，感悟数学与生活的密切联系，培养学生应用数学的意识。

学习流程一：解读标准

学习活动：情境导入，引出标准，分析数据

1. 由师生的体育锻炼情境引入提出问题：我们班同学的体质健康情况好不好？要如何判断？要用数据来说话。

2. 观看班级"1分钟的跳绳个数"测试视频，进行登记。

提问：数据不够直观，引出学生思考整理分类。

3. 出示国家1分钟的跳绳标准，并分析标准。

提问：国家标准的特点是什么？

学习流程二：根据不同标准进行比较

学习活动：对比不同标准

1. 通过判断班级的跳绳标准，引出百分数。

提问：如何判断班级1分钟跳绳的水平？

2. 根据数据，绘制班级1分钟跳绳统计图。

3. 展示不同作品，并交流想法。

追问：为什么只知道占百分比的情况，无从得知成绩好坏的水平？（引出要进行标准的对比）

4. 出示去年班级1分钟跳绳的水平，每个等级占总的百分率的统计图。

提问：通过对比成绩，有什么发现？

5. 课件出示其他班级以及年段1分钟跳绳标准呈现的百分数，谈发现。

追问：出示其他统计图进行观察，数据变多了，你看到它的变化趋势是什么样的？（中间高，两边低）

学习流程三：制定标准

学习活动：

1. 制定本班 1 分钟跳绳标准。

小组合作尝试制定本班班级跳绳标准。

追问并展示作品：

（1）以什么为标准制定班级跳绳标准？强调百分数。

（2）对比异同，以百分数为标准的优势是什么？展示明显的比例分配。

2. 探究达标率，理解对应量与总量的关系。

提问：根据我们制定的标准，已知六年级四班优良的人数为 12 人，可否算出他们班良好的人数？

作业：

1. 六年级一班有男生 30 人，占全班人数的 60％，六年级一班有多少人？（尝试画出线段图，再写出数量关系，然后列式解答）

2. 全市将举办一场足球联赛，举办方决定将 1400 张门票免费送给学生，免费送出的门票占足球场座位总数的 5％。这个足球场共有多少个座位？

子任务五：六年级学生喜欢吃什么？（单元整体教学课时 6）
《营养午餐中的百分数》学案（1 学时）

学习目标与评价：

1. 通过综合运用简单的排列组合、统计等相关知识解决问题。

2. 通过了解各份菜中热量、脂肪、蛋白质的含量和营养午餐的一些基本指标，促使学生克服偏食、挑食的毛病，养成科学的饮食习惯。学会发现问题、解决问题，学会与他人合作。

3. 体会数学在日常生活中的应用，增强学生应用数学的意识。

学习流程一：选择喜欢的午餐搭配

学习活动：创设情境，引入课题

1. 出示情境图：民主路小学今天为学生提供的三组午餐。

师：一日三餐是每个人生活中必不可少的一件事。相信，可口的菜肴一定给同学们留下了深刻的印象吧！老师昨天学了几招厨艺。今天，就让老师露一手，弄几组菜，让同学们瞧一瞧，老师搭配得怎么样？

2. 问：这几组菜，同学们喜欢哪一组呢？

学习流程二：根据不同标准进行选择

学习活动：初次尝试，发现问题

1. 师：听了同学们的发言，老师不得不佩服同学们的审美能力，接下来，老师也想看看同学们心中理想的午餐，能把它介绍给老师吗？

2. 出示学生的午餐方案。

思考：这样的方案合理吗？

学习流程三：科学认识营养午餐

学习活动：小组合作，初步认识

1. 交流对学生及老师设计的营养午餐的看法。

2. 引出营养专家的建议，初步完成对营养午餐的科学认识。

3. 得出结论，判断老师及同学们提供的几组午餐是否合格。

学习流程四：我是小小营养师游戏

学习活动：再次尝试，提高认识

1. 游戏安排：将全班分成两大组，一大组扮演厨师，负责提供合理的营养午餐；一大组扮演消费者负责品尝，评定。每大组根据人员适当分成几个小组。

2. 游戏过程：

（1）小厨师将自己小组设计的营养午餐方案张贴在本组的广告栏上。

（2）消费者参照营养专家给出的两个指标加以评定，选出合格的营养午餐。

（3）统计用这 10 种菜肴共可以搭配几组营养午餐。

（4）评选小小美食家、小小营养家。

学习流程五：绘制统计图表

学习活动：联系实际，解决问题

1. 根据上面的合格的营养午餐，选出自己喜爱的五种搭配方案。

2. 将选举的结果作成扇形统计图。

3. 哪种营养获取的蛋白质最多?

学习流程六：扮演记者采访了解饮食习惯

学习活动：引申发展，总结提高

1. 请一名同学扮演小记者，以记者采访的形式，了解本班不同身材的同学的饮食习惯。

2. 探讨：从他们的饮食习惯中，我们能否发现一些问题?

3. 提提你的看法。

作业：

调查家中午餐的菜谱，评价午餐的安排是否科学合理，并向父母提出你的建议。

长方形和正方形
——人教版小学数学三年级上册第七单元教学设计
（设计：陈曼凌、梁雄健、吴鸿斌、阮烨萍）

【目标析出与编写】

（一）单元整体解读

1. 对应课标

《长方形和正方形》是人教版三年级上册第七单元的内容。本单元内容是属于"图形的认识与测量"中的重要内容，2022年版数学课程标准关于本单元在三、四学段的要求是：

核心素养：本单元培养学生的核心素养主要表现为：量感、空间观念、几何直观、推理意识、应用意识、创新意识等。

内容要求：

（1）认识三角形和四边形，会根据图形特征对三角形、四边形分类。

（2）结合实例认识周长，探索并掌握长方形、正方形的周长计算公式。

（3）在图形的认识与测量的过程中，增强空间观念和量感。

学业要求：

（1）经历用直尺和圆规将三角形的三条边画到一条直线上的过程，直观感受三角形的周长。

（2）能说出长方形、正方形的特征，能说出图形之间的共性和区别。形成空间观念和初步的几何直观。

（3）知道什么是图形的周长，会测量并计算长方形和正方形的周长。

（4）在解决图形周长的实际问题过程中，逐步积累操作的经验，形成量感和初步的几何直观。

教学提示：

（1）借助用直尺和圆规作图的方法，引导学生自主探索三角形的周长，感知线段长度的可加性，理解三角形的周长。

（2）归纳出长方形和正方形周长的计算公式，采用类比的方法感知图形面积的可加性。

（3）在探索的过程中形成初步的几何直观和推理意识。

学业质量描述：能认识常见的三角形和四边形，会测量、计算长方形与正方形的周长，形成空间观念、量感和初步的几何直观。结合现实生活，能尝试运用所学的数学知识和方法描述、表达、分析、解释实际问题，运用常见的数量关系解决问题，形成量感和初步的应用意识。具有学习数学的兴趣，初步养成独立思考、合作探究等良好的学习习惯。

2. 研读教材

（1）纵向联系知识体系

本单元是"图形与几何"领域中"图形的认识与测量"分支的重要内容之一，关注的是图形计算的一维方向——周长。长方形和正方形是最基本的平面几何图形，它们的形状比较简单，特征比较明显，应用也十分广泛。本单元是学生第二次学习长方形和正方形，是从边的长度和角的度量两个维度认识和描述图形，为以后从两线的位置、关系等其他属性刻画图形做铺垫。在人教版教材中，与长方形和正方形相关的知识是这样安排的：

册序	单元内容	教学核心任务
一年级上册	第四单元《认识图形（一）》	基于实物和模型能初步认识长方体、正方体、圆柱、球，教学侧重于能辨认出立体图形。
一年级下册	第一单元《认识图形（二）》	初步认识长方形、正方形、三角形、圆形、平行四边形，图形的拼组（七巧板），教学侧重于能辨认出常见的平面图形。
二年级上册	第一、三单元《长度单位》《角的初步认识》	基于统一度量单位的重要性，认识长度单位厘米和米，初步认识线段、角、直角、钝角、锐角，三角板拼角。教学侧重于建立厘米和米的长度表象，形成初步的量感。
三年级上册	第七单元《长方形和正方形》	从边和角的角度认识长、正方形的特征，探索测量周长，理解周长的含义。教学侧重于周长含义的建构和长方形、正方形周长公式的推导，度量本质的应用。

续表

册序	单元内容	教学核心任务
四年级上册	第五单元《平行四边形和梯形》	基于对特殊四边形的研究，理解每个图形各自的特征，寻找关联，为后续的研究做好铺垫。教学侧重于图形"边、角、高"的研究。
四年级下册	第五单元《三角形》	基于三角形的特征，根据不同分类标准给三角形分类，渗透分类思想；注重多种方法探究三角形内角和，发现三角形边的关系。教学侧重于从"底、高"角度出发认识三角形，由直观感知上升到度量认知。
五年级下册	第三单元《长方体和正方体》	基于对立体图形的认知，理解长方体、正方体的特征，会计算它们的表面积和体积。
六年级上册	第五单元《圆》	基于对边图形周长的研究，将转化思想迁移到圆周长的研究。教学侧重化曲为直，曲出于方的数学思想。

在学习"长方形和正方形"之前，学生已经对多边形有了整体直观的认识，积累了基本的认识图形的经验，为今后进一步学习其他的几何图形（"平行四边形和梯形"）打基础，因此这里"长方形和正方形"起到一个承上启下的作用。

(2) 横向聚焦课时分析

本单元将知识点主要分为四边形的认识和周长两个部分进行教学。从特征和度量意义出发认识图形，其中"周长"是本单元的教学重点。"度量"处于本单元的核心地位，关于度量的本质：一是"运动的不变性"；二是"有限可加性"；三是"直接可测性"。通过教学，将帮助学生深入理解周长概念的本质。教材具体编排如下：

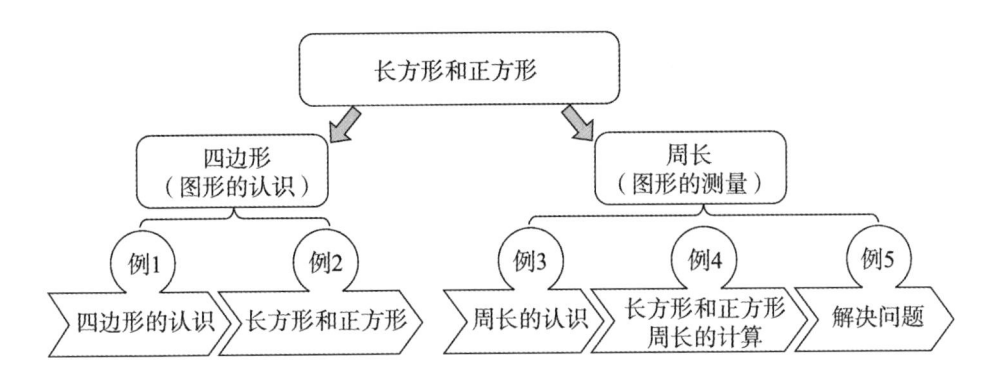

```
                    长方形和正方形
                    ↙          ↘
          四边形              周长
       (图形的认识)         (图形的测量)
         ↙    ↘          ↙    ↓    ↘
       例1    例2       例3   例4    例5
     四边形  长方形和    周长  长方形和正方形  解决问题
     的认识  正方形     的认识 周长的计算
```

例1让学生从众多的图形中区分出四边形，概括出四边形的特征。例2让学生通过量一量、折一折等活动，归纳出长方形和正方形的特征。可以看出，教材的编排路径是从一般到特殊，因此例1和例2可以整合成一节课。教材通过例3呈现了一些规则和不规则的实物和图形，帮助学生直观理解周长的一般含义，即封闭图形一周的长度。经历探索测量周长的过程，体会"化曲为直"的方法。例4让学生通过探索，概括出长方形、正方形的计算公式。例5让学生探索面积不变，"怎样拼周长最短"的问题，以此帮助学生巩固长方形、正方形的特征及周长的计算方法，进一步发展数学思考，提高问题解决的能力。本单元的教学路径："知特点—导公式—寻方法—解问题"。

3. 分析学情

（1）知识经验：本单元是在学生直观认识了长方形、正方形、平行四边形、三角形和圆等平面图形的基础上进行教学的，学生能从平面图形中分辨出长方形和正方形，但无法用数学语言描述。

（2）思维能力：三年级学生的思维处于由以依据表象为主的直观辨认水平，逐步向以依据特征为主的初级概念判断水平发展的过程。

（3）困难疑问：学生的空间想象能力不够丰富，对于图形的拼接、转化有一定的困难，在用语言表述整个操作过程时，会因学生个体的差异而呈现不同水平。

基于以上分析，本单元要突破的是如何让学生将已有的图形概念与几何概念对接，学会从数学的角度去理性地认识和刻画图形本质。周长的计算转化为"线段长度的累加"，才能区别于面积，掌握研究图形的一般方法，在变与不变中探索数学的本质，形成空间观念和量感。

（二）单元学习目标

在单元大概念的统领下，依据课程标准和核心素养要求，基于教学内容和学生学情，对本单元的目标进行梳理和整合，把单元总目标定为：在指一指、描一描、画一画中找到图形的一周，知道周长是长度单位的累加，理解并掌握长方形、正方形周长计算公式的产生过程，形成量感、推理意识、空间观念和几何直观等核心素养。本单元的学习目标表述如下：

基础目标：

1. 认识四边形，会根据图形特征进行分类；能恰当地选择单位估测一些物体的长度，会进行测量；结合具体实例认识周长，探索并掌握长方形和正方形的周长公式。

2. 知道什么是图形的周长，会测量、计算长方形和正方形的周长。

核心目标：

1. 经历用直尺和圆规将三角形的三条边画到一条直线上的过程，直观感受三角形的周长。在探索周长公式的过程中，感知线段长度的可加性，并归纳出长方形和正方形周长的计算公式。在探索的过程中，形成初步的几何直观和推理意识，积累活动经验。

2. 在解决图形周长的实际问题中，逐步积累操作的经验，形成量感和初步的应用意识，以及分析问题与解决问题的能力。

3. 对数学有一定的求知欲，具有学习数学的兴趣，初步养成良好的学习态度和习惯，建立学好数学的自信心。

【目标分解与落实】

长方形和正方形

单元大概念：周长是长度单位的累加

学习情境：新的学期学校给大家准备了一块菜地，瞧，这些菜地的形状各种各样，你们认识吗？能找出它的周长吗？会计算这些形状各一的图形的周长吗？带着疑问，跟老师一起开启本单元《长方形和正方形》之旅吧

核心任务：运用本单元的知识测量形状各样的菜地的周长

子任务一：认识四边形	子任务二：认识周长	子任务三：计算周长	子任务四：解决问题
学习目标与评价：会根据图形特征进行分类；通过观察比较，能从边和角的角度认识长方形和正方形的特征及各部分名称；在观察、操作、推理中，发展空间观念，积累图形学习的经验，发展推理意识	**学习目标与评价**：结合具体实例认识周长，在比一比、描一描、量一量中掌握图形周长的本质，在运用尺规作图中探索三角形的周长，充分感受周长是边的不断叠加，并能计算出简单图形的周长	**学习目标与评价**：在自主探索、合作交流中理解并掌握长方形、正方形周长的计算方法，感悟数学度量方法，逐步形成量感、初步的几何直观、空间观念、推理意识	**学习目标与评价**：应用周长的意义解决实际问题，感受面积不变时，周长的变化规律，积累"做中学"的规律。发展数学思考，提高问题解决的能力
学习内容：《认识四边形》《长方形、正方形的认识》	**学习内容**：《认识周长》	**学习内容**：《长方形、正方形的周长》	**学习内容**：《解决问题——怎样拼周长最短》
学习活动： 1.画出你认识的四边形 2.发现长方形和正方形的特征 3.在操作中认识四边形	**学习活动**： 1.出示情境，引入周长的定义 2.在摸、找、画中探究周长的定义 3.合作探索求周长的策略	**学习活动**： 1.提出和发现"菜地"里的问题 2.探究长方形菜地的周长 3.探究正方形的周长计算公式 4.用周长公式解决实际问题	**学习活动**： 1.拼图形，算周长 2.观察并比较长方形和正方形的周长

【目标达成与评价】

三年级上册第七单元预学单

亲爱的同学们：

新的学期我们的校园焕然一新。学校给大家准备了一块菜地，瞧，这些菜地的形状各种各样，你们认识吗？能找出它的周长吗？会计算这些形状各异的图形的周长吗？带着疑问，跟老师一起开启本单元《长方形和正方形》之旅吧。

子任务一：认识四边形（单元整体教学课时1）
《四边形的认识》学案（1学时）

学习目标与评价：

1. 会根据图形特征进行分类；通过观察比较，能从边和角的角度认识长方形和正方形的特征及各部分名称，能认出不同位置的长方形和正方形。

2. 经历验证长方形和正方形的过程，深化长方形、正方形的特征。经历从特殊到一般的学习过程，在认知中再次完善对长方形和正方形的认识。发展空间观念，积累图形学习的经验，发展推理意识。

3. 体会数学的神奇和美妙，树立学好数学的信心，激发数学学习的兴趣，养成良好的学习习惯。

学习流程一：了解起点，抽象概念

学习活动：画出你认识的四边形

1. 明确单元学习任务。
2. 说出常见的图形。
3. 动手画长方形和正方形。

（1）尝试画一画。

（2）学生交流展示，明确边和角的共同特征。

（3）出示几幅错例。

学习流程二：提供变式，判断理解

学习活动：发现长方形和正方形的特征

1. 观察特殊位置的长方形和正方形。

2. 借助工具验证是否是长方形或正方形。

（1）活动：验证老师所画的图形是不是长方形或正方形。

（2）交流。

（3）回顾小结：判断一个图形是不是长方形或正方形，不仅要看边的特征，还要看角的特征。

学习流程三：活动体验，概念拓展

学习活动：在操作中认识四边形

1. 选一选：如果要搭一个长方形或正方形，你会选择下列哪个袋子里的小棒。

2. 摆一摆：用以下两个袋子摆一个四边形。用它摆出来的一定是长方形和正方形吗？

（1）学生操作。

（2）交流反馈。

a. 为什么这两个袋子摆的图形不再是长方形和正方形？

b. 这些四边形中有没有能变回长方形、正方形的？

3. 活动小结：通过摆小棒，我们得到了各种各样的图形，这些图形都是四边形，而从角或边的角度看，长方形、正方形、平行四边形和菱形都属于特殊的四边形。

学习流程四：课堂检测，拓展提升

学习活动：通过做题的形式加深学生对四边形的认识，提升学生的逻辑思维能力。

1. 判断对错。

（1）所有的长方形都是四边形，所有的四边形都是长方形。（　　）

（2）四边形的四条边一样长。（　　）

（3）四边形是由四条线段围成的封闭图形。（　　）

（4）铅笔盒的形状是四边形。（　　）

2. 把下面的三角形变成一个四边形，再找一个点围成四边形。

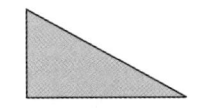

作业：

在下面的方格上按要求画图形

1. 基础性作业：

（1）一个四条边不相等的四边形。

（2）长5厘米、宽3厘米的长方形。

（3）边长6厘米的正方形。

2. 发展性作业：

（1）一个平行四边形。

（2）两个含有16个方格的四边形。

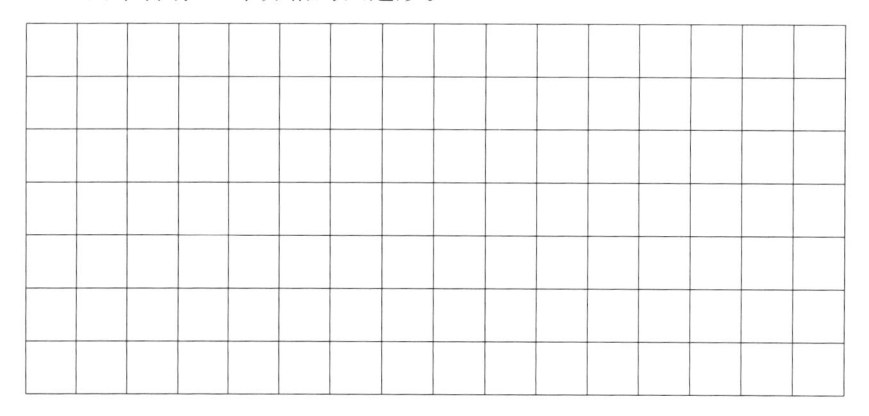

子任务二：认识周长（单元整体教学课时2、3）
《周长的认识》学案（1学时）

学习目标与评价：

1. 结合具体实例认识周长，在比一比、描一描、量一量中掌握图形周长的本质，理解周长的含义。

2. 通过观察、操作，感知图形的周长，在运用尺规作图中探索三角形的周长，充分感受周长是边的不断叠加，并能计算出简单的周长，量图形的周长，发展合作意识及观察比较、抽象概括的能力。

3. 体会数学的神奇和美妙，树立学好数学的信心，激发数学学习的兴趣，养成良好的学习习惯。

学习流程一：设疑激趣，引入课题

学习活动：出示没有包边的小镜子，引入周长的定义

1. 出示没有包边的小镜子，镜子的边很锋利，一不小心就会把手划破，有什么好的方法能让我们安全地使用小镜子呢？

2. 引导学生明确要安全地使用小镜子可以给小镜子包上边。

3. 引出周长：沿着镜子的边包上一周的长度就是小镜子的周长。这就是我们这节课要研究的内容——周长。

学习流程二：观察操作，得出结论

学习活动：在摸、找、画中探究周长的定义

1. 看一看、说一说：出示例3图形，让学生尝试说一说：什么是周长？

2. 摸一摸：

（1）摸一摸课桌桌面的周长。（注意：怎样才是"一周的长度"）

（2）找一找身边的事物，摸一摸它们的周长。

3. 出示角，谁来指指它的周长？引导学生思考，角有没有周长，为什么呢？

4. 引导学生进一步思考：什么样的图形才有周长呢？

5. 通过讨论得出：封闭图形一周的长度，是这个图形的周长。

学习流程三：共同探索，寻找策略

学习活动：合作探索求周长的策略

1. 出示三角板、黑板擦、树叶、圆形纸片等物品。

2. 小组合作探索图形的周长。

3. 议一议，量一量，填一填。

测量对象	测量工具	测量方法	测量结果
三角板			
黑板擦			
树叶			
图形纸片			

4. 汇报：指名学生上台展示、汇报。学生可能有多种方法：①用绳子绕一圈，量一量绳子的长度；②用在尺子上滚的方法测量出来；③量出各边的

长度是多少，再计算等。

5. 重点进行三角形周长的测量，充分感受周长是边的不断叠加，并能计算出周长。

学习流程四：课堂检测，拓展提升

学习活动：加深学生对周长的认识

1. 下面图中，哪些图形是封闭图形？描出封闭图形的边线。

2. 先量一量，再计算下面图形的周长各是多少。

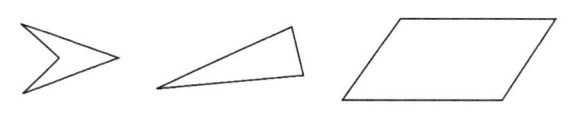

作业：

1. 基础性作业：先量一量，再计算周长。

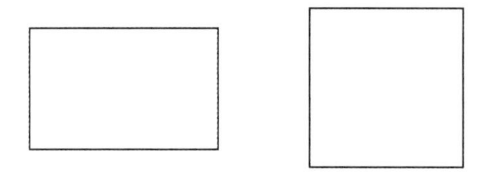

2. 发展性作业：下面每组图形的周长一样吗？你是怎样想的？

子任务三：计算周长（单元整体教学课时3）
《长方形和正方形的周长计算》学案（1学时）

学习目标与评价：

1. 在具体情境中进一步理解周长的意义，掌握长方形、正方形周长的计算方法，能灵活计算长方形和正方形的周长，感受图形与几何的认识与测量的一致性。

2. 在自主探索、合作交流中理解并掌握长方形、正方形周长的计算方法，感悟数学度量方法，逐步形成量感、初步的几何直观、空间观念、推理意识。体验计算方法多样化，渗透优化思想和转化思想，发展学生的空间观念和推理意识。

3. 在交流、观察、操作的过程中感受数学知识在现实生活中的应用，体会数学和生活之间的联系。体会数学的神奇和美妙，树立学好数学的信心，激发数学学习的兴趣，养成良好的学习习惯。

学习流程一：设疑导入，激发兴趣

学习活动：提出和发现"菜地"里的问题

出示校园菜地图，"菜地遭到了破坏"。

(1) 提出问题："能帮它做些什么？"

(2) 解决问题：给这两块菜地（长方形、正方形）围上篱笆。

(3) 思考：长方形菜地的篱笆应该怎么围？需要准备多少篱笆？

学习流程二：探究体验，经历过程

学习活动：探究长方形菜地的周长

1. 自主探究长方形菜地的周长。

(1) 将你测量的数据标在图上。

(2) 想一想如何计算它的周长，写出算式。

测量方法	长/米	宽/米	列式并计算

2. 交流周长的计算方法。

(1) 测量四条边的长度。

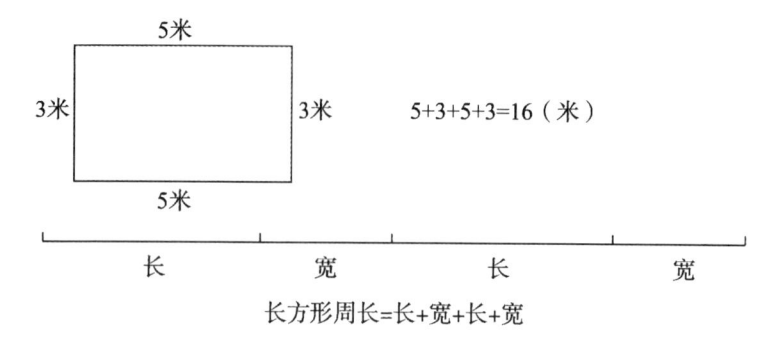

```
        5米
   ┌─────────┐
3米│         │3米      5+3+5+3=16（米）
   │         │
   └─────────┘
        5米
   └──┬──┘└──┬──┘└──┬──┘└──┬──┘
      长     宽     长     宽
       长方形周长=长+宽+长+宽
```

（2）测量一条长和一条宽的长度。

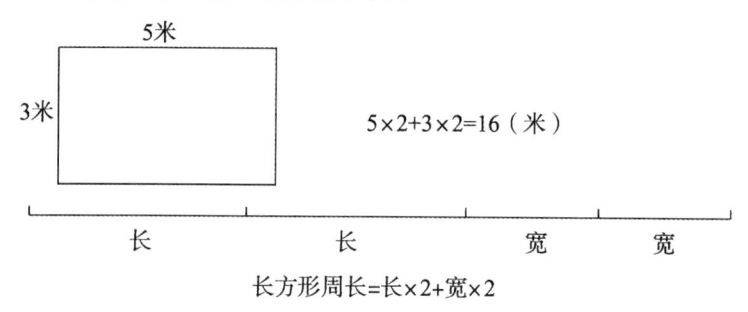

```
        5米
   ┌─────────┐
3米│         │         5×2+3×2=16（米）
   │         │
   └─────────┘
   └────┬────┘└────┬────┘└──┬──┘└──┬──┘
        长         长       宽     宽
         长方形周长=长×2+宽×2
```

（3）测量一条长和一条宽的长度和。

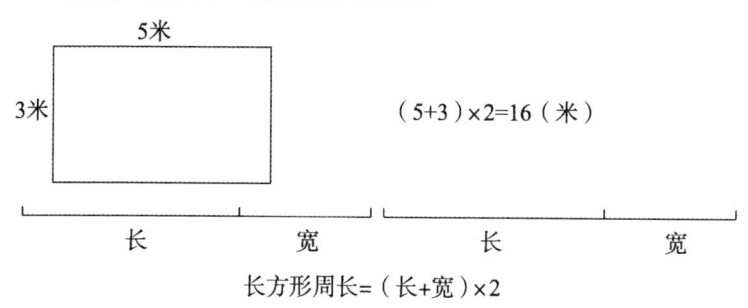

```
        5米
   ┌─────────┐
3米│         │         （5+3）×2=16（米）
   │         │
   └─────────┘
   └───┬───┘└─┬─┘└───┬───┘└─┬─┘
       长     宽      长     宽
         长方形周长=（长+宽）×2
```

3. 小结：观察这三个计算公式，求一个长方形周长需要几个条件？你更喜欢哪种？

长方形的周长＝(长＋宽)×2

学习流程三：类比推导，总结正方形公式

学习活动：探究正方形的周长计算公式

1. 拿出学习单，计算正方形菜地的周长。

（1）独立思考。

（2）同桌交流正方形周长的计算方法。

2. 研讨交流：

（1）400＋400＋400＋400＝1600（米）

（2）400×4＝1600（米）

（3）这两种方法，你更喜欢哪一种？

（4）请你根据这种方法概括一下，正方形的周长怎样计算？

正方形周长＝边长×4

学习流程四：课堂检测，拓展提升

学习活动：用周长公式解决实际问题

1. 篮球场的长是 55 米，宽是 40 米，它的周长是多少？

2. 淘气想靠墙围一个长方形蔬菜园，长 6 米，宽 4 米。可以怎么围？分别需要多长？

作业：

1. 基础性作业：

计算以下图形的周长。

3厘米
6厘米

2. 发展性作业：

大正方形的周长是 16 厘米，小正方形的周长是 8 厘米，这两个正方形拼成的图形的周长是多少？

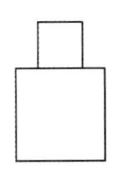

子任务四：解决问题（单元整体教学课时 4）

《解决问题——怎么拼周长最短》学案（1 学时）

学习目标与评价：

1. 基于理解长方形和正方形的周长特征，在拼图形过程中渗透有序思想，发展数学思考，提高问题解决的能力。

2. 经历想象、操作、猜想、验证、归纳、推理的探究过程，感受面积不变时，周长的变化规律，积累"做中学"的规律，积累活动经验，发展空间观念。

3. 能熟练应用结论解决实际问题，巩固方法发展应用意识，提升思维品质。感受数学与生活的联系，增强学生学习数学的热情。

学习流程一：了解起点，学会拼图

学习活动：用给定个数的小正方形拼成长方形或正方形，并算出周长

1. 巩固长方形和正方形的特征——得出要拼成长方形或正方形，得使每行小正方形的个数一致。

2. 引出课本的例5，引导学生有序思想，先考虑只排一排的情况，再考虑两排、三排、四排等，并结合图形向学生说明所列举的情况中可能有重复，算出各种情况的周长，并指出哪种情况周长最短。

3. 引出新问题，如果用36张正方形纸拼呢？有哪些情况，哪种拼法周长最短？

学习流程二：观察比较，得出结论

学习活动：观察并比较长方形和正方形的周长，得出结论

1. 将以上两个问题的拼法和周长进行联系，让学生自主探索，讨论交流，共同得出结论。周长是多少分米？

(1) 16张边长是1分米的正方形纸。

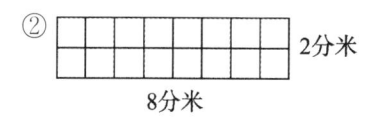

① 16分米 × 1分米

周长：$(16+1) \times 2 = 34$（分米）

② 8分米 × 2分米

周长：$(8+2) \times 2 = 20$（分米）

③

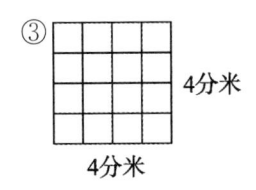

（图：边长4分米的正方形）
4分米
4分米

周长：4×4=16（分米）

拼成正方形时，周长最短。

(2) 36张边长是1分米的正方形。

① （图：长36分米，宽1分米的长方形）
36分米　1分米

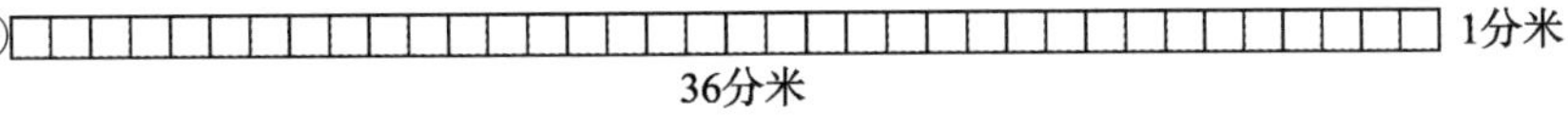

周长：(36+1)×2=74（分米）

② （图：长18分米，宽2分米的长方形）
18分米　2分米

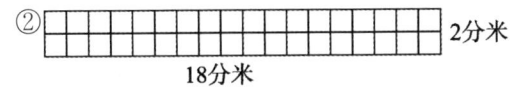

周长：(18+2)×2=40（分米）

③ （图：长12分米，宽3分米的长方形）
12分米　3分米

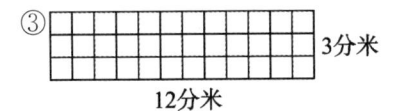

周长：(12+3)×2=30（分米）

④ （图：长9分米，宽4分米的长方形）
9分米　4分米

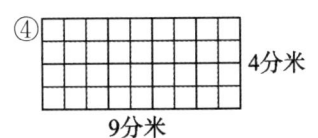

周长：(9+4)×2=26（分米）

⑤ （图：边长6分米的正方形）
6分米
6分米

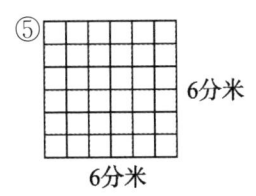

周长：6×4=24（分米）

拼成正方形时，周长最短。

引导学生发现：用同样大小的几个小正方形拼长方形和正方形，在小正方形的个数一定的情况下，若可以拼成正方形，则正方形周长最短。拼得的图形的长和宽越接近，拼得的图形的周长就最短。

学习流程三：课堂检测，拓展提升

学习活动：应用知识解决问题

1. 基础应用：用 25 张边长是 1 分米的正方形纸拼长方形和正方形。怎样拼，才能使拼成的图形周长最短？

2. 提升练习：三年级选出 20 幅优秀作品，每幅作品都是边长为 2 分米的正方形。现在要把这些作品贴在一起（贴成正方形），并配上花边，怎样设计才能使贴的花边最少？所贴花边最少是多少分米？

3. 发展练习：把 18 幅作品贴在一起，做一个"绘画园地"，要在"绘画园地"的四周贴上花边。每幅作品都是边长为 2 分米的正方形。怎样设计"绘画园地"，才能使贴的花边最少？

作业：

1. 基础应用：用 12 个边长是 1 厘米的正方形纸拼长方形。有哪几种拼法？对应的周长是多少？怎样拼才能使拼成的长方形周长最短？

2. 提升练习：用 64 个边长是 1 厘米的正方形纸拼长方形和正方形。怎样拼才能使拼成的图形周长最短？

多边形的面积
——人教版小学数学五年级上册第六单元教学设计
（设计：游礼琴、宋清风、何晶晶、陈腾磊、林灵、施建通）

【目标析出与编写】

（一）单元整体解读

1. 对应课标

《多边形的面积》是人教版五年级上册第六单元的内容。本单元内容是属于"图形的认识与测量"中的重要内容，2022年版数学课程标准关于本单元在五、六学段的要求是：

核心素养：本单元培养学生的核心素养主要表现为：量感、空间观念、几何直观、推理意识、应用意识、创新意识等。

内容要求：探索并掌握平行四边形、三角形和梯形的面积计算公式，会估计不规则图形的面积。

学业要求：会计算平行四边形、三角形、梯形的面积，能用相应公式解决实际问题。

教学提示：引导学生运用转化思想，推导平面图形面积公式，形成空间观念和推理意识。

学业质量描述：能计算图形的面积，形成量感、空间观念和几何直观。能从数学与生活情境中，初步学会用数学的眼光观察、尝试、探索发现并提出问题，应用知识解决实际问题，形成模型意识、应用意识和创新意识。具有学习数学的兴趣，初步养成良好的学习态度和习惯，建立学好数学的自信心，形成应用意识和创新意识。

2. 研读教材

（1）纵向联系知识体系

本单元是"图形与几何"领域中"图形的认识与测量"分支的重要内容，关注图形面积计算。在人教版教材中，与多边形的面积相关的知识是这样安排的：

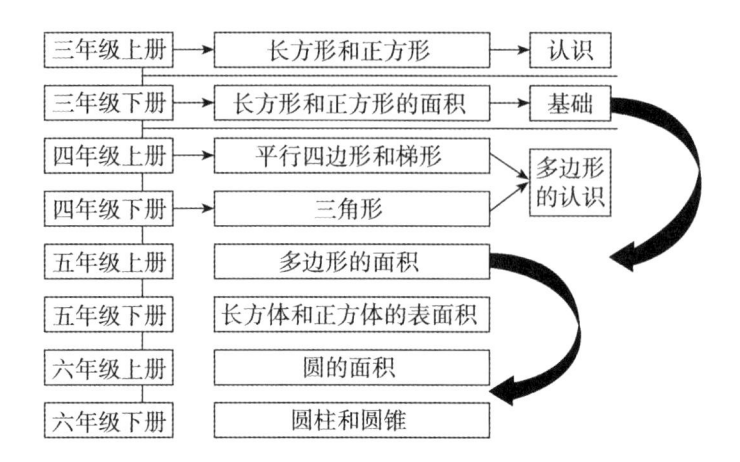

```
三年级上册 → 长方形和正方形 → 认识
三年级下册 → 长方形和正方形的面积 → 基础
四年级上册 → 平行四边形和梯形 ┐
四年级下册 → 三角形          ┘ 多边形的认识
五年级上册 → 多边形的面积
五年级下册 → 长方体和正方体的表面积
六年级上册 → 圆的面积
六年级下册 → 圆柱和圆锥
```

从知识的关联角度看，多边形的面积明显具有承上启下的作用：向前承接面积度量的本质与应用，向后传递转化的数学思想与面积计算的多种策略。通过学习，一方面让学生会运用转化的思想方法去推导面积计算公式，积累数学活动经验。另一方面，在自主探索组合图形的面积等活动过程中发展空间观念。这些也是进一步学习圆面积和立体图形表面积的基础。

（2）横向聚焦课时分析

本单元将"多边形的面积"分为平行四边形的面积、三角形的面积、梯形的面积、组合图形的面积和解决问题（不规则图形的面积）五个部分进行教学。其中例1、例2、例3属于面积公式推导计算课，是本单元教学的重点。例4、例5属于解决问题应用课，培养学生综合应用数学知识解决实际问题的意识和能力。从面积推导过程来看，平行四边形的面积是动态呈现，三角形和梯形面积的推导过程是静态的，引导分析的提示语梯形则进行了省略，体现了由扶到放的特征。三者的内在联系决定了平行四边形的面积是种子课、关键课；是三角形面积、梯形面积推导积累经验的延伸，是应用课、迁移课；组合图形的面积、不规则图形面积的估算则是拓展课。但是，不论是推导基本图形的面积公式，还是计算组合图形的面积，每出现一种新的图形，教材的编排都是按照"想转化—找关联—推公式"的路径展开的，都要经历将"新图形"转化为"旧图形"的过程，借助已有图形的面积公式进行新图形面积公式的推导或计算。

3. 分析学情

（1）知识经验：学生已经掌握了平行四边形、三角形、梯形的特征；掌握了长方形、正方形的面积计算；会用数方格的方法计算平面图形的面积，对割补法有了一定的了解。

（2）思维能力：五年级的学生在思维和动手操作能力上都有了一定的发展，具有自主探究能力和合作学习能力。

（3）困难疑问：学生的空间想象能力不够丰富，对于图形的拼接、转化有一定的困难，在用语言表述整个操作过程时，会因学生个体的差异而呈现不同水平。

基于以上分析，我们发现，多边形面积的计算要回到"计量面积单位数量"，也就是"每行面积单位的数量×行数"这个知识本质，才能实现学生学习的"通透"。而要想让学生对多边形面积计算具有本质的认识，则需要培养学生的推理意识，鼓励其大胆猜想、验证，找到探究图形的"通法"。因此，我们将本单元的大概念确定为："多边形的面积＝每行面积单位的数量×行数"。基于这一单元大概念，在进行多边形的面积教学时，抓住转化这一思想主线进行结构化教学，一方面让学生学会转化的思想方法，推导出平行四边形、三角形、梯形、组合图形等平面图形的面积公式，形成空间观念、几何直观和推理意识，积累数学活动经验；另一方面是使学生在自主探索和深入思考图形面积的过程中，不断深入理解面积度量的本质是面积单位的累加，持续感悟转化的思想方法，形成量感。

（二）单元学习目标

在单元大概念的统领下，依据课程标准和核心素养要求，基于教学内容和学生学情，我们对本单元的目标进行梳理和整合，把单元总目标定为：猜想并验证"多边形的面积＝每行面积单位的数量×行数"，理解并掌握多边形面积计算公式的产生过程，初步培养学生的推理意识、应用意识、创新意识，发展空间观念、几何直观等核心素养。本单元的学习目标表述如下：

基础目标：

1. 在操作、观察、思考、表达中，探索并掌握多边形的面积公式，能用面积公式正确计算多边形的面积。

2. 在具体情境中，能灵活选择合理的图形面积计算方法解决生活中组合图形的问题，会估计不规则图形的面积。

核心目标：

1. 运用转化的思想，推导多边形面积公式，理解面积的测量本质，形成量感，发展空间观念和推理意识，体会数学思想，积累活动经验。

2. 能从数学与生活情境中，初步学会用数学的眼光观察、尝试、探索发现并提出问题，应用公式解决实际问题，形成模型意识、应用意识和创新意识。

3. 具有学习数学的兴趣，初步养成良好的学习态度和习惯，建立学好数学的自信心。

【目标分解与落实】

（见下页图表）

【目标达成与评价】

五年级上册第六单元预学单

亲爱的同学们：

新的学期我们的校园焕然一新。瞧，弘志楼拔地而起。校前广场的绿化地生机盎然，形状各异，它们分别由一块块我们熟悉的老朋友——平面图形组成。你能帮学校测量出这些绿化地的面积吗？在三年级，我们已经知道长方形的面积＝每行面积单位的数量×行数，那其他多边形的面积计算也是"每行面积单位的数量×行数"吗？带着猜想和疑问，跟老师一起开启本单元《多边形的面积》之旅吧。

子任务一：比一比：谁的面积大（单元整体教学课时1）
《平行四边形的面积》学案（1学时）

学习目标与评价：

1. 能在操作、观察、思考、表达等数学活动中，掌握平行四边形的面积公式，应用公式解决简单问题，形成应用意识。

2. 运用转化的思想推导平行四边形的面积公式，发展空间观念、推理意识，体会类比、转化、变中不变的数学思想，积累活动经验。

多边形的面积

单元大概念：多边形的面积=每行面积单位的数量×行数

学习情境：同学们，新的学期我们的校园焕然一新。瞧，弘志楼拔地而起。校前广场的绿化地生机盎然，形状各异，它们分别由一块块我们熟悉的老朋友——平面图形组成。你能帮学校测量出这些绿化地的面积吗？在三年级，我们已经知道长方形的面积=每行面积单位的数量×行数，那其他多边形的面积计算也是"每行面积单位的数量×行数"吗？带着猜想和疑问，跟老师一起开启本单元《多边形的面积》之旅吧

核心任务：运用本单元学习的求图形面积的方法测量校园绿化地的面积

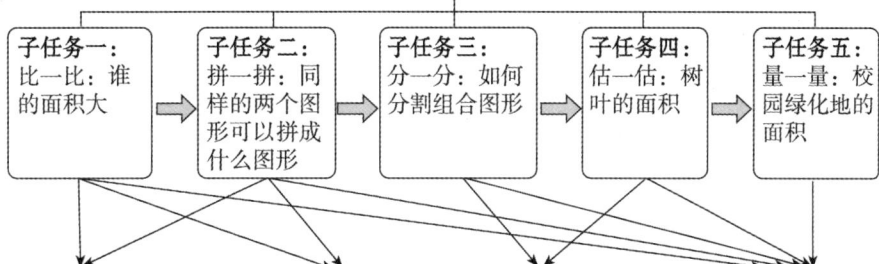

子任务一：比一比：谁的面积大	子任务二：拼一拼：同样的两个图形可以拼成什么图形	子任务三：分一分：如何分割组合图形	子任务四：估一估：树叶的面积	子任务五：量一量：校园绿化地的面积

学习目标与评价：在操作、观察、思考、表达中，掌握多边形的面积公式，能用面积公式正确计算多边形的面积	学习目标与评价：运用转化的思想，推导多边形面积公式，理解面积的测量本质，形成量感，发展空间观念和推理意识，体会数学思想，积累活动经验	学习目标与评价：在具体情境中，能灵活选择合理的图形面积计算方法解决生活中组合图形的问题，会估计不规则图形的面积	学习目标与评价：能从数学与生活情境中，初步学会用数学的眼光观察、尝试、探索发现并提出问题，应用公式解决实际问题，形成模型意识、应用意识和创新意识

学习内容：《平行四边形的面积》	学习内容：《三角形的面积》《梯形的面积》	学习内容：《组合图形的面积》《不规则图形的面积》	学习内容：《校园绿化地的面积》

学习活动： 1.借助方格纸，探索给定平行四边形的面积 2.脱离方格纸，探索一般平行四边形面积的计算方法 3.用平行四边形的面积公式解决实际问题	学习活动： 1.探究直角三角形面积计算公式 2.探究锐角、钝角三角形面积计算公式 3.探究梯形面积计算公式 4.沟通梯形、平行四边形、三角形三种图形之间的内在联系	学习活动： 1.认识组合图形 2.探索组合图形的面积 3.利用方格子估测树叶的面积 4.利用多种方法估测树叶的面积	学习活动： 1.课前调查绿化地情况 2.小组合作设计测量绿化地面积的方案，实地测量计算绿化地的面积 3.为校园设计花坛，并计算花坛的面积

3. 能在计算面积的过程中，理解面积的测量本质，形成量感。感受数学知识之间以及数学与生活之间的紧密联系，体会数学的神奇和美妙，树立学好数学的信心，激发数学学习的兴趣，养成良好的学习习惯。

学习流程一：明确任务，唤醒旧知

学习活动：感悟测量图形的面积就是测量其包含面积单位的个数

1. 明确单元学习任务。

2. 思考：怎样比较长方形花坛和平行四边形花坛的面积。

（1）计算长方形花坛的面积。

（2）感悟计算长方形面积的本质。

（3）思考：怎样计算平行四边形花坛的面积？

学习流程二：实践操作，引发猜想

学习活动：数方格求平行四边形的面积

1. 动手操作用方格数面积。

2. 交流展示数的方法。

（1）整格＋拼成整格法。

（2）部分平移或旋转法。

（3）沿着高剪开。

3. 质疑：如果生活中测量花坛的面积，用数方格的方法合适吗？

4. 观察猜想：计算长方形的面积＝长×宽，也就是"每行面积单位的数量×行数"，那计算平行四边形的面积是否也可以用"每行面积单位的数量×行数"？

学习流程三：对比勾连，推导公式

学习活动：探究计算平行四边形的面积公式

1. 想转化：思考可以把平行四边形转化成学过的什么图形？怎样转化？

（1）动手操作把平行四边形剪拼成长方形。

（2）交流展示转化的方法。

2. 找关联：转化前后的图形有什么联系？

发现：原平行四边形的面积＝长方形的面积，长方形的长相当于平行四边形的底，长方形的宽相当于平行四边形的高。

3. 推公式：平行四边形的面积＝底×高
4. 总结通法：想转化—找关联—推公式

学习流程四：课堂检测，拓展提升

学习活动：用平行四边形的面积公式解决实际问题

1. 平行四边形花坛的底是 6 米，高是 4 米，它的面积是多少？
2. 计算下面平行四边形的面积。

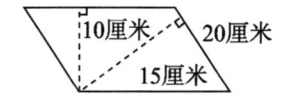

（图：平行四边形，10厘米、20厘米、15厘米）

3. 下面哪个平行四边形的面积最大？你发现了什么？

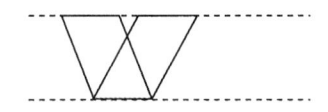

作业：

1. 基础性作业：

四个数据分别是 15 厘米、12 厘米、10 厘米、18 厘米，请你在右图的平行四边形上填上数据，再算算它的面积是多少平方厘米？

2. 发展性作业：

把 30 本课堂作业本摞成一个长方形（如下左图），量出前面长方形的长和宽，算出它的面积。再把这摞作业本均匀地斜放（如下右图），这时前面变成了一个近似的平行四边形，你能测量有关数据，并计算它的面积吗？对比比较两次测量和计算的结果，你发现了什么？

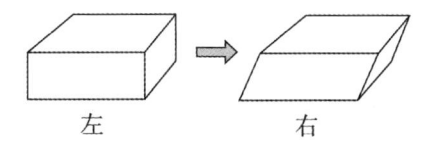

左　　　右

子任务二：拼一拼：同样的两个图形可以拼成什么图形？
（单元整体教学课时 2、3）

一、《三角形的面积》学案（1 学时）

学习目标与评价：

1. 经历操作、观察、讨论、归纳等数学活动，掌握三角形面积的计算公式，能用公式正确进行计算，会解决简单问题。

2. 运用转化的思想推导三角形的面积公式，强化通法，发展空间观念、推理意识及创新意识，体会转化、变中不变、演绎思想，积累活动经验。

3. 在测量面积的过程中，进一步理解面积的测量本质，形成量感。感受数学知识之间以及数学与生活之间的紧密联系，体会数学的神奇和美妙，树立学好数学的信心，激发数学学习的兴趣，养成良好的学习习惯。

学习流程一：复习铺垫，引出课题

学习活动：回顾平行四边形面积计算公式推导过程

1. 回顾转化方法：我们是怎样推导出平行四边形的面积的？

2. 思考：三角形的面积怎样计算？你打算怎样研究三角形的面积公式？

学习流程二：动手操作，推导转化

学习活动：自主推导三角形面积计算公式

1. 探究直角三角形的面积公式推导。

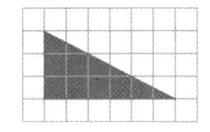

操作要求：
(1)先独立完成，看看谁的方法多。
(2)组内交流，向组员介绍你的方法。

（1）想转化：

①明确操作要求。

②思考：你用了什么方法？为什么要拼成这种图形？还有别的方法吗？

③交流汇报，展示方法。

数格子法：　　　割补法：

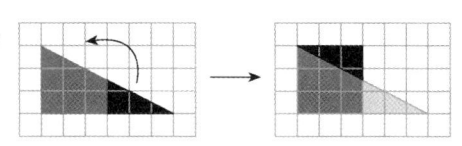

倍拼法：

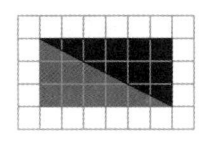

(2) 找关联：转化前后图形有什么联系？

(3) 推公式：直角三角形的面积＝底×高÷2。

①思考：为什么要除以 2？

②割补法和倍拼法有什么共同点和不同点？

2. 探究锐角三角形和钝角三角形的面积计算方法。

(1) 明确合作要求。

(2) 动手操作。

思考：你准备转化成什么图形？转化前后图形有什么关联？锐角三角形、钝角三角形的面积该怎样计算？

(3) 交流展示。

分割法： 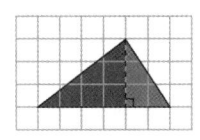   添补法：

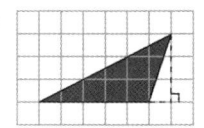

倍拼法：

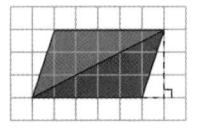

(4) 寻找共性发现通法：都要经历想转化—找关联—推公式，计算公式都是底×高÷2。

(5) 对比优化，概括总结。

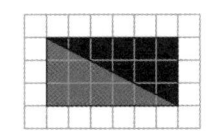

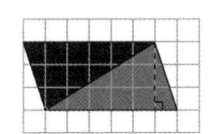

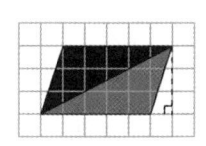

思考：从这些图中，你发现了什么？为什么要转化成平行四边形？

发现：三角形的面积＝底×高÷2。

学习流程三：课堂检测，拓展提升

学习活动：应用公式解决问题

1. 一种零件有一面是三角形。三角形的底是 5.6 厘米，高是 4 厘米，这个三角形的面积是多少平方厘米？

2. 求出下列三角形的面积（单位：厘米）。

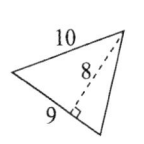

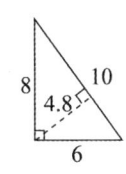

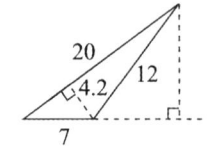

3. 下图中平行四边形的中点是 A，它的面积是 48 平方米。求涂色三角形的面积。

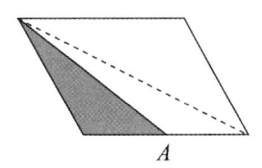

作业：

1. 基础性作业：

比一比，下图哪个三角形的面积更大？

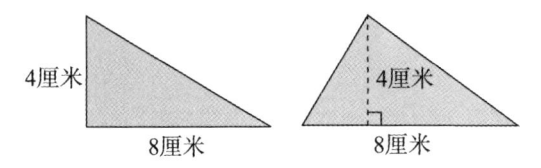

2. 发展性作业：

(1) 下图中 a∥b，比一比，下面哪个三角形的面积更大？

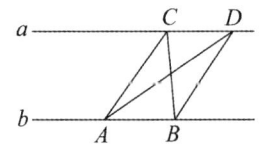

(2) 你还能画出和上面两个三角形面积相等的三角形吗？能画多少个？从中你发现了什么？

二、《梯形的面积》学案（1 学时）

学习目标与评价：

1. 在操作、观察、思考、表达中，用多种方法探索并掌握梯形面积公式，能用公式正确进行计算，会解决简单问题。

2. 运用转化思想推导梯形的面积公式，沟通梯形、三角形、平行四边形三者之间的内在联系，理解面积计量的本质，形成量感，发展空间观念、推理意识及创新意识，体会转化、变中不变、演绎及极限思想，积累活动经验。

3. 感受数学知识之间以及数学与生活之间的紧密联系，在合作交流中主动参与数学学习活动，体验数学"再创造"的乐趣，获得个性化发展。体会数学的神奇和美妙，树立学好数学的信心，激发数学学习的兴趣，养成良好的学习习惯。

学习流程一：

1. 回顾已学过的图形面积推导过程。

2. 观看 PPT 演示：把三角形的顶点沿对边平行线拉长演变成梯形。

猜想：梯形的面积可能与什么有关？

学习流程二：操作探究，经历推导

学习活动：验证一般梯形，选择合适的梯形自主探究

1. 明确要求，动手操作。

想转化：你打算把梯形转化成什么图形？怎样转化？

找关系：转化后图形与原梯形之间有什么关系？

推公式：你认为梯形的面积怎么算？

2. 围绕转化，探究推导。

倍拼法：

（1）展示倍拼法：用两个完全一样的梯形拼成平行四边形。

（2）发现：转化后的图形与原来梯形之间的关系。

（3）思考：为什么要÷2？完全相同的两个梯形，只能拼成平行四边形吗？想象还能拼成什么图形？

（4）推公式：梯形的面积＝（上底＋下底）×高÷2

分割法：

（1）展示分割法。

（2）发现：分割后的图形与原来梯形之间的关系。

（3）推公式：梯形的面积怎样算？

割补法：

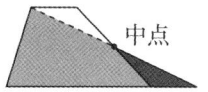

（1）试转化：转化成平行四边形或三角形。

（2）想关系：分割后的图形与原来梯形之间有什么关系？

（3）思考：用两个去拼要除以2，现在只用一个梯形就变成了平行四边形、三角形，形状变了，面积有没有变？为什么也要÷2？

（4）推公式：梯形的面积＝（上底＋下底）×高÷2

3. 对比优化，打通方法。

（1）思考：哪种方法最容易理解？

（2）发现：三种转化策略的共性想转化—找关系—推公式的过程。

学习流程三：操作探究，经历推导

学习活动：应用公式解决问题

1. 计算下面图形的面积。

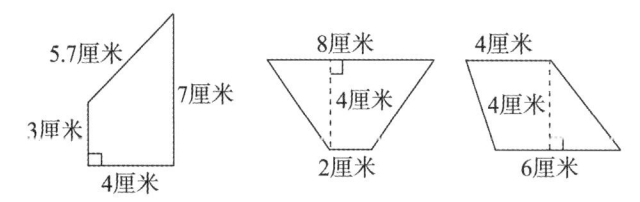

2. 我国三峡水电站大坝的横截面的一部分是梯形，求它的面积。

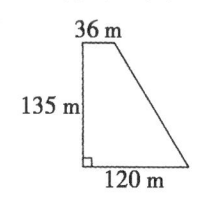

3. 拓展练习。

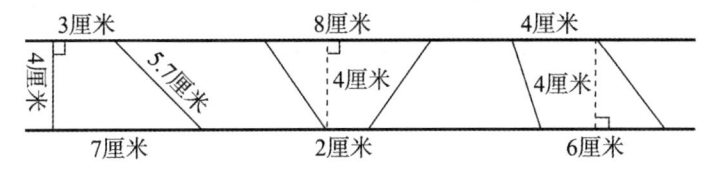

（1）观察：发现三个图形的高相同，面积也相同。

（2）思考：像这样高相同，面积也相同的梯形还有吗？

作业：

1. 基础性作业：

一种汽车的挡风玻璃是梯形，它的上底是 13 分米，高 7 分米，面积是 98 平方分米。这块玻璃的下底是多少？

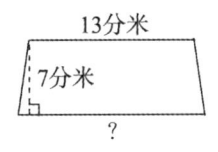

2. 发展性作业：

（1）一堆规格相同的圆木呈梯形堆放，这堆圆木共有多少根？

（2）李大爷靠墙用篱笆围了一块直角梯形菜地。已知篱笆的总长是 32 米，梯形的高是 8 米，这块菜地的面积是多少平方米？

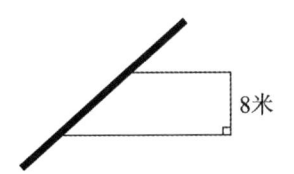

子任务三：如何分割组合图形（单元整体教学课时4）
《组合图形的面积》学案（1学时）

学习目标与评价：

1. 能把组合图形分解或添补成规则图形，并能求组合图形的面积。

2. 能根据各种组合图形的条件，灵活选择合理的计算方法解决生活中组合图形的面积，发展空间观念、几何直观及应用意识，体会转化、变中不变的思想，积累活动经验。

3. 感受数学知识之间以及数学与生活之间的紧密联系，在合作交流中主动参与数学学习活动，获得个性化发展。

学习流程一：情境引入，渗透方法

学习活动：组合图形分解或添补成规则图形

1. 回顾面积公式：已经学过的面积公式有哪些？

2. 思考：组合图形可以分为哪些基本图形？

学习流程二：动手操作，推导转化

学习活动：探索组合图形的面积

下图表示的是一间房子侧面墙的形状，它的面积是多少平方米？

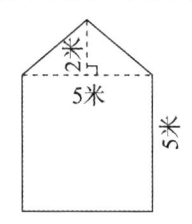

1. 思考：这个组合图形可以怎么研究？

2. 交流汇报，展示方法。

方法一：分割求和

①分成正方形和三角形

②分成2个梯形

③分成3个三角形

④分成2个平行四边形和2个梯形

方法二：添补求差，补成一个长方形

方法三：割补转化

①1个长方形和1个正方形

②1个梯形和1个长方形

③1个平行四边形和1个正方形

④1个平行四边形和1个长方形

⑤1个长方形

方法四：等积变形

3. 对比概括：对比这些方法，有什么相同和不同。

学习流程三：课堂检测，拓展提升

学习活动：应用知识解决问题

1. 新丰小学有一块菜地，形状如下图。这块菜地的面积是多少平方米？

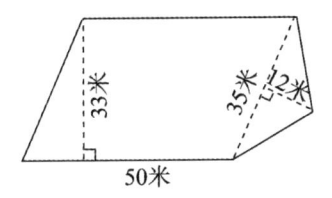

2. 提升练习：求出下列组合图形的面积（单位：厘米）

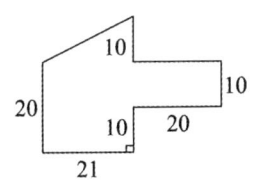

3. 发展练习：下面是一块长方形的玉米地。长16米，宽11米，中间有一条宽1米的曲折小路，求小路的面积是多少？

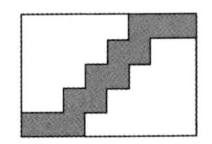

作业：

1. 基础性作业：

在一块梯形的地中间有一个长方形的游泳池，其余的地方是草地。草地的面积是多少平方米？

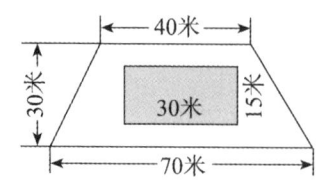

2. 发展性作业：

两个相同的直角三角形叠在一起，阴影部分的面积是多少？（单位：厘米）

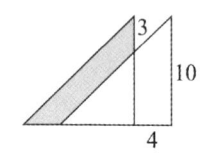

子任务四：量一量：校园绿化地的面积（单元整体教学课时6）
《校园绿化地的面积》学案（1学时）

学习目标与评价：

1. 通过查找资源、测量等方式收集数据，了解校园的绿化情况。能根据实际问题制定测量校园绿化地的面积方案，初步学会实际测量并能应用学过的知识计算面积。

2. 经历提出问题、设计调查方案、测量数据、解决问题的过程，综合运用学过的面积公式将组合图形分割成学过的基本图形并计算图形的面积。

3. 体会数学在现实生活里的运用，发展应用意识；能主动参与实践活动，在活动中获得应用知识的成功感受，提高数学学习的兴趣和自信心。

学习流程一：复习铺垫，引出课题

学习活动：回顾计算多边形面积的公式和方法

1. 回顾面积公式：已经学过的平面图形面积公式有哪些？
2. 思考：在前面的学习探究中，求组合图形的方法有哪几种？

学习流程二：实践探究，合作交流

学习活动：探索校园绿化地的面积

1. 测量小能手

（1）观察并思考：测量平行四边形草坪时，哪些数据是必须测量出的？

分别怎样测量呢？

（2）根据测得的底和高完成面积计算。

（3）比较课前实地测量的平行四边形草坪与前例有矛盾的地方吗？测得的数据是多少？根据测得的底和高完成面积计算。

（4）根据梯形花坛和三角形草坪测量出的数据进行计算，比较两者的面积。

2. 探究小专家

出示学校校前广场的草坪，思考：你能算出它的面积吗？

（1）回顾组合图形的面积计算方法，思考：准备怎样计算草坪的面积？

（2）小组讨论交流，教师巡视。

（3）分类汇报，集中整理。

（4）计算校园里两个花圃的面积，并交流计算方法和结果。

3. 设计小天才

校园为了迎接省绿色学校的验收，准备在校园新建几个花坛，尝试在方格纸上设计花坛的形状，并计算出它的面积。

（1）学生独立设计计算。

（2）交流设计计算情况。

（3）班级内实现设计方案。

学习流程三：回顾总结，拓展提升

（1）思考：通过三种情景的体验，你有什么收获？

（2）介绍：绿化可以改善人们的居住环境。在炎热的夏天，树木能提高空气的湿度，降低空气的温度。森林还能调节空气。100平方米的森林一天吸收的二氧化碳，约等于10个人一天呼出的二氧化碳的总量；一公顷的森林一天约释放出0.73吨氧气，相当于1000人一天吸入的氧气量。根据这些数据算一算，一个人大约需要多少平方米的森林，才能获得生存所需的氧气，而呼出的二氧化碳又正好被完全吸收掉。

第三节　小学英语单元教学设计案例

Tall Buildings
——闽教版英语五年级下册第七单元整体教学设计

（设计：林鸿音）

【目标析出与编写】

（一）单元整体解读

1. 教材结构分析

（1）主题范畴：人与自我及人与自然。

主题群："生活与学习""社会服务与人际沟通"。

子主题："乐学善学，勤于反思，学会学习""自尊自律，文明礼貌，诚实守信，孝亲敬长"。

（2）主题意义：East or west, home is the best.

（3）育人价值：学生能在交流居住环境信息的基础上，对于邀约待客、做客之道及邻里关系形成正确的认知、态度和行为选择，从而加深对家的认同感。

（4）教材板块定位。

核心板块：Listen and Follow. (Part A)：在 Wang Tao、Lily 与 Miss Gao 的对话中，学习如何询问和应答有关个人的居住信息；运用已有的生活经验，对比体验学习西方的待客、做客之道；Listen and Follow.（Part B）：在 Wang Tao、Lily 与 Miss Gao 的对话中，继续学习如何询问和应答有关他人的居住信息；借助语言输出框架（居住场所—楼层—窗外景色—邻居）和语言提示，介绍自己的居住信息，加深对家的认同感。

次核心板块：Say these numbers.（Part A）：通过操练基数词与对应的

序数词的音、形变化，为居住楼层的表达打好基础；Ask and answer. （Part B）：通过操练对话 "Which floor does Tom live on?" "On the…floor." 来谈论他人居住的楼层；Read. Tick or cross. （Part B）：通过介绍 Sandy 及其祖父母的居住环境，引出书写语言支架，通过对比，引导学生加深对家的认同感。

辅助板块：Number the order of the months. （Part C）：通过月份在一年中的顺序操练 12 个序数词的表达；Learn to write. （Part C）：通过补全句子，让学生对关键句型进行迁移运用；Let's chant. （Part C）：通过朗朗上口的富有旋律的韵律诗，结合学校建筑物中不同场所再次强化了不同楼层的表达；Listen and write. （Part C）：通过听音书写出不同人物的居住楼层任务，训练学生获取关键信息的能力；Evaluate yourself. （Part C）：通过自我评价，检测对本单元的学习情况。

2. 学情分析

本案例的授课对象是小学五年级下学期的学生。这些学生从三年级开始系统学习英语，善于思考、酷爱表达，对英语学习兴趣浓厚。本单元的重点是序数词的学习，同时也是难点。学生已经学习了一些相关的知识如：classroom、music room、computer room、first、second、third、fourth 等。

学生对于单元内容的基础情况如下：

（1）学生已知：能运用基数词来数数，三年级上册、三年级下册和四年级上册中基数词词汇 one-hundred；能运用序数词第 1—第 4 进行排序，五年级下册中序数词词汇 first、second、third、fourth；运用 I can see… 句型描述看到的物品；运用 There be…on/in/under… 句型描述某地有某物；对一些交通工具、房子周边物品有所了解，四年级下册、五年级上册的词汇 car、plane、ship、train、bike、boat、tree、flowers、house、park、zoo、library、museum、cinema。

（2）学生将知：学习基数词词汇 fifth-twentieth 及运用核心句型 Which floor do/does…live on? —On the…floor. 交流他人的居住楼层信息；在解决问题的过程中学习、分析、提炼介绍居住信息的不同维度 "Where? Which floor? What? Who?" 并进行自己居住信息的书写表达。

207

（3）学生发展点：学生对居住环境的认知仅停留在谈论楼层及周边景物的层面，而对于不同类型的房屋设计、居家布局及邻里关系构成的深层次的家的意义缺乏深度认同。

3. 研读教材

《义务教育英语课程标准（2022年版）》指出，教师要强化素养立意，围绕单元主题，充分挖掘育人价值，确立单元育人目标和教学主线；深入解读和分析单元内各语篇和相关教学资源，结合学生认知逻辑和生活经验对单元内容进行整合，建立单元内各语篇内容之间及语篇育人功能之间的联系，形成具有整合性、关联性、发展性的单元育人蓝图。基于以上指导思想，作者深入研读语篇，对本单元内容作出了以下分析与整合：

本单元的教学内容围绕 Tall Building 这一话题划分为 Part A 和 Part B 两个部分，Part A 内容侧重交流居住信息并邀约做客，围绕 Miss Gao 的居住信息展开交谈，谈论场所、楼层、客厅及窗外景色，体会邀约待客、做客之道；Part B 内容侧重交谈 Miss Gao 客厅窗外所见和邻居 Mr. Wang 的居住楼层信息，谈论邻里关系。因此，教师围绕单元主题，挖掘育人价值，确立教学主线，创设单元大情境：以 Wang Tao、Lily 与 Miss Gao 的对话为主线贯穿整个单元，放学后，在 Wang Tao、Lily 与 Miss Gao 的对话中，呈现了 Miss Gao 的居住场所与楼层，Miss Gao 还邀请他们到家中做客。对话场景从校门前到 Miss Gao 的家中，谈论了 Miss Gao 的客厅布局、窗外所见和邻居 Mr. Wang 的居住楼层信息及邻里关系。基于以上分析，教师确定本单元的主题意义为："East or west, home is the best."，基于主题意义，将本单元教学内容结合已学旧知进行整合与延伸，把本单元教学大任务定为 I can talk about my home，划分为两个课时，第一课时定义为"了解交流居住信息"，基于 Part A 语篇主要了解居住楼层的表达，掌握了本课时核心词组和音形义，在邀约他人到家做客的过程中，进一步理解内化待客之道与做客之道，以及中西方国家在这一文化中的异同之处，第二课时定义为"学会介绍自己的居住信息"，基于语篇 Part B 的对话文本，串联之前所学的交通工具、房子周边物品等词汇，主要以 I can see... 及 There be 句型为语言支架，引导学生从不同维度：Where? Which floor? What? Who? 介绍自己的居住信息。同时，通过阅读判断比较自己和他人不同类型的房屋设计、居家布局及邻里关系等信息，引导学生达成对家的深层次的认同感。

（二）单元教学目标

通过本单元的学习，学生能够：

1. 在语境中，正确邀约、回应做客，与同伴交流个人的居住环境信息，如居住场所、楼层、客厅及窗外景色，并做出简要评价。

2. 模仿并借助语言输出框架和语言提示，介绍自己的居住信息：居住场所—楼层—窗外景色—邻居，并适当描述邻里关系。通过阅读判断比较自己和他人不同类型的房屋设计、居家布局及邻里关系等信息，深化对家这个温馨港湾的认同感。

【目标分解与落实】

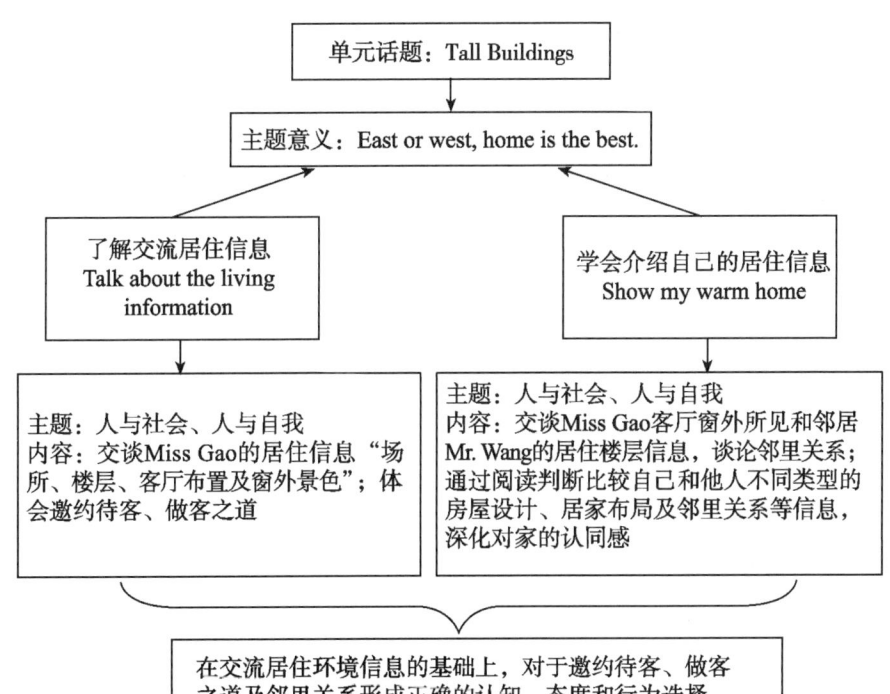

```
              单元话题：Tall Buildings
                        ↓
          主题意义：East or west, home is the best.
              ↗                              ↖
   了解交流居住信息                    学会介绍自己的居住信息
   Talk about the living               Show my warm home
   information
        ↓                                      ↓
   主题：人与社会、人与自我            主题：人与社会、人与自我
   内容：交谈Miss Gao的居住信息"场     内容：交谈Miss Gao客厅窗外所见和邻居
   所、楼层、客厅布置及窗外景色"；体    Mr. Wang的居住楼层信息，谈论邻里关系；
   会邀约待客、做客之道                通过阅读判断比较自己和他人不同类型的
                                       房屋设计、居家布局及邻里关系等信息，
                                       深化对家的认同感
                        ↓
        在交流居住环境信息的基础上，对于邀约待客、做客
        之道及邻里关系形成正确的认知、态度和行为选择，
        并对家这个温馨的港湾有更深层次的认同
```

【目标达成与评价】

第一课时：Talk about the living information

（一）课时教学目标：

通过本课学习，学生能够：

1. 在听、说、读、看的活动中，获取、梳理 Miss Gao 的居住环境信息中的场所、楼层、客厅及户外环境，感知礼貌邀约和待客、做客之道。（学习理解）

2. 正确认读单词 building，floor，would，bridge 及序数词 first 至 twelfth。（学习理解）

3. 完整、连贯地朗读所学语篇，在教师指导下或借助语言支架，简单复述语篇大意。（应用实践）

4. 在语境中运用核心句型——Which floor do you live on? —On the ... floor. 及—Would you like to come for a visit? —We'd love to. 与同伴交流个人的居住环境信息并正确进行邀约、回应做客。（迁移创新）

（二）教学重难点

1. 教学重点

（1）单词 building、floor、would、bridge 及序数词 first 至 twelfth 的运用。

（2）正确理解、掌握文本内容。

2. 教学难点

准确运用语言目标交际。

（三）教学流程

Step 1 Warming up

1. Greetings.

2. Count：one—twelve.

3. Watch a video.

效果评价：学生是否对"世界上著名的高楼"视频感兴趣，能否就该视频及自己的生活经验积极进行分享交流。

【设计意图：通过观看视频，吸引学生的眼球，同时直观认知序数词，为进一步学习及课题揭示做好铺垫，自然引出课题。】

Step 2 Pre-reading

1. Reveal the topic "Unit 7 Tall Buildings Part A".

2. Free talk.

★教学 building.

【设计意图：通过 Free talk 板书看图"This is a tall building""And Miss Gao lives in the tall building. Let's look.""Which floor does she live on?"】

Step 3 While-reading

Present the new sentences：Which floor do you live on，Miss Gao?

1. Watch and choose.

Q1：Which floor do you live on，Miss Gao?（　　）

A. On the second floor.

B. On the third floor.

C. On the twelfth floor.

★学习序数词 first—twelfth.

①找出基数词变序数词的变化规律。

②Quickly Response.

③Learn abbreviation.

④Ask and answer.

⑤Guessing game.

2. Listen and fill in.

Q2：What does Miss Gao say to Wang Tao and Lily?（Miss Gao 和 Wang Tao、Lily 说了什么?）

G：Would you like to_____?

L：We'd_____ to.

Q3：Where are they now?（他们在哪里?）

They are in the_____.

3. Read. Tick or cross.（读一读，打"√"或打"×"）

Q4：What can they see from the window?（他们从窗户能看到什么？）

(　　) a boy　　(　　) a bridge　　(　　) a tree

★学习单词 bridge.

Minjiang Bridge，Changjiang Bridge，London Bridge

★学习句子 I can see the bridge from the window.

效果评价：学生能否在对话动画、图片及老师的引导下理解并在语境中正确运用核心句型交流自己的居住楼层信息；学生能否在对比观察基数词与序数词中得出词汇变化的规则；学生能否在已有的中国待客、做客的生活经验的基础上，学习体会西方国家中的邀约、做客之道。

【设计意图：通过 What？Where？等多重任务提问，引导学生有目的地进行文本阅读，完成相关的阅读任务，培养学生阅读能力，使学生在不同任务驱动下，完成语言目标。】

Step 4 Post-reading

1. Listen and imitate.
2. Fill in the blanks and retell.
3. Look and say.
4. Let's write and draw.
5. Listen and learn the English sounds.

效果评价：教师根据不同能力水平学生朗读对话的情况，给予指导或鼓励；学生能否借助思维导图语言支架板书完成角色扮演与简单复述语篇大意的任务；教师根据学生的表现，给予必要的提示和指导。

【设计意图：让学生听原文跟读模仿，培养学生良好的语音语调；通过短文填空，检查学生们的文本学习情况；利用板书上的思维结构图帮助学生复述课文，连接语义，检验学生对文本的掌握，完成语言输出环节；从听、说、读、写等多方面考查学生文本的输出，锻炼学生的笔头表达能力，基于文本又超越文本，拓展了语言能力。】

Step 5 Summary and homework

1. Summary.
2. Homework.

①Listen and follow the text 3 times. （必做）

②Finish Work Book Unit 7 Part A. （必做）

③Continue to make your main map. （选做：继续完善你的思维导图，从自己家的某一扇窗户向外看，进一步描述你看到的东西）

（四）第一课时评价单

维度	评价指标 标准	评价等级 自评	互评	师评
语言	1. 能运用 building、floor、would、bridge 及序数词 first 至 twelfth 等词汇； 2. 能灵活使用—Which floor does... live on? —On the... floor. 及—Would you like to come for a visit? —We'd love to. 等句型。	☆☆☆	☆☆☆	☆☆☆
表达	能与同伴交流个人的居住环境信息并正确进行邀约、回应做客。	☆☆☆	☆☆☆	☆☆☆
合作	1. 能通过同伴交流，完成相应阅读任务； 2. 能通过同伴交流，完成介绍自己的居住信息的任务； 3. 能在合作中，勤思考、勇质疑、给建议。	☆☆☆	☆☆☆	☆☆☆
作品评价	1. 内容是否紧扣主题，表述是否正确、富有条理； 2. 书写是否美观，拼写是否正确； 3. 分享时是否声音洪亮、自信大方。	☆☆☆	☆☆☆	☆☆☆

第二课时：Show my warm home

（一）课时教学目标

通过本课学习，学生能够：

1. 在听、说、读、看的活动中，获取、梳理 Miss Gao 的居住环境信息中的户外环境信息和邻里人际环境信息，正确认读单词 also、really、neighbor 及序数词 thirteenth 至 twentieth。（学习理解）

2. 在语境中运用核心句型—Which floor does ... live on? —On the ... floor. 交流他人居住环境信息。（应用实践）

3. 谈论邻里交往中的文明礼貌和友好互助。（迁移创新）

4. 模仿并借助语言输出框架和语言提示，介绍自己的居住信息：居住场所—楼层—窗外景色—邻居，并适当描述邻里关系。（迁移创新）

（二）教学重难点

1. 教学重点

（1）学生能正确认读序数词第1—第20。

（2）学生能理解课文内容，提炼课文的相关信息、正确朗读课文并运用核心句型—Which floor does ... live on? —On the ... floor. 交流他人的居住楼层信息。

2. 教学难点

学生能积极思考，在解决问题的过程中学习、分析、提炼介绍居住信息的不同维度：Where? Which floor? What? Who?，并进行自己居住信息的书写表达。

（三）教学流程

Step 1 Warming up & Review

1. Greetings.

2. Listen and guess.

3. Show the topic.

（1）T：Where does Miss Gao live in?

（2）Show the group rules.

4. Review the numbers.

（1）Review the cardinal numbers：1—20.

T：How many floors are there in the tall building?

Let's count.

（2）Review the ordinal numbers：1st—12th and the changing rules.

5. Learn the ordinal numbers：13th—20th.

Game：Choose the ordinal numbers.

6. Do you remember?

T：Which floor does Miss Gao live on?

From the window，what can you see?

效果评价：教师观察学生是否能在关键词及老师的帮助下，回忆出上一课时所学习的 Miss Gao 的居住信息。老师根据学生的反应，进行追问或给予鼓励；学生能否运用上一课时所学的序数词的变化规则，尝试拼读出新的序数词词汇。教师及时给予提示与指导和反馈。

【设计意图：通过猜一猜的环节，调动起学生的好奇心和探索欲，自然而然地引出本课的课题，同时为最后的文本输出铺垫了"a low building"的知识点；围绕 building 呈现大楼图片，通过数一数、比一比、选一选等不同形式的练习，直观且有趣地帮助学生复习旧知、学习新知，为本节课的学习做好铺垫。】

Step 2 Presentation & Practice

1. View and choose.

From the window，I can see the…

2. Read and find.

(1) Learn the new words：really，also.

T：Who lives in this building，too?

Really?

Mr. Wang lives in this building，too.

Mr. Wang also lives in this building.

教学新知 also，并请学生思考 also 和 too 的不同用法。

(2) Learn the new word：neighbor.

T：Which floor does Mr. Wang live on?

Ss：On the fifteenth floor.

T：Miss Gao lives on the twelfth floor.

So，they're neighbors.

Are they good neighbors?

3. Ask and answer.

—Which floor does sb. live on?

—On the... floor.

4. Listen and follow.

5. Let's read.

6. Miss Gao：My home.

7. What can good neighbors do?

效果评价：教师观察学生能否结合上下文线索和课文配图信息，推断出 too 和 also 的异同之处，理解 neighbor 的含义；学生能否注意到在一般现在时中，当主语是第三人称单数时，正确转换使用动词的三单形式；教师根据不同能力水平学生朗读对话的情况，给予指导或鼓励。

【设计意图：在思考、解决问题的过程中进一步提取、梳理、归纳出 Miss Gao 的居住信息：窗外景物及邻居，引导学生提炼介绍居住信息的不同维度：Where? Which floor? What? Who?。同时借助上下文线索、配图信息，推测词汇含义，加深对词汇的理解和记忆。学生通过跟读对话，进一步理解对话内容，内化语言，为语言输出奠定基础。】

Step 3 Extension

1. Read. Tick or cross.

2. Show time：Introduce your home.

效果评价：教师根据学生对问题的回应与反馈，引导讨论和正确评价；教师关注同桌交流的情况，及时给予鼓励或帮助；观察学生是否认真倾听他人的介绍，请同学对展示进行评价。

【设计意图：本阶段的学习活动旨在帮助学生将语篇中所学的语言知识迁移运用到实际中。引导学生针对语篇中主人公对于邻里关系的态度和行为，开展推理与论证，在批判与评价邻里关系，反思自己平时与邻居之间是否友好相处等方面促进学生对邻里关系形成正确的认知、态度和行为选择。】

Step 4 Homework

1. Listen and follow the text 3 times. （必做）

2. Finish Work Book Unit 7 Part A. （必做）

3. Introduce your home to others. （选做）

4. Read some stories about neighbors.（选做）

【设计意图：设立分层作业，考虑学生学情差异，请学生多阅读一些绘本故事，连贯教学主线，延伸课堂，为下节课做准备。】

（四）第二课时评价单

维度	评价指标 标准	评价等级 自评	互评	师评
语言	1. 能运用 also、really、neighbor 及序数词 thirteenth 至 twentieth 等词汇； 2. 能灵活使用—Which floor does...live on? —On the...floor. 句型。	☆☆☆	☆☆☆	☆☆☆
表达	能介绍自己的居住信息：居住场所—楼层—窗外景色—邻居，并适当描述邻里关系。	☆☆☆	☆☆☆	☆☆☆
合作	1. 能通过同伴交流，完成相应阅读任务； 2. 能通过同伴交流，完成介绍自己的居住信息的任务； 3. 能在合作中，勤思考、勇质疑、给建议。	☆☆☆	☆☆☆	☆☆☆
作品评价	1. 内容是否紧扣主题，表述是否正确、富有条理； 2. 书写是否美观，拼写是否正确； 3. 分享时是否声音洪亮、自信大方。	☆☆☆	☆☆☆	☆☆☆

Weather
——闽教版英语四年级下册第六单元整体教学设计
（设计：张怀心）

【目标析出与编写】

（一）单元整体解读

1. 教材结构分析

（1）主题范畴：人与自我及人与自然。

主题群：生活与学习、做人与做事、自然生态。

子题群：乐学善学，勤于反思，学会学习；情绪与行为的调节与管理；天气与日常生活。

（2）主题意义：Care about the different weather，enjoy the life.

（3）育人价值：学生能意识到生活与天气息息相关，能根据天气选择合适的衣服、随身物品及活动等。能积极主动关注天气变化，享受不同天气带给我们的不同感受。能积极调整自己的情绪，享受生活。

（4）教材板块定位。

核心板块：Listen and follow. （Part A）：学习 Sally's father 和 Sally 的对话，学习表示天气的词语 snowing、raining、cold、warm 以及服装类单词 coat 等，了解福州与北京的天气情况以及他们的着装情况，感受同一时间，不同的地方的天气不同。根据天气情况提醒家人增添衣物，培养学生关心家人的品质；Listen and follow. （Part B）：学习 Julia's mother 和 Julia 的对话。通过学习对话"早上的天气还是晴朗的，妈妈却提醒 Julia 要带上雨伞，以防下午下雨，下午果然下起了倾盆大雨"感受同一地方，天气也是变化莫测的，引导学生关注天气情况，防患于未然。

次核心板块：Ask and answer. （Part A）：通过操练对话"How is the weather?""It's….""What do you wear?""I wear….""，为谈论不同的天气应该穿不同服装做准备；Ask and answer. （Part B）：通过操练对话"How is the weather in…?""It's….""，为谈论不同地区的天气情况做准备。

辅助板块：Sing a song.（Part C）：通过歌曲感受不同天气带来的不同体验；Learn to write.（Part C）：通过句型问答书写，复习巩固本单元的核心句型。

2. 学情分析

本案例的授课对象是小学四年级下学期的学生。四年级学生已经有了一定的英语学习基础，学习内容的增多增强了一部分学生学习英语的积极性，他们对英语学习兴趣高，并掌握一些正确的学习方法，英语学习的目的性较强，学习习惯较好。在本单元的英语教学中，老师通过任务设计，让学生逐步达到真实运用语言进行交流的目的，为提高学生英语核心素养的发展奠定基础。

学生对于单元内容的基础情况如下：

（1）与主题关联的学生已知：服装类单词：sweater、T-shirt、shirt、skirt、hat、jacket；物品类单词：umbrella；活动类单词：fly a kite、play football；句型：I can wear…. I can do….。

（2）学生将知：学习天气类词汇：rainy、snowy、foggy、cool、hot，询问天气的句型及回答。并综合运用 weather 与 clothes、things、activities 之间的关系描述自己的出行计划。

（3）学生发展点：生活中学生对于天气与日常生活的关系有一定的认知，但还不会积极主动地关注天气变化，为着装、物品携带及活动安排提前做好合理规划的意识还有待加强。

3. 研读教材

本单元的教学内容围绕 Weather 这一话题划分为 Part A，Part B 和 Part C 三个部分。Part A 内容侧重谈论 Sally 和爸爸打电话，了解福州与北京的天气情况以及他们的着装情况，学习天气情况和着装情况的问答。Part B 内容侧重 Julia 早上上学之前，妈妈提醒她带雨伞，下午果然下起了倾盆大雨。强调天气的变化莫测，我们要防患于未然，提前做好准备。Part C 以复习前两课时基础知识为前提。因此，教师围绕单元主题，挖掘育人价值，确立教学主线，创设单元大情境：根据天气情况，结合着装、携带物品、活动等合理安排出行计划。据此，确定本单元的主题意义为"Care about the different weather, enjoy the life."。基于主题意义，将本单元教学内容结合已学旧知进行整合与延伸，把本单元教学大任务定为"I can make a good trip plan according to the weather."，划分为三个课时。第一课时定义为"了解不同地方的不同天气"，基于 Part A 语篇主要谈论中国城市在同一个时间的不同天气及着装；第二课时定义为"关注天气变化，为出门做好准备"，基于 Part B 的对话内容，学习天气的变化莫测，主要以文本中的天气俚语："It's raining cats and dogs."为拓展点，拓展出其他的有关天气的俚语。第三课时定义为"根据天气，选择合适的着装、携带物品和活动等，制定自己的旅行计划"，探讨这些与天气息息相关的因素，感受不同天气带来的不同体验感受，享受生活。

（二）单元学习目标

通过本单元学习后，学生能够：

1. 在语境中，应用 How is the weather in…? It's sunny/cloudy/raining/snowing. It's hot/cool/warm/cold. 等句型谈论交流中国不同城市的不同天气，根据不同天气自主选择合适的穿着、携带物品、活动等。

2. 在语境中，应用 It may…. 或 Take…with you. 句型谈论描述同一地点不同时间的天气变化，明白天气预报在我们生活中的重要性，防患于未然，提前为出行做好准备。

3. 学生能够明白天气与我们的生活息息相关，能够主动关注天气，并根据天气情况为自己的出行选择合适的地点、着装、携带物品和活动等，并结合天气变化及时调整计划、调节情绪，感受不同天气带来的不同体验，享受生活。

【目标分解与落实】

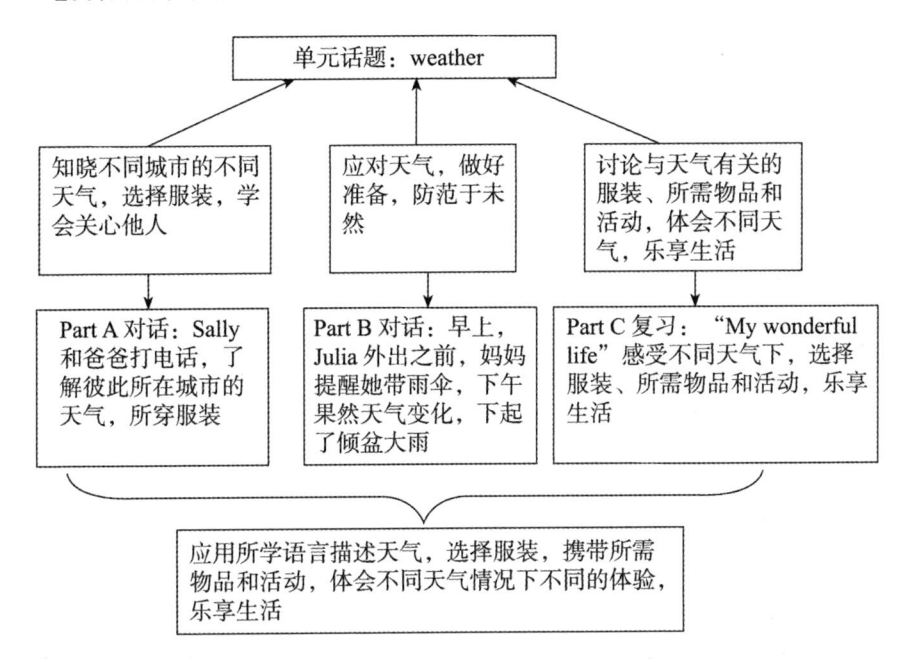

```
                     单元话题：weather
        ┌──────────────────┼──────────────────┐
        ↓                  ↓                  ↓
┌──────────────┐   ┌──────────────┐   ┌──────────────┐
│知晓不同城市的不同│   │应对天气，做好 │   │讨论与天气有关的│
│天气，选择服装，学│   │准备，防范于未 │   │服装、所需物品和│
│会关心他人     │   │然            │   │活动，体会不同天│
│              │   │              │   │气，乐享生活   │
└──────┬───────┘   └──────┬───────┘   └──────┬───────┘
       ↓                  ↓                  ↓
┌──────────────┐   ┌──────────────┐   ┌──────────────┐
│Part A 对话：Sally│ │Part B 对话：早上，│ │Part C 复习："My wonderful│
│和爸爸打电话，了│   │Julia 外出之前，妈妈│ │life"感受不同天气下，选择│
│解彼此所在城市的│   │提醒她带雨伞，下午│ │服装、所需物品和活动，乐享│
│天气，所穿服装 │   │果然天气变化，下起│ │生活                │
│              │   │了倾盆大雨     │   │                │
└──────────────┘   └──────────────┘   └──────────────┘
              └─────────────┬─────────────┘
                            ↓
              ┌──────────────────────────┐
              │应用所学语言描述天气，选择服装，携带所需│
              │物品和活动，体会不同天气情况下不同的体验，│
              │乐享生活                  │
              └──────────────────────────┘
```

【目标达成与评价】

第一课时：**Different weather, different clothes**

（一）课时教学目标

通过本课学习，学生能够：

1. 在语境中，运用句型 How is the weather in…? 和 It's…. 谈论不同城市的不同天气。（学习理解）

2. 在语境中，运用句型 What do you wear? I wear…. 来询问和谈论不同天气的不同着装。（学习理解）

3. 学生能够根据不同的天气情况选择不同的着装。（应用实践）

4. 能运用语言知识，描述中国不同城市的天气，并根据天气选择不同的衣物。（迁移创新）

（二）教学重难点

1. 教学重点

学生能熟练运用 How is the weather in…? It's…. What do you wear?

I wear…. 等句型谈论天气和着装情况。

2. 教学难点

学生能够明白同一时间，不同地方会有不同的天气。

（三）教学流程

Step 1 Warming up

1. Greetings.

2. Enjoy a song.

3. Reveal the title：Unit 6 Weather Part A

效果评价：教师观察学生能否通过歌曲说出本节课的主题。

【设计意图：通过歌曲，吸引学生的注意力，同时歌曲与本课主题相关，直接引出课题，衔接自然。】

Step 2 Presentation and practice

1. Look and say.

2. View and answer.

效果评价：教师观察学生能否通过图片提取旧知，通过视频获取本节课的新知。

【设计意图：通过图片，了解本课时的主人公。通过视频，获取本节课的重点内容：How is the weather in Beijing/Fuzhou?】

3. Read and underline.

4. Ask and answer.

效果评价：教师观察学生能否根据问题划出正确的答案，能够利用重点句型进行操练。

【设计意图：通过学生自主阅读文本内容获取信息，发展学生提取信息的能力。通过师生、生生合作操练本课核心句型。】

5. Listen and follow.

6. Weather Forecast.

效果评价：教师观察学生能否正确模仿语音语调，能否运用本课核心句型进行不同城市的天气播报。

【设计意图：通过模仿跟读，提高学生的语言水平。通过不同城市的天气

预报，操练重点句型，加深印象。同时了解同一时间，不同的地方天气不同。】

Step 3 Consolidation

1. Make a dialogue.

2. Emotional eudcation.

效果评价：教师观察学生能否根据不同地方的天气选择适合的服装。

【设计意图：通过对话练习，复习巩固本节课的核心句型。明白天气不仅影响我们的穿着，也影响我们的生活。】

Step 4 Homework

1. Read the text 3 times.

2. Finish the exercise.

3. Watch the weather forecast on TV and make a weather forecast.

【设计意图：观看天气预报并做一份天气预报，学以致用。】

（四）第一课时评价单

维度	评价指标 标准	评价等级 自评	互评	师评
语言	1. 能正确运用天气类、服装类等词汇进行表达与交流； 2. 能正确运用句型 How is the weather in …? It's…. What do you wear? I wear….	☆☆☆	☆☆☆	☆☆☆
表达	能够根据天气情况，进行不同地方天气的播报。	☆☆☆	☆☆☆	☆☆☆
合作	1. 能通过同伴交流，完成问答； 2. 能通过同伴交流，完成天气预报播报； 3. 能在合作中，勤思考、勇质疑、给建议。	☆☆☆	☆☆☆	☆☆☆
作品评价	1. 内容是否紧扣主题、表述是否正确、富有条理； 2. 分享时是否声音洪亮、自信大方。	☆☆☆	☆☆☆	☆☆☆

第二课时：Different Weather，different things

（一）课时教学目标

通过本课学习，学生能够：

1. 准确发音、理解并运用核心词汇与核心句型。（学习理解）

2. 同伴之间互相问答不同地区的天气情况。（应用实践）

3. 运用所学语言，争当天气播报员介绍天气。（迁移创新）

（二）教学重难点

1. 教学重点

学生能熟练运用 take…with…来表达携带的物品。

2. 教学难点

学生能够明白同一地方的天气也是变化莫测的。

（三）教学流程

Step 1 Warming up

1. Greetings.

2. Enjoy a song.

3. Review the words：snowing，raining.

4. Present the topic：Unit 6 Weather Part B

5. 创设情境：田田电视台招聘天气预报播音员。

效果评价：教师观察学生是否在歌曲和情境中激发了他们的学习兴趣。

【设计意图：通过歌曲，吸引学生的注意力，创设情境，与本课内容息息相关。】

Step 2 Presentation and practice

1. Watch and answer.

Q：How is the weather in the morning?

2. Check the answer.

3. 教授并操练词汇：sunny，take…with…

4. 情感渗透：居安思危，思则有备，有备无患。

效果评价：教师观察学生能否带着问题寻找到文本中的关键信息。

【设计意图：通过课文视频，引出新知进行学习并操练，让学生明白我们应该居安思危，思则有备，有备无患。】

Step 3 Consolidation

1. Pair work.

同桌之间互问互答天气。

2. Make a weather report.

3. Summary.

效果评价：教师观察学生同伴之间能否正确运用句型进行操练。

【设计意图：通过制作天气预报，学以致用。】

Step 4 Homework

1. Read the text for three times.

2. Talk about the weather with family.

3. Listen and record the Putian weather report for one week.

(四) 第二课时评价单

维度	评价指标 标准	评价等级 自评	互评	师评
语言	1. 能正确运用天气类、服装类、物品类等词汇进行表达与交流； 2. 能正确运用句型 Take…with….	☆☆☆	☆☆☆	☆☆☆
表达	能够根据天气情况，结合着装、携带物品、活动等进行出行计划的交流与表达。	☆☆☆	☆☆☆	☆☆☆
合作	1. 能通过同伴交流，完成书写任务； 2. 能通过同伴交流，完成 Make a weather report； 3. 能在合作中，勤思考、勇质疑、给建议。	☆☆☆	☆☆☆	☆☆☆
作品评价	1. 内容是否紧扣主题、表述是否正确、富有条理； 2. 分享时是否声音洪亮、自信大方。	☆☆☆	☆☆☆	☆☆☆

第三课时：Care about the different weather, enjoy the life.

（一）课时教学目标

通过本课学习，学生能够：

1. 在看、听、说的活动中巩固学习不同天气的表达、复习服装类和活动类词汇。（学习理解）

2. 从 clothes、things、activities 等几方面谈论它们与天气之间的关系，意识到天气与我们的生活息息相关。（应用实践）

3. 选择"五一"想要出行的城市，根据天气情况，计划穿着、携带物品和活动内容，积极主动关注天气，感受不同天气带来的不同体验。（迁移创新）

（二）教学重难点

1. 教学重点

学生能熟练运用 It's…. We can wear…and take…. 等核心语言表达自己的出行计划。

2. 教学难点

学生能够根据天气选择适合的着装、携带物品和活动等，意识到天气与我们的生活息息相关。

（三）教学流程

Step 1 Warming up

1. Greetings.

2. Guessing game.

3. Reveal the title：Unit 6 Weather Part C.

效果评价：教师观察学生能否听声音猜出天气情况，并用英文词汇进行表达。

【设计意图：通过听音猜天气的小游戏，调动学生的学习兴趣，同时直接引出课题。】

Step 2 Presentation and practice

1. Review Part A and Part B.

2. Free talk：Why should we care about the weather?

效果评价：教师观察学生能否顺利提取旧知，正确复述 Part A 和 Part B 部分的内容；能否对提出的问题进行思考，并发表自己的见解。

【设计意图：复习旧知，为本课的输入输出做铺垫。通过问题，挖掘本单元的育人意义。】

3. Listen and choose.

4. Let's chant.

效果评价：教师观察学生能否听音辨别天气，并正确选出相对应的天气图标。

【设计意图：通过听音选天气，加深学生对天气图标的认识。同时，利用 chant 综合复习天气的表达。】

5. Judge and choose.

6. Listen and choose.

7. Read and choose.

效果评价：教师观察学生能否读懂绘本故事，能否找到不同天气可以做的不同活动。

【设计意图：通过绘本阅读，引出与天气息息相关的活动内容，为不同天气的活动选择提供方向。】

Step 3 Consolidation

1. Write and share.

2. Emotional education.

效果评价：教师观察学生能否根据不同地方的天气选择适合的服装、物品及活动，并流畅地进行交流分享。

【设计意图：通过合作交流表达自己的"五一"出行计划，提倡大家关注天气，感受不同天气带来的不同体验。】

Step 4 Homework

1. Share your trip plan with your friends.

2. Search for the weather information in foreign cities on May Day.

3. Read more picture books about the weather.

【设计意图：查询"五一"期间国外一些城市的天气情况，了解同一时间不同地区的天气差异。多阅读一些绘本，关注天气的重要性。】

第四节 小学艺体单元教学设计案例

彩墨校园
——人教版美术五年级"彩墨校园"单元教学设计

（设计：林赛棋、方霞、黄丽丽、陈轶群、陈婷、梁淑敏）

【目标分析与编写】

基本问题：如何运用彩墨画表现身边的美景？

主题：如何用彩墨画的方式表现附小的校园美？

小问题：

构思：可以从哪些角度表现校园之美？

欣赏：艺术家如何用彩墨技法来表现身边的美景？

技法：如何运用彩墨技法表现附小校园的美景？

创作：怎样创作心中的"彩墨附小"？

展评：我的作品表现出了心中附小校园的美了吗？

概念与术语：彩墨画　写意　笔墨

学科领域：美术　语文

单元设计思路：

1. 教学内容分析：本单元是美术组教师自主开发设计的校本课，结合人教版小学美术四年级上册《彩墨世界》、五年级上册《鸟语花香》《诗情画意》、五年级下册《写意蔬果》《学画松树》，属于"造型表现"艺术实践活动，是彩墨画的创作课型。中国水墨画是中国传统文化的重要组成部分，让学生真实体验和感受彩墨画的艺术魅力，掌握一定的笔墨技法和表现形式，以彩墨的形式创作心中的附小美景，体验彩墨画的表达方式，激发对传统文化和校园生活的热爱。

2. 学情分析：本单元的实施对象为五年级的学生，本年级的学生有一定的彩墨画基础，对彩墨画学习有着浓厚的兴趣，但对彩墨画的构图与技法表现能力还相对较弱，需要借助欣赏艺术家的作品和复习彩墨技法加以引导。校园和学生的学习生活息息相关，五年级的学生对校园有较深的情感，比较愿意用自己的方式去描绘它。

3. 教学思路：通过附小建校十周年的真实情境设置主题，围绕如何创作心中的"彩墨附小"的真实性任务，结合欣赏、构思、技法、创作、展评等课时教学，采用情境教学、直观教学、自主探究等方法，借助学习单与评价表，实现对"如何运用彩墨画表现身边的美景"这一基本问题的深度理解。

国家课标：《义务教育艺术课程标准（2022年版）》在第二学段（3—5年级）关于中国画的内容要求是：在中国画学习中，尝试运用毛笔、宣纸等绘画工具和材料，体验笔法（中锋、侧锋）、墨法（焦、浓、重、淡、清）的特点。关于中国画的学业要求是：知道中国传统绘画技法是由我国历代画家不断探索、总结而成的。在活动结束时，能收拾、整理工具和材料，保持课桌和教室的整洁。

单元目标：

1. 欣赏艺术家的作品，了解写意彩墨画的艺术语言和特点；了解彩墨画的工具材料，掌握基本的笔墨技法。（审美感知 艺术表现）

2. 尝试用毛笔、宣纸等中国画材料，以写意画形式创作一幅表现校园美景的彩墨画作品。（艺术表现 创意实践）

3. 感受彩墨画的独特韵味，体会彩墨创作的乐趣，激发对中国传统文化和对校园生活的热爱之情。（文化理解）

【目标分解与任务】

序号	课题	课时
一	主题构思：觅附小魅力之景	1课时
二	欣赏：赏大师彩墨之韵	1课时
三	技法：探笔墨技法之道	2课时
四	创作：绘心中彩墨附小	2课时
五	展评：品彩墨附小之美	1课时

【目标达成与评价】

评价证据

主要环节	主题	欣赏	技法	写生	创作	展评
	创设情境 校园文化 确定主题 实地取景	认识大师 学会鉴赏 艺术提炼 撰写报告	学习技法 思考感悟 笔墨表现 临摹练习	照片写生 取景构图 整理素材 实景创意	优化草图 讨论反思 大胆创作 不断完善	展示交流 分享过程 撰写总结 真实评价
评价对象（作业）	主题意义 摄影作品	欣赏报告	临摹练习	写生练习	完成作品	展评小结
权重	20%	20%	10%	10%	20%	10%
学习档案袋	10%					

主题构思：觅附小魅力之景（1课时）

小问题：从哪些角度表现附小的校园美？

学习目标：

1. 了解附小的校园文化，发现、感受附小校园之美；
2. 欣赏摄影作品，学习运用摄影或写生的方式取景构图；
3. 留心观察身边的美景，产生对校园、对生活的热爱。

教具学具：

附小宣传视频、图片、文献资料、学习单、相机、纸笔。

教师活动：

（一）欣赏摄影作品，学习构图知识

1. 观看附小俯拍与全景宣传视频，视频中展现了附小哪些特色风光与建筑？
2. 你最喜欢校园的哪一角？
3. 附小建校十年校园文化简介。
4. 任务驱动："附小建校十周年"的系列活动即将召开，请你用彩墨画的形式表现附小校园的美。要想更好地表现附小,我们要先学会取景与构图。

5. 介绍构图知识:空间感、近大远小。

成角透视、平行透视(欣赏霍尔马《林荫道》)

手机摄影技巧介绍:井字构图技巧

(二)学习单任务,观察与拍摄任务

1. 分发学习单,引导学生参观校园。

2. 教师引导学生选景要有主题,要有近景、远景的区别。

3. 拍摄过程指导。

(三)欣赏与评价

作品投屏展示,教师点评。

学生活动:

(一)欣赏摄影作品,学习构图知识

1. 观看附小俯拍与全景宣传视频,视频中展现了附小哪些特色风光与建筑?

2. 你最喜欢校园的哪一角?学生回答:阅读室,校前广场等。

3. 学习构图知识:空间感、近大远小。

成角透视、平行透视(欣赏霍尔马《林荫道》)

手机摄影技巧介绍:井字构图技巧。

4. 欣赏摄影作品,找出部分摄影作品的不足之处。

（二）学习单任务，观察与拍摄任务

1. 根据学习单边看边讨论哪一处角落最美？为什么？
2. 分组：小组长组织组员，以六人为一组进行取景与拍摄。

（三）欣赏与评价

1. 小组学生代表分享组内优秀摄影作品，以及部分局部写生作品。
2. 学生点评。
3. 班级摄影作品展。

【设计意图：本环节通过欣赏富有代表性的构图作品，创设任务情境，使学生形成强烈的创作意愿。同时通过摄影采风的形式，拍摄记录下校园一角的美，收集素材，为后期临摹、写生和创作彩墨作品奠定创作基础。同时，通过校园文化的渗透，让学生充满校园认同感和自豪感。】

"觅附小魅力之景"学习单	
写一写我知道的附小的校园文化。	
找一找我最喜欢的附小一角（可以是建筑楼、植物、景观）拍摄3张。	
简单写写喜欢这里的理由。	

课堂评价量规表：

分值	课堂评价标准	自评	他评
0	没有完成以下任何需要完成的活动。		
1—3	基本能选出自己所理解和需要的内容，能确定本次创作的主题。		
4—7	能选出自己所理解和需要的内容，并阐明自己的理由，确定创作的主题。		

续表

分值	课堂评价标准	自评	他评
8—10	能选出自己所理解和需要的内容，并阐明自己的理由，确定创作的主题，且主题活动能反映出自己的情感。		

欣赏：赏大师彩墨之韵（1课时）

小问题：艺术家如何用彩墨技法来表现身边的美景？

学习目标：

1. 了解李可染、石涛等大师，欣赏画家代表作；
2. 欣赏画家作品，了解彩墨画作品中画面内容的取舍；
3. 感受画家的用笔用墨技巧，感受彩墨画独特的美感。

教具学具：

校园生活照片、作品图片资料、学习单。

教师活动：

1. 介绍大师：欣赏李可染、石涛的代表作品和《芥子园画谱》彩墨风景作品，并运用费德门四步鉴赏法（描述、分析、解释、评价）欣赏评述画家作品。

李可染《满江红》 　　　石涛《西陇藏云》 　　　《芥子园画谱》

2. 对比发现：比较真实校园照片与彩墨画作品，并进行讨论。发放学习单，引导学生欣赏李可染《江南写生》、林容生《鼓浪屿》系列彩墨画作品，并与真实校园照片进行对比，讲解构图取舍之法，理解艺术提炼之意。

3. 对比感受：对比欣赏不同彩墨画作品，观察理解彩墨画的不同表现方式。

4. 欣赏学生的彩墨校园作品。

5. 组织学生评价。

学生活动：

1. 运用费德门四步鉴赏法（描述、分析、解释、评价）赏析李可染《江南写生》的彩墨画作品。

2. 了解画家生平，欣赏画家彩墨画作品，对比真实照片与彩墨画作品，理解艺术提炼之意，完成欣赏学习单。

3. 欣赏不同画家的彩墨画，理解彩墨画的不同表现形式。

4. 欣赏学生的优秀彩墨画作品。

5. 完成欣赏任务量规表。

【设计意图：本环节从两个层面展开欣赏。第一个层面：实景照片与彩墨画对比，学生通过观察思考等活动，体验、探究画家如何对生活中的实物及美景进行取舍。第二个层面：不同画家的彩墨画作品欣赏，学生通过对比欣赏，感受不同彩墨技法所呈现的不同笔墨韵味。】

"赏大师彩墨之韵"学习单

1. 查阅资料，了解李可染大师。

2. 对比与欣赏：与实际景色相比，写意风景有什么特点？

林容生《鼓浪屿写生系列》

李可染《江南写生》 　　　　　　　　李可染写生作品

3. 在大师作品中,你感受到了怎样的意境?大师是如何提炼景物之美的?

欣赏评价量规表:

分值	作品欣赏评价标准	自评	他评
0	没有完成以下任何需要完成的活动。		
1—3	能粗略描述画面给你的感受,简单说出画面中的基本信息;仅仅表达对作品的喜爱与否。		

续表

分值	作品欣赏评价标准	自评	他评
4—7	能基本描述这幅作品给你的感受，能说出画面中的意象，知道作品和作者的基本信息；能分析作品中的造型、笔墨技法、构图和意境；能简单评价作品，并说明自己的观点。		
8—10	能详细描述这幅彩墨画作品给你的感受，完整说出画面中的意象，清楚地知道作品和作者的基本信息；合理分析作品中的造型、笔墨、构图和意境；能从多个角度有见地地评价该作品，并说明自己的观点和理由。		
感受			

技法：探笔墨技法之道（2课时）

小问题：如何运用彩墨技法表现身边美好的事物和美景？

学习目标：

1. 欣赏大师作品，学习山石、树木、屋舍的用笔用墨技法；
2. 临摹《芥子园画谱》中的树、石、屋舍；
3. 掌握山石"勾、皴、擦、点、染"的基本方法。

教具学具：

毛笔、墨汁、国画颜料、宣纸、水、笔洗、颜料盘、打印《芥子园画谱》局部作品。

教师活动：

1. 引导学生仔细观察林容生《鹿礁路》作品中景物的布局，感受山石、树木、屋舍的用笔用墨。讲解"勾、皴、擦、点、染"的基本方法，并发放学习单。

2. 出示《芥子园画谱》，讲解树干和树叶的不同表现方法，讲解树干的"双勾法""没骨法"、树叶的"点叶法""夹叶法"，指导学生临摹《芥子园画谱》的树、石、屋舍。

3. 布置学生课后准备写生的工具材料，并讲解注意事项。

学生活动：

1. 欣赏林容生的作品《鹿礁路》，讨论山石、树木、屋舍的画法，完成学习单。

2. 临摹《芥子园画谱》中的树、石、屋舍范画。

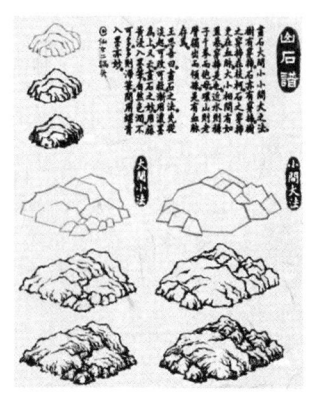

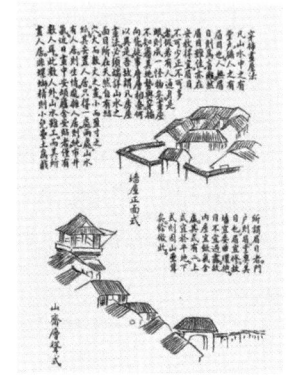

3. 准备室外写生的工具材料，熟知注意事项。

【设计意图：通过临摹《芥子园画谱》，帮助学生理解和掌握树、石、屋舍的基本彩墨画法。】

"探笔墨技法之道"学习单

1. 欣赏林容生作品

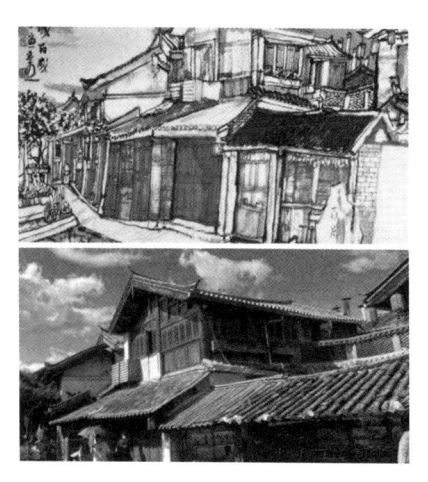

2. 你所了解的大师生平。（选择一个）

3. 说一说，你所感受到的笔墨特点。（写出关键词）

4. 从大师的作品中你学到什么？

写生评价量规表：

分值	技法评价标准	自评	他评
0	没有完成以下任何需要完成的活动。		
1—3	能简单掌握山石、树木、屋舍的基本用笔用墨方法，只能粗略地描绘包含山石、树木、屋舍的小景。		
4—7	能基本掌握山石"勾、皴、擦、点、染"的基本方法和树木多种画法，简单描绘校园小景。		
8—10	能熟练掌握山石"勾、皴、擦、点、染"的基本方法和树木的多种画法，并以合理地用笔、用墨和色来表现附小校园的一处小景。		
感受			

创作：绘心中的彩墨附小（2课时）

小问题：怎样创作心中的"彩墨附小"？

学习目标：

1. 回忆校园实景，通过绘制构思草图，掌握基本的构图方法，理解画面空间的布局方式。

2. 了解写实与写意的区别，进行校园实景照片写生，确定创作草图。

3. 小组完成心中的彩墨附小的创作。

教具学具：

毛笔、墨汁、国画颜料、宣纸、水、笔洗、颜料盘、任务单、学习单、打印校园实景照片。

卫生要求：

正确使用彩墨工具，避免将墨汁洒出，保持个人卫生的干净整洁，维持小组活动范围内的环境整洁。

第1课时：写生

教师活动：

1. 现场示范展示：教师对实景照片进行写生示范，并讲解构图及笔墨技法。

校园实景　　　　　　　　　　教师范例

2. 引导学生观察校园实景，完成写生学习单。

学生活动：

1. 学生观看教师现场示范，学习作画方法。
2. 完成写生学习单，绘制一幅小景草图。

学生作业小练笔

第2课时：创作

教师活动：

1. 引导学生对写生素材进行整理。

2. 组建"彩墨绘附小"创作小组，引导学生小组内讨论优化草图，并根据小组意见改进创作草图。

3. 布置：准备好各种材料和工具。

4. 引导学生创作反思和改进作品。

学生活动：

1. 学习整体布局的方法。

2. 小组讨论，根据小组意见修改草图。

3. 结合摄影素材和写生素材，绘制小组创作构思草图。

4. 各小组合作完成一幅彩墨校园长卷。

5. 完成创作评价量规表。

写生学习单：

构思草图	
简单画出你最喜欢的校园一角。	
参考大师作品，初步改进构图。	
经过写生，你对创作中的"提炼"有了怎样新的认识？	

创作评价量规表：

分值	创作评价标准	自评	他评
0	没有完成以下任何需要完成的作业要求。		
1—5	能准备并熟悉彩墨工具，能简单地掌握用笔用墨方法，能浅显地完成构图草图的勾画，完成一幅一般的作品。		

续表

分值	创作评价标准	自评	他评
6—12	简单体会到画面中的意境，能准备并熟悉彩墨工具；能较好地掌握用笔用墨方法；通过创作构思、组景构图使画面呈现近景、中景、远景布局方式。做到取舍有度，有虚有实。		
13—20	能理解中国山水画的意境之美，体会彩墨山水"寄情"；能准备并熟悉彩墨工具；能较好地掌握用笔用墨方法；通过创作构思、组景构图使画面呈现近景、中景、远景布局方式，做到取舍有度，有虚有实。对自己的写生草图进行添加修改，最终呈现自己的创作作品。		
得分			

展评：品彩墨附小之美（1课时）

小问题：我的作品表现出了心中附小校园的美了吗？

学习目标：

1. 知道布展是对作品的再创作，根据作品的内容和形式创意布展；

2. 了解布展方法和流程；

3. 总结单元学习过程和感受，体会艺术创作活动的成就感。

教师活动：

1. 讲解布展方法和流程，组织学生布展。

2. 将学生的写生和创作汇集成作品集。

3. 指导学生介绍本小组的创作意图和艺术特色，各小组代表对自己作品进行分享介绍。

4. 全校师生参观，给优秀作品投票，选出得票数前五的优秀作品，由年级长颁发奖章。

5. 引导学生总结单元学习过程，并写出学习小结。

学生活动：

1. 参与画展布展。

2. 展示作品和自评。
3. 上交作业，由教师评价。
4. 参加展览，完成互评。参加颁奖活动。
5. 完成学习小结。
6. 完成评价量规表。

【设计意图：通过展览增强学生自信心，增强对彩墨山水文化的理解，激发学生对传统彩墨艺术的热爱之情。】

展评评价量规表：

得分	评价标准	自评	他评	师评
0	没有达到以下任何细则所描述的标准。			
3	评价了自己的作品和自己的表现。			
6	根据学习目标评价了自己的作品和自己在创作过程中的表现，并尝试写出对自己作品的改进思考。			
10	能根据学习目标客观评价自己的作品和自己在创作过程中的表现；收集了他人的评价意见并写出对自己作品的改进思考。从彩墨校园的创作学习中，感受中国山水画意境，能理解彩墨山水中"道法自然"之意。能客观地小结自己的创作活动，积极参与展览活动。			

田径训练
——统编小学体育三年级下册田径单元教学设计
（设计：林霖容、谢亚娇、陈秋萍）

【目标分析与编写】

教学目标应与学生的实际需求相结合，让学生在轻松愉悦的氛围中，享受运动带来的快乐。这样可以确保每个学生都能在田径学习中找到自己的位置，激发他们的学习兴趣和积极性。

（一）立足课程标准，明确单元目标

在编写田径单元教学计划时，首先要充分研读课程标准，明确单元目标。课程标准是我们开展体育教学的依据，通过分析课程标准，我们可以了解学生在田径的基本技能、知识、态度和价值观等方面的学习需求。田径单元总目标为以下三点：

1. 运动能力：通过本单元学习，学生能够基本掌握跑、跳、投的动作要领，明白田径是发展学生身体活动的基本运动技能。通过学练掌握跑、跳、投的动作方法，并能够在游戏和比赛中运用。

2. 健康行为：通过练习发展速度、力量、灵敏、协调等身体素质，并形成积极锻炼的运动习惯。

3. 体育品德：表现出对运动的兴趣，能在练习、游戏及比赛中与同伴友好相处，遵守规则，具有勇于克服困难的优秀品质。

（二）结合教学内容，细化目标

在编写单元目标时，还要结合教学内容，细化目标。例如，在教学短跑、长跑、跳跃等基本田径项目时，可以设置动作要领、技术动作、体能训练、比赛能力等方面的具体目标。

（三）关注学生个体差异，设定分级目标

在制定单元目标时，要关注学生的个体差异，设定分级目标。对于基础较弱的学生，可以注重基础技能的掌握和体育兴趣的培养；对于表现优秀的学生，则可以适当提高教学难度，挑战他们的运动极限，培养他们的竞争意

识和团队精神。

【目标分解与落实】

为了实现上述教学目标，需要将总体目标分解为若干个子目标，并制定相应的教学策略和活动。本单元依据教学内容分为跑、跳、投三大类。分别为跑（6课时）：50米快速跑、下压式传接棒接力跑、300—400米耐久跑、障碍跑；跳（6课时）：立定跳远、蹲踞式跳远、跨越式跳高；投（6课时）：原地投掷沙包、原地投掷垒球、上步投掷垒球、双手前掷实心球。依据不同教学内容细化教学目标。

具体内容如下表：

教学目标	1. 运动能力：通过本单元学习，学生能够基本掌握跑、跳、投的动作要领，明白田径是发展学生身体活动的基本运动技能。通过学练掌握跑、跳、投的动作方法，并能够在游戏和比赛中运用。 2. 健康行为：通过练习发展速度、力量、灵敏、协调等身体素质，并形成积极锻炼的运动习惯。 3. 体育品德：表现出对运动的兴趣，能在练习、游戏及比赛中与同伴友好相处，遵守规则，具有勇于克服困难的优秀品质。
课时数	18次
教学内容	1. 跑（6课时） 50米快速跑、下压式传接棒接力跑、300—400米耐久跑、障碍跑
	2. 跳（6课时） 立定跳远、蹲踞式跳远、跨越式跳高
	3. 投（6课时） 原地投掷沙包、原地投掷垒球、上步投掷垒球、双手前掷实心球

续表

课时	教学内容	教学目标	重点难点
1	1. 自然直线快速跑 （1）原地摆臂练习 （2）听信号直道跑10—20米 2. 30米快速跑 3. 体能加油站	1. 运动能力：通过学练，学生能够了解直线跑动作要领，明白跑是发展学生身体活动的基本运动技能。 2. 健康行为：增进学生的灵敏、速度、协调性等身体素质，形成积极锻炼的运动习惯。 3. 体育品德：学生在学练和游戏中养成安全规范意识与小组合作精神，享受运动乐趣。	重点：上体正直稍前倾，肩放松，两臂屈肘，前后摆动。 难点：上体稍前倾，上下肢协调配合，跑成直线。
2	1. 50米快速跑 （1）50米快速跑 （2）计名次跑 2. 体能加油站	1. 运动能力：通过50米快速跑和计名次跑的学练掌握跑的正确姿势和动作要领。认识和体验田径短跑运动。进行50米快速跑，进一步进行田径短跑项目的学练，掌握短跑技术、规则。 2. 健康行为：在计名次跑中进行比赛，激发学生的学习兴趣。通过练习发展学生速度、灵敏等身体素质，进一步提高学生的身体协调能力。 3. 体育品德：在学练和竞赛中具有安全规范意识，在竞争和挑战中，享受运动乐趣。	重点：起跑迅速，跑姿正确，全力冲过终点。 难点：跑的动作协调，跑成直线。

续表

课时	教学内容	教学目标	重点难点
3	下压式传接棒接力跑 1. 学习迎面立式传棒往返跑 2. 学习下压式传接棒接力跑动作方法 3. 小组竞赛 4. 课课练跳绳	1. 运动能力：通过学习，使学生初步了解下压式传接棒的技术动作要领，基本掌握下压式传接棒的正确手型和传接棒动作。 2. 健康行为：发展学生的身体协调性以及速度、灵敏性。 3. 体育品德：发展合作奔跑的能力，培养学生积极进取、团结合作、顽强拼搏的优良学习作风。	重点：下压式传接棒的传、接棒方法。 难点：跑动中正确传接棒手型的保持。
4	30—40米迎面接力跑 1. 25米下压式传接棒往返接力跑 2. 接力跑＋顺序翻卡牌	1. 运动能力：通过学习，使学生初步了解迎面接力跑技术动作要领，基本掌握下压式传接棒的正确手型和传接棒动作。 2. 健康行为：发展学生的身体协调性以及速度、灵敏性。 3. 体育品德：发展合作奔跑的能力，培养学生积极进取、团结合作、顽强拼搏的优良学习作风。	重点：右手立棒式错肩传接棒。 难点：传接棒的时机和配合。
5	300—400米耐久跑 1. 400米全程跑 2. 2—3分钟匀速跑 3. 体能加油站 4. 团体运沙包	1. 运动能力：让学生了解耐久跑的方法，掌握步幅均匀、呼吸有节奏、合理分配体力的方法。 2. 健康行为：使学生初步掌握耐久跑的技术，发展学生的速度、力量、耐力等素质，提高全程跑的能力。 3. 体育品德：培养学生勇于吃苦、不怕困难、勇往直前的精神品质。	重点：动作轻松、协调，呼吸节奏、方法和体力分配。 难点：呼吸节奏与跑的节奏配合。

续表

课时	教学内容	教学目标	重点难点
6	障碍跑 1. 新授障碍跑 学习运用"绕、跨、钻、跳"等方式通过障碍物的方法和技巧 2. 相关练习、游戏或比赛 (1) 交通规则我在行 (2) 绕"树林" (3) 跨"木椅" (4) 钻"山洞" (5) "绕、跨、钻"综合练习	1. 运动能力：学生在规定距离自然跑中用跨、跳、钻、绕等不同方式通过障碍物。 2. 健康行为：学生能积极参加障碍设计和障碍跑，对练习感兴趣。 3. 体育品德：培养学生勇敢顽强、克服困难的精神以及创新意识，加强同学的交往和社会适应能力。	重点：方法正确，姿势合理，安全、快速通过。 难点：灵敏、快速通过障碍物。
7	双脚跳跃 1. 学习单、双脚跳跃的动作方法 2. 助跑后单脚起跳用手或头触悬挂物 (1) 学习助跑后单脚起跳的动作方法 (2) 学习助跑后单脚起跳触摸悬挂物 3. 相关练习、游戏或比赛 (1) 模仿小兔子 (2) 帮助受伤兔子回家 (3) "灰、白兔"大比拼	1. 运动能力：学会在生活中运用所学技术，正确理解落地缓冲对自我保护的作用。 2. 健康行为：初步掌握双脚跳跃的动作和方法，进一步提高学生的身体协调性。 3. 体育品德：提高学生自主学习习惯和才能，培养学生勇敢顽强、克服困难的精神以及创新意识。	重点：双脚同时起跳，同时落地。 难点：起跳迅速有力，动作轻巧。

续表

课时	教学内容	教学目标	重点难点
8	立定跳远 1. 学习立定跳远的准备姿势、蹬地预摆、起跳腾空展体、屈膝落地的动作方法 2. 相关练习、游戏或比赛 （1）创设与"小白兔"比跳高情景 ①问题1：要怎样才能够跳得更高？ ②问题2：动物园有只老虎在睡觉，要怎样跳才不会吵醒老虎？ （2）模仿"矮人、高人和超人" （3）青蛙跳荷叶	1. 运动能力：通过学练，学生理解立定跳远的动作要领，初步学习一些基本的跳跃动作方法和简单技能。 2. 健康行为：通过主、辅教材练习，提高下肢力量和跳跃能力，身体灵敏性、协调性等身体素质得到发展，并能运用所学练习方法进行体育锻炼。 3. 体育品德：学生在练习中获得勇敢坚毅的意志品质，以及与同学团结协作，建立团队意识和合作精神。	重点：弹性屈伸与快速有力起跳相结合。 难点：上下肢动作协调配合。
9、10	急行跳远 1. 学习上一步，双脚轻巧落地 2. 设置踏跳区域，跑几步起跳 3. 在腾空处设置皮筋增加腾空高度	1. 运动能力：通过学练，培养学生学习跳跃的兴趣和跳得高的意识。 2. 健康行为：使学生初步掌握急行跳远的助跑起跳动作，发展学生的协调和灵敏等素质。 3. 体育品德：通过教学，培养学生自信、勇敢、果断与勇于实践合作的精神。	重点：助跑与踏跳的结合。 难点：准确、有力地踏跳。

续表

课时	教学内容	教学目标	重点难点
11	跨越式跳高 1. 学习过杆技术 2. 两人一组，持体操棒模仿过杆练习 3. 拉弹力带进行过杆	1. 运动能力：学生初步掌握跨越式跳高的起跳和两腿依次摆动过绳（杆）的动作方法。 2. 健康行为：发展学生弹跳能力和身体灵敏性、协调性，为终身体育奠定基础。 3. 体育品德：培养学生勇敢、果断和克服困难等优良品质。	重点：助跑和起跳技术。 难点：助跑和起跳相结合。
12	跨越式跑跳高 1. 学习助跑过杆相结合 2. 分组练习 （1）助跑过杆 （2）不断挑战高度 3. 跳高王比赛	1. 运动能力：学生进一步掌握跨越式跳高的起跳和两腿依次摆动过绳的动作方法。 2. 健康行为：发展学生弹跳能力和身体灵敏性、协调性，为终身体育奠定基础。 3. 体育品德：通过跳高练习，培养学生勇敢、果断和克服困难等优良品质。	重点：助跑和起跳技术。 难点：助跑和起跳相结合。
13	原地投掷沙包 1. 学习原地投掷沙包的方法 2. 两人一组对练 3. 组内比赛	1. 运动能力：能说出原地投掷沙包的名称、动作要领，掌握动作技术和简单锻炼方法。 2. 健康行为：进行投掷练习，发展力量、灵敏、协调等身体素质，提高投掷准确度和精度。 3. 体育品德：与同伴互帮互助，具有一定的安全意识和习惯，在锻炼中表现自信、坚毅的优良品质。	重点：蹬地、转体、肩上屈肘，快速挥臂。 难点：最后用力，动作连贯，协调用力。

续表

课时	教学内容	教学目标	重点难点
14、15	原地投掷垒球 1. 手握垒球的方法 2. 原地投掷垒球的动作方法 3. 相关练习、游戏或比赛 （1）投得远 （2）适当弧度的投得远 （3）投得准 （4）投远得分我最强 （5）投准得分我最棒	1. 运动能力：能说出原地投掷垒球的名称、动作要领，掌握技术动作和简单锻炼方法。 2. 健康行为：进行投掷练习，发展力量、灵敏、协调等身体素质，提高投掷准确度和精度。 3. 体育品德：与同伴互帮互助，具有一定的安全意识和习惯，在锻炼中表现自信、坚毅的优良品质。	重点：蹬地、转体、肩上屈肘、快速挥臂。 难点：最后用力，动作连贯，协调用力。
16	上步投掷垒球 1. 上步投掷垒球的方法 2. 相关练习、游戏或比赛 （1）投得远 （2）适当弧度的投得远 （3）投得准 （4）投远得分我最强	1. 运动能力：通过教学，学生基本了解上步投垒球的技术动作，学会上步与协调投掷动作，用力顺序正确。 2. 健康行为：通过练习发展学生的投掷能力，培养学生的身体协调性。 3. 体育品德：通过自主探究学习，学生在锻炼中表现自信、坚毅的优良品质。	重点：上步、引球、蹬地、转体、挥臂，动作连贯，全身协调用力，从肩上掷出。 难点：最后用力，动作连贯，协调用力。

续表

课时	教学内容	教学目标	重点难点
17、18	双手前掷实心球 1. 学习双手持实心球的方法、双手前掷实心球的动作方法 2. 相关练习游戏或比赛 （1）投得远 （2）有适当弧度且投远 （3）我是投远得分小能手 （4）投准得分我在行	1. 运动能力：通过双手前掷实心球教学，大部分学生能理解投掷用力顺序。 2. 健康行为：学生能够基本掌握直臂出球技术动作，发展学生的灵敏、力量素质，增强学生的爆发力，提高学生的投掷能力。 3. 体育品德：通过练习培养学生团结协作、积极进取精神和勇敢果断的品质。	重点：肘屈后仰、向后引伸，蹬地收腹、快速挥臂。 难点：出手时机，动作连贯，协调用力。

【目标达成与评价】

《50米快速跑》教学

（一）指导思想

坚持"健康第一"的教育理念，以学生发展核心素养为引领，重视学生的主体地位，以激发学生练习兴趣为出发点，落实"教会、勤练、常赛"。以学生发展为本，创设学生感兴趣的教学情境，以50米快速跑为主要学习内容，发展学生田径短跑运动能力，以及体能反应能力、位移速度和爆发力等。培养学生勇敢、顽强拼搏的品质和团结协作的精神，全面提高学生核心素质。

（二）教材分析

本课内容选自人教版水平二《体育与健康》三年级教材中基本身体活动——跑与游戏。跑是人体基本的活动方式之一，三年级的跑步距离短，旨在逐渐发展速度的同时学会保持跑的正确姿势。本课学习的是50米快速跑，该动作在教学中要求教师标准的动作示范和清晰的动作要领讲解，让学生对此技术动作建立正确的概念，又因为是基础内容，主要采用循序渐进的练习，先进行摆臂练习、直线跑后再开始50米跑。让学生在练习过程中逐渐掌握动作要领、跑的规则和动作方法，不断提高动作质量同时感受到运动的游戏性、竞争性和集体性。有助于激发学生参加锻炼的兴趣，提高跑的活动能力，为后续运动技术的学习和运动能力的提高打下良好基础。

(三) 学情分析

本课的教学对象是三年级的学生，他们对于体育与健康这门课程已经有了一定的认识，对于一些体育活动的开展表现得也很积极，兴趣极高。学生活泼好动，对体育有广泛兴趣，但大部分学生的自律性还不够，注意力还不够集中，上课经常自己玩，教师在讲解游戏规则时不认真听，导致游戏不能正常、快速地进行。所以要加强学生注意力方面的练习。个别学生由于缺乏体育基础，身体素质差，在课堂学习活动中感到困难较大，比较难跟上教学要求，得不到好成绩，从而丧失信心，产生自卑心理，害怕或逃避体育课，也就谈不上学习兴趣。针对这一特点，本课要依据学生的不同学情，设置合理的教学难度，充分调动其参与热情，积极参与到练习之中。

(四) 教学目标

根据教材特点和学生学习能力及身心特点制定以下三个教学目标：

1. 运动能力：学生能够了解50米快速跑的动作要领，明白跑是发展学生身体活动的基本运动技能。通过学练掌握跑的动作方法，并能够在游戏和比赛中运用。

2. 健康行为：通过练习发展速度、力量、灵敏、协调等身体素质，并形成积极锻炼的运动习惯。

3. 体育品德：表现出对运动的兴趣，能在练习、游戏及比赛中与同伴友好相处，遵守规则，具有勇于克服困难的优秀品质。

(五) 教学重难点

1. 重点：起跑速度快，跑时摆臂后蹬有力，快速冲过终点线。
2. 难点：跑步动作协调，跑得直，跑姿正确。

(六) 任务分析

为达成本节课教学目标，学生需要完成以下几个任务：

1. 技能任务：

①通过自然直线快速跑、原地摆臂练习、听信号直道跑10—20米、让距

追逐跑、50 米快速跑、计名次跑等活动让学生逐渐掌握 50 米快速跑技术动作。

②运用"尝试练习—复习已掌握动作技术—合作学习—检验巩固—比赛"的学练，充分发挥学生的主体作用，凸显教会、勤练、常赛的特点，最终达到使学生掌握动作技术的目的。

2. 体能任务：

通过主教材中的技术动作练习以及原地蹲起—开合跳—提膝收腹 3 个体能练习，发展学生的上下肢力量以及灵敏、速度、力量和协调等身体素质。

3. 情感任务：

学生在学练和竞赛中学会比较和探究，在各种活动中增强竞争意识和团队合作意识，养成安全规范意识，享受与同伴一起运动带来的乐趣。

（七）环境分析

本次授课要运用跑道，上课时要提前规划好练习区域，避免其他学生上跑道出现安全隐患，事先要准备好授课器材，确定器材摆放位置。课前进行课堂常规的调控，安全教育是重中之重，要特别注意，并不断地强调，避免事故发生。

（八）教学过程（为了完成本课目标采用以下教学设计）

1. 开始热身（准备部分 8 分钟）：

利用趣味跑热身活动导入，使学生在欢快的氛围中尽快进入学习状态。通过热身操练习，使学生身体的各个关节都得到活动，充分地达到热身的效果，让学生更好地进入积极的学习状态。

【设计意图：精心设计了趣味跑进行热身活动，再通过热身操练习更能充分地达到热身的效果，同时教师也参与其中，拉近师生的距离，让学生感受到愉快、亲切，营造"乐中玩，动中练，玩中练"的教学氛围。】

2. 学习提高（基本部分 28 分钟）：

①自然直线快速跑

a. 原地摆臂练习

b. 听信号直道跑 10—20 米

c. 让距追逐跑

【设计意图：通过原地摆臂练习掌握手的正确姿势，听信号直道跑 10—20 米，提高判断能力；让距追逐跑，体会比赛超越对手的感觉，增加竞赛氛围。】

②30 米快速跑

③50 米快速跑

【设计意图：通过前期的练习，现在进行 30 米和 50 米快速跑，让学生体会快速跑完整动作，充分发挥学生的主体作用，通过不断练习提高适应能力，不断提高速度。】

④竞赛：计名次跑

  a. 教师讲解竞赛方法与规则

  b. 学生进行理解

  c. 教学比赛

【设计意图：通过竞赛，使学生身心归属课堂，跃跃欲试。课堂上学生真正成为学习的主人，使学生的学习由被动转向主动。】

⑤体能练习：深蹲跳—平板支撑—高抬腿—波比跳

3. 整理恢复（结束部分 4 分钟）

①拉伸放松

【设计意图：利用优美的音乐，使学生尽快从兴奋状态恢复到安静状态，达到身心放松的目的。】

②教师课后小结，回顾本课的学习情况，布置家庭作业。

【设计意图：针对课堂上的学习情况进行点评，并为下节课做好准备。】

③收器材

【设计意图：培养学生爱护公物的良好习惯。】

（九）教学策略

1. 本课通过采用循序渐进的教学方式，组织学生依次通过不同难度的练习，由简到难，逐层深入，体验 50 米快速跑的动作要领，从而达到教学目标。

2. 采用竞赛法计名次跑激发学生参与热情，不断提高跑的速度，满足学生挑战和表现的心理，让学生真正在玩中学，学中乐，乐中掌握动作。

（十）教学效果预计

1. 心理状况预测：根据本课特点，学生积极主动参与学习，学生学习的情绪高涨，并能在练习中获得愉悦的心理体验和情感交流。

2. 生理状况预测：练习密度在 45%—55%；平均心率在 130 次/分左右；最高心率为 155 次/分左右。

3. 技能掌握预测：30% 的学生能较好地掌握动作，60% 的学生基本掌握，另有 10% 的学生能初步完成动作要求。

（十一）评价

在评价过程中，需要注重评价的科学性和公正性，确保评价结果的客观性和准确性。同时，还需要注重评价的及时性和有效性，以便及时调整教学策略和方法，提高教学效果。通过评价结果的分析和总结，可以发现教学过程中的优点和不足之处，为今后的教学提供参考和借鉴。同时，还可以根据学生的实际情况和需求，制定更加个性化和针对性的教学计划和策略，以更好地满足学生的学习需求和发展需要。

第2课时：创作

教师活动：

1. 引导学生对写生素材进行整理。

2. 组建"彩墨绘附小"创作小组，引导学生小组内讨论优化草图，并根据小组意见改进创作草图。

3. 布置：准备好各种材料和工具。

4. 引导学生创作反思和改进作品。

学生活动：

1. 学习整体布局的方法。

2. 小组讨论，根据小组意见修改草图。

3. 结合摄影素材和写生素材，绘制小组创作构思草图。

4. 各小组合作完成一幅彩墨校园长卷。

5. 完成创作评价量规表。

写生学习单：

构思草图	
简单画出你最喜欢的校园一角。	
参考大师作品，初步改进构图。	
经过写生，你对创作中的"提炼"有了怎样新的认识？	

创作评价量规表：

分值	创作评价标准	自评	他评
0	没有完成以下任何需要完成的作业要求。		
1—5	能准备并熟悉彩墨工具，能简单地掌握用笔用墨方法，能浅显地完成构图草图的勾画，完成一幅一般的作品。		

续表

分值	创作评价标准	自评	他评
6—12	简单体会到画面中的意境，能准备并熟悉彩墨工具；能较好地掌握用笔用墨方法；通过创作构思、组景构图使画面呈现近景、中景、远景布局方式。做到取舍有度，有虚有实。		
13—20	能理解中国山水画的意境之美，体会彩墨山水"寄情"；能准备并熟悉彩墨工具；能较好地掌握用笔用墨方法；通过创作构思、组景构图使画面呈现近景、中景、远景布局方式，做到取舍有度，有虚有实。对自己的写生草图进行添加修改，最终呈现自己的创作作品。		
得分			

展评：品彩墨附小之美（1课时）

小问题：我的作品表现出了心中附小校园的美了吗？

学习目标：

1. 知道布展是对作品的再创作，根据作品的内容和形式创意布展；

2. 了解布展方法和流程；

3. 总结单元学习过程和感受，体会艺术创作活动的成就感。

教师活动：

1. 讲解布展方法和流程，组织学生布展。

2. 将学生的写生和创作汇集成作品集。

3. 指导学生介绍本小组的创作意图和艺术特色，各小组代表对自己作品进行分享介绍。

4. 全校师生参观，给优秀作品投票，选出得票数前五的优秀作品，由年级长颁发奖章。

5. 引导学生总结单元学习过程，并写出学习小结。

学生活动：

1. 参与画展布展。

图书在版编目（CIP）数据

核心素养的教学目标：怎么写与怎么用/莆田市教师进修学院附属小学编写．—福州：福建教育出版社，2024.11．—（"新时代课堂教学深化改革"丛书/余文森，陈国文主编）．—ISBN 978-7-5758-0158-4

Ⅰ.G622.421

中国国家版本馆 CIP 数据核字第 202483Y0G8 号

"新时代课堂教学深化改革"丛书
丛书主编　余文森　陈国文
Hexin Suyang De Jiaoxue Mubiao: Zenmexie Yu Zenmeyong
核心素养的教学目标：怎么写与怎么用
莆田市教师进修学院附属小学　编写

出版发行	福建教育出版社
	（福州市梦山路 27 号　邮编：350025　网址：www.fep.com.cn）
	编辑部电话：0591-83726908
	发行部电话：0591-83721876　87115073　010-62024258）
出 版 人	江金辉
印　　刷	福建省地质印刷厂
	（福州市金山工业区　邮编：350011）
开　　本	710 毫米×1000 毫米　1/16
印　　张	16.75
字　　数	257 千字
插　　页	1
版　　次	2024 年 11 月第 1 版　2024 年 11 月第 1 次印刷
书　　号	ISBN 978-7-5758-0158-4
定　　价	47.00 元

如发现本书印装质量问题，请向本社出版科（电话：0591-83726019）调换。